职业形象设计

（第 2 版）

张岩松　郑添天　主　编

清华大学出版社
北京

内 容 简 介

本书是"任务驱动"型高等学校应用型教材编写的有益尝试。其内容紧密结合职业人士形象设计的实际,丰富而新颖,包括仪容形象设计、服饰形象设计、仪态形象设计、形体训练、语言艺术、社交礼仪、求职应聘、职场沟通、气质培养九项任务,每项任务由学习目标、案例导入、知识储备、能力开发(含阅读思考、案例分析、训练项目)、课后练习构成,让学生学做结合,真正提高职业形象设计水平,塑造全新的职业形象。

本书可作为高校各专业学生职业形象设计课程的实用教材,也可作为各类企业进行员工职业形象设计培训的创新型教材,还可作为社会各界人士进行职业形象设计、塑造全新职业形象的自我训练手册。

图书在版编目(CIP)数据

职业形象设计 / 张岩松,郑添天主编. -- 2 版. -- 北京 :
清华大学出版社,2025. 5. -- ISBN 978-7-302-68960-7

Ⅰ. B834.3

中国国家版本馆 CIP 数据核字第 2025LU2130 号

责任编辑:张龙卿
封面设计:刘代书　陈昊靓
责任校对:袁　芳
责任印制:刘　菲

出版发行:清华大学出版社
　　　　网　　　址:https://www.tup.com.cn,https://www.wqxuetang.com
　　　　地　　　址:北京清华大学学研大厦 A 座　　　邮　　　编:100084
　　　　社　总　机:010-83470000　　　　　　　　　邮　　　购:010-62786544
　　　　投稿与读者服务:010-62776969,c-service@tup.tsinghua.edu.cn
　　　　质量反馈:010-62772015,zhiliang@tup.tsinghua.edu.cn
　　　　课件下载:https://www.tup.com.cn,010-83470410
印　装　者:三河市龙大印装有限公司
经　　　销:全国新华书店
开　　　本:185mm×260mm　　　印　　　张:15.5　　　字　　　数:353 千字
版　　　次:2016 年 1 月第 1 版　2025 年 5 月第 2 版　印　　　次:2025 年 5 月第 1 次印刷
定　　　价:49.00 元

产品编号:107304-01

第2版前言
FOREWORD

习近平总书记在党的二十大报告中指出：教育、科技、人才是全面建设社会主义现代化国家的基础性、战略性支撑；必须坚持科技是第一生产力、人才是第一资源、创新是第一动力；深入实施科教兴国战略、人才强国战略、创新驱动发展战略，这三大战略共同服务于创新型国家的建设。

在当今社会，一个人尤其是职场人士的形象将可能左右其个人生涯成功前景，甚至会直接影响一个人的成败。有调查显示，形象甚至直接影响收入水平，那些更有形象魅力的人收入通常比一般同事要高14％。心理学家调查发现人的印象是这样分配的：55％取决于你的外表，包括服饰、个人面貌、体形、发色等；38％是如何自我表现，包括你的语气、语调、手势、站姿、动作、坐姿等；只有7％才是你所讲的真正内容。我们生活在一个被称为"30秒文化"的世界中，不论我们自己愿意与否，别人都会根据我们的衣着、说话方式、环境布置及对同事的影响来判断我们。所以，对于即将走入职场、开启职业生涯的大学生来说，打造良好的职业形象就显得至关重要！大学阶段是大学生职业准备的重要时期。在此阶段，除了要完成专业知识、技能的学习外，还必须充分地了解未来职业特点，并根据未来职业要求来完善自己、塑造自己，设计自己未来的职业形象，这是大学阶段必不可少的过程。

鉴于以上方面，我们编写了这本高等院校应用型教材——《职业形象设计》，该教材自2016年第1版出版以来，受到普遍欢迎。此次在第1版的基础上进行了修订，与国内的同类教材相比，《职业形象设计（第2版）》的特色更加鲜明。本书着力突出了三大特色。

一是突出职业形象设计能力提升。坚持以提高学生综合职业素质为目标，着力培养学生知识应用能力和实际操作能力，不断提升职业形象设计能力。全书内容涵盖了职业形象设计主要知识和技能，可教可学，可用可练。

二是按照"先进""精简""实用"原则编写教材。"先进"就是采用职业形象设计的新知识、新标准、新方法、新经验和新成果；"精简"就是体现"必要""够用"的原则，重点突出职业形象设计"设计什么""怎么设计""怎么设计好"；"实用"就是教材应用型特色鲜明，编写体例丰富，突出可操作性，强调职业形象设计的基本要求、方法和技巧，并配以大量针对性训练和丰富的实训项目。

三是实现纸质教材与数字资源的完美融合。坚持教材建设与时俱进、不断创新的原则，以"互联网＋"思维打造出立体化教材，以二维码形式链接小故事、小案例、小贴士等精彩内容,大大丰富了教材容量。同时,提供与本书配套的 PPT 课件、电子教案等丰富的教学资源,助力教与学。

本书由张岩松、郑添天担任主编,吕晓莉担任副主编。张岩松、吕晓莉编写绪论和任务 8,郑添天编写任务 1 至任务 4 和任务 7,吕晓莉编写任务 5 和任务 6,付强、马蕾编写任务 9。全书由郑添天统稿。

本书在编写过程中,集采众家之说,参考颇多,限于篇幅仅列出了主要参考书目,在此,向各位专家学者深表谢意。有些资料参考了互联网上发布或转发的信息,在此也向各位原作者所付出的辛勤劳动表示衷心的感谢!

由于本书在编写时做了新的尝试,对书中的不当之处,敬请读者指正。

编　者

2025 年 1 月

目　录

CONTENTS

绪　　论

　　人的美丽可爱，不仅仅是由于他的容貌，首先决定于他的精神面貌，一个品格高尚的人，永远是年轻和美丽的。

——冯雪峰

　　仪表、衣着、装饰的美好固然可以给人以美感，而心灵的美、智慧的美、行为的美所能够激发起的人们的美感，总是要比前者强烈得多。

——秦牧

　　人的形象是由人的内在思维支配着，并通过人的言行及仪表等外在特征体现出来。人的形象在人与人的相互关系中施加了一种影响力，并能形成推动事物发展的氛围。现代职业对职业形象有着越来越高的要求，职业形象在现代社会的职业中也扮演着越来越重要的角色。

一、职业形象的含义

　　每一个职业都有其特定的职业形象，职业形象是指个人与其职业相适应并表现出来的能反映其内在气质和职业特点的外在形象及举止行为。

　　职业形象并不是一个简单的外表长相和穿衣打扮的概念，而是一个人全面素质的一种展现，是一个秀外慧中的、整体的、动态的印象。良好的职业形象，能够展现个体的自信、尊严、力量、专业水平和能力，是事业成功的必备素质。无论职业者的内在素质多高，自我感觉多好，都不能成为职业形象的决定性因素。只有公众通过从业者外在的语言、动作及服饰等外部特征对其作出判断和评价，才能形成对特定职业的总体评价——职业形象。因此，职业形象是特定职业群体在公众印象中形成的具有特定性、标志性的精神面貌和性格特征，是通过职业活动中人的仪表、行为、操守表现出来的，为人们所感知的特定标识，其本质是对特定职业的社会评价。

　　职业形象对个体和组织都具有重要意义。

　　对个体而言，拥有良好的职业形象，可以在人际交往的初期打破人们的心理防范，赢取对方的信任，为今后建立良好的合作关系打下基础。良好的职业形象，展示的是自身的专业素养和能力,能带给客户或服务对象以信任和安全感,有利于合作的成功和目标的达成,从而提升个人的绩效水平。良好的职业形象,可以帮助人们建立自信,从而保持积极的心态,调整自身的不良行为。此外,良好的职业形象,还可帮助个体在组织内部赢得上级和同事的好感,为自身的职业发展铺平道路,打开职业晋升的阶梯。

对组织而言,组织成员个体的形象直接代表着组织的整体形象,反映着组织的整体素质、管理规范程度和组织文化,代表着组织产品和服务的质量和信誉,直接影响着组织的社会认可度和美誉度,并最终影响着组织目标的实现,这也是许多大公司、社会组织及政府部门非常注重设计和培养员工职业形象的原因。通过员工个体的职业形象所传递和表达的信息,反映了企业和组织的实力和水平。

当代大学生具有很多优点,他们年轻、好学、积极、乐观、充满朝气、奋斗上进,然而也会带给人们不成熟、想法幼稚、不稳重、不可靠的感觉。如何扬长避短,就成为现代大学生在自身职业形象设计时所必须掌握的一种基础技能。例如,什么样的性格最适合做什么样的工作,什么样的职业需要什么样的穿着打扮、行为举止,这些都是大学生需要了解和学习的。专业的职业形象设计对于职场成功具有重要的意义,基于这一点,职业形象设计已经成为大学生职业生涯教育中不可或缺的重要环节。现代大学生是否具备良好的职业形象,将会对其今后的职业生涯产生深远的影响,将使他们更加明确自己的职业目标,促使大学生在面试过程中更好地发挥自身特点,并提升他们在职场中的自信心。因此,职业形象设计对现代大学生至关重要。

二、职业形象的要素

职业形象总体可分为两个方面:一是内在美,即人的内在素质。内在素质是我们日常生活、学习、工作中所表现出的气质、道德、人格、心理、修养、文化、才学等方面的基本品格,是一种以人的生理条件为基础,在自然环境、社会生活中逐渐发展、形成的"生理、心理、社会、环境"品格特征。二是外在美,即人的外在形象,是借以显现个人内在的意蕴和特性的东西,实际上外在美是内在美的载体。

个人职业形象的范畴可以引申为外在形象和内在素质两个方面。

外在形象:包括视觉形象(外貌形象和仪表形象,如发型、妆容、服饰等)和社交形象(礼仪形象、人际形象)。

内在素质:包括政治形象、人格形象、心理形象和才能形象等。

1. 视觉形象

视觉形象是指一个人通过其外貌、服装及饰物、举止、言谈、礼仪等方面表现出来的形象。它主要由下列要素构成。

(1) 外貌形象。外貌形象是由神韵、年龄、相貌、身材、表情等因素表现出来的形象。神韵,就是一种气质魅力,气质魅力是职业形象之源。如年轻人的仪表堂堂、青春活力、英姿勃勃、性格开朗、体魄健壮、情绪乐观、表情快乐、兴趣广泛、身材健美等,都是取得良好的第一印象并建立人格魅力的要素。

（2）仪表形象。一个人的仪表形象可以体现出他的文化素养、审美观和欣赏水平，而仪表形象通过服饰、发型、妆容等形式表现出来。不同的服饰、发型、妆容，会让他人感觉出不同的形象，同时，也给他人传递着交往的信息。

2. 社交形象

在多变的社交场合，人们的仪表礼节、言谈举止都有一定的规范，这是人的仪表形象的又一表现形式。

（1）礼仪形象。礼仪形象是通过一个人的仪态、言谈、举止和讲究礼仪、礼貌表现出来的尊重他人和自身修养水平的形象。讲究礼仪、礼貌是我国人民的传统美德，也是尊重他人的具体表现。

（2）人际形象。作为社会人，我们并不是被动地被社会制约、塑造着，当我们在进行自我完善时，也改善了人与人的社会关系，塑造着整个社会。

3. 政治形象

政治形象是我们在生活和工作过程中表现出的政治立场坚定，政治观点鲜明，遵纪守法，热爱祖国，热爱人民，把祖国命运、社会发展与个人前途、事业紧密相连，在大风大浪、大是大非的问题上，坚持真理，深明大义，维护国家利益的形象。

4. 人格形象

人格是个体的立身之本，没有人格也就失去了形象。人格形象是一个人通过自己的言行表现出来的品格形象。人的言行是由其思想观念决定的，因此人格形象也主要是由其世界观、人生观、价值观决定的。人格形象是职业形象之魂。

（1）品德形象。品德形象是指一个人在道德品质方面的形象。道德是做人的基础，是一个社会、一个阶级中处理人与人之间、个人与社会、个人与自然之间各种关系的一种特殊的行为规范。职业道德是人格的一面镜子，是事业成功的保证。简单地讲，作为一个人，第一是学做人，第二是学做事。"做事"和"做人"毕竟是两回事。做好了"事"，并不等于做好了"人"；要做好"事"，必须先做好"人"。

（2）价值形象。价值形象就是价值观，具体表现在个人的理想、追求、人生目标上。臧克家先生曾写过这样的诗句："有的人活着，他已经死了；有的人死了，他还活着。"很多青年都曾思考过死与活的辩证哲理，对以上名言理解之后，会产生心灵的震撼。一切希望实现人生价值的人都应记住：由于我们赖以实现人生价值的手段是从社会中获得的，而我们的成就和作为也只有对社会有用才能被认为有价值，因此，我们只有一种选择，即在社会实践中完善自己，实现自己的人生价值。

5. 心理形象

提高个人形象的关键，是个人应具备良好的心理素质和健全的心态。要做好三点：一是坚定自信心，敢于进取，敢于创新，勇于实践；二是提高自身的观察力、决断力，克服"没主见"的缺点，敢于决策；三是克服心理障碍，调整自己的性格，让社会接受自己。

（1）意志形象。大学生应选择一个目标,树立起一种"不到长城非好汉"的信念,还要付出执着于此、锲而不舍、坚韧不拔、百折不挠的努力。成功主要取决于一个人的意志。

意志在坚持目标和克服困难的行动中表现出来,又在坚持目标和克服困难中得到磨砺、考验。意外、逆境、危机是产生发展机会的新起点,不能气馁、沮丧,更不能放弃。这个世界上没有被淘汰的人,只有自动退场的人。

（2）个性形象。培养良好的、积极向上的学习态度、工作态度和生活态度。保持良好的心态,养成优良的性格,通过具体分析自身气质来塑造个性形象。应锻炼自己的心理承受能力,当遇到不如意的事情或者无法克服的困难时,仍能够保持正常的心态和行为。我们既要有永不放弃的信心和毅力,又要有海纳百川的胸怀和气度。应增强心理适应能力,遇到突发的环境变化、情况变化等状况时,要能及时调整自己的心理状态,并能尽快适应新环境和新情况。

6. 才能形象

外在形象是一个人步入社会、取得公众认可并达到自身目的的基础,但在现代社会中,人们更看重的是人的才能等内在素质。一个人既要外表美,还要心灵美,更要能力强。今天的人才竞争已不是专业素质的比较,而是综合素质的竞争。个人内在素质是个人综合素质的主要组成部分,个人内在素质决定了个人的才能形象。

在社会中生存的每一个人必须具备各种才能,才能是个人形象核心的内在素质,一个人的内在素质也往往通过人的才能表现出来。一个人才能的大小,决定了其未来扮演社会角色的轻重、主次。

（1）直观才能形象。个人直观的才能形象是由人的学历、职务、职称、个人经历等构成的形象,它不同于内在素质,需要通过学习、工作、生活去了解。

（2）专业才能形象。工作形象是一个人对待工作的态度、工作责任心、工作创新精神和工作效率等方面表现出来的形象。专业才能形象是一个人从事自己专业工作所必须具备的特殊能力,也就是工作的角色能力。专业才能形象不仅是敬业爱岗,而且要对自己从事的专业精益求精。不同的专业有不同的专业能力要求,在不同的工作岗位上也要具备不同的工作能力。

（3）一般能力形象。一般能力是从事每一项工作中应具备的基本能力,如创新能力、组织能力、学习能力、表达理解能力等。一般能力形象展现了一个人的基本能力。

三、职业形象的功能

职业形象是社会、公众对特定职业与职业者的总体评价。关于这种评价的作用,有专家指出:"形象是当今社会的核心概念之一,人们对形象的依赖已经成为一种生存状态。"也就是说,形象可以决定发展,形象直接决定效益。良好的个人形象可以使一个人走向成功和富裕;相反,不良的个人形象则可以毁掉一个人的事业和前程。据统计,女性的工作失败有35%是因为形象不良所致,公认的有魅力的职业女性应该拥有良好的气质和典雅的风度。为什么职业形象具有如此巨大的社会和经济效应呢? 这是因为良好的职业形象具有下列功能。

1．引起注意

由于人类是一种视觉占主导地位的高级动物，因此我们对事物的印象，源于自己之所见。一个人的外表，比如种族、年龄、性别、身高、体重、肤色、形体语言、穿着和打扮等在个人印象中占50%。另外，说话的声音和方式则占个人印象的38%，而信息或说话的内容仅占7%。因此，形象与引人注意之间有特定关系，而引起注意是人类认识活动过程的开始。某特定认识对象只有进入人们的注意领域，才可能被人们进一步认识，直至最后接受。因此，一个人的职业形象如何，直接关系到能否引起他人的注意，正如一位著名时装设计大师夏奈尔所说："当你穿得邋邋遢遢时，人们注意的是你的衣服；当你穿得无懈可击时，人们注意的才是你。"

2．便于沟通

任何职业活动实质上都是人与人之间传递信息、交流思想与情感的沟通活动，而影响人们沟通的因素从职业者来说，主要有职业者使用的传播技术、态度、知识程度，包括语言表达能力、思考能力、手势、表情、自信、丰富的知识、社会经验等，这些要素综合起来，就是良好的职业形象。职业形象不佳，如盛气凌人、虚伪，不仅不能给交往对象带来美的感受，还会让交往对象对职业者和职业活动产生排斥、逆反心理。而良好的职业形象能够拉近交往者之间的心理距离，给交往对象带来美的享受，让交往对象身心愉悦，交往对象也会更认同和接受相应的职业活动。所以，只有强化职业形象，才能消除逆反心理产生的诱发因素。

3．建立公信力

公信力即公众对职业的信任程度。职业形象直接关系到职业的公信力，良好的职业形象更易引起公众对该职业活动的信任，从而认同和接受该职业活动，否则公众就会拒绝。

4．实现职业目标

人的形象在人与人的相互关系中施加了一种影响力，并能形成推动事物发展的氛围。良好的职业形象可以消除心理隔阂，建立交往对象之间的沟通与信任，由此才能更好地实现职业目标。

四、职业形象设计的标准

个体的形象主要表现为留给他人的印象，这些印象包括了一个人的容貌、气质、服饰、语言、行为举止、礼仪等。如何塑造一个良好的职业形象，关键是要明确职业形象的标准，也就是要了解人们对不同的职业形象的评判规则和预期希望，有了"标准"，了解了"规则"，按要求去做就容易多了。

那么，什么样的形象是成功的职业形象呢？除了要具备良好的品质和修养外，还要在外在气质、服饰、语言、行为举止、社交礼仪等方面与职业相联系，体现职业的特点。

1. 与职业相契合

良好的职业形象都需要诸如专业、诚信、自信等基本素质和要求,但是由于职业有差异性,不同职业在外在形象的要求上会有所不同。比如公务员应该是公正廉洁的形象;银行职员应该是稳重大方、办事果断的形象;律师需要专业可信的形象;记者需要敏锐迅捷的形象;教师应该是端庄沉稳的形象;化妆品推销员应该是时尚美丽的形象等。不同的职业反映在从业人员的服饰、气质、语言等外在形象方面一定要有所不同,塑造职业形象首先要明确所从事职业的特点和评价标准。

2. 与身份相契合

即使从事同一种职业,由于不同的年龄、性别、个性上的差异,在职业形象设计上也要有所差异,不能千篇一律,特别是在着装等方面要与个性因素相吻合。另外,由于在企业中的不同位置,使人拥有了不同的身份,尤其是高层管理者,其职业形象就要有一定影响力和感召力,能够影响和带动企业内的其他成员。

3. 与企业文化相契合

不同的企业有不同的文化,反映着企业管理者的理念和价值标准,对企业员工的职业形象也有不同的要求。个体要想融合在企业中,其外在形象和行为标准就要与企业文化相一致,才能得到企业认同和接纳,获得归属感。反之,与企业文化相悖,就会被企业孤立,阻碍职业的发展。

4. 与周围环境相契合

即使是一个职业人,其活动的空间也不局限于办公室内,由于工作、生活的需要,经常会处于不同的场合和环境中,扮演不同的社会角色,其外在形象就要随着不同的角色和场合进行适当的调整,做到与周围环境、场地相一致。

五、职业形象的自我修炼

现代大学生职业形象设计应该内外兼修,注重综合素质的提高,为职业发展做好准备。职业形象的自我修炼应从以下四个方面着手。

1. 加强修养,提升人格魅力

大量的研究和实践证明:在决定人们成功的主观因素中,智力因素仅占大约20%,而80%的因素则属于非智力因素。这里的非智力因素就是我们通常所说的情商,是一种了解、控制自我情绪,理解、疏导他人情绪,通过情绪的自我调节、控制,以提高生存质量的能力。情商虽然是一种内在的能力,但是可以通过有意识地训练和自我暗示达到把握与控制。因此,加强自身的修养,建立高尚的价值观,培养积极乐观的心态,就会展示出动人的人格魅力;而内在的修养又会通过外在的形象自然表达与展示,为职业形象的塑造增添迷人的色彩。

2. 不断学习，提高专业素养

在今天这个变化的社会中，要想跟上时代的步伐，就要有开放进取的意识，并培养学习的习惯。既要学习和积累丰富的生活经验，增加个人阅历，提升个人生活的质量，又要学习专业的知识和技术。成功的职业形象毕竟是以职业为基础，具备良好的职业素养和技能水平是职业形象的基本特征。所以必须掌握一定的专业技能，了解本行业特定的行为规范或行为标准，培养自己的职业素养，养成良好的职业行为规范，这是塑造成功职业形象不可缺少的途径。

3. 精心包装，打造个人品牌

由于人类是一种视觉占主导地位的高级动物，因此我们对事物的印象，源于自己的所见，要给人留下良好的印象，首先就要对自己的外在形象进行设计和包装。拥有一个整洁的仪表，穿戴与职业、身份相符的职业化服饰，恰当地运用人际交往的礼仪，适度的肢体语言和有个性的声音，都是特有的形象标志，能够共同构筑出职业形象的品牌。

4. 注重细节，提升个人品位

细节决定成败，职业形象的塑造，也同样适用于这句话。个人的修养、内涵、品位，往往在不经意的细节中体现出来。华丽的衣饰掩盖不了粗俗的举止，盲目的消费体现不了高尚的品位，强词夺理的气势体现不了真正的实力，一些不经意的细节，往往能破坏你精心建立起来的形象。所以，要经营好自己的形象品牌，需要从内到外、从小到大全方位不断地充实、调整和完善自我。

任务 1

仪容形象设计

面必净,发必理,衣必整,纽必结;头容正,肩容平,胸容宽,背容直。气象:勿暴,勿傲,勿怠;颜色:宜和,宜静,宜庄。

——张伯苓

世界上没有难看的人,只有不懂得如何让自己打扮得体的人。

——靳羽西

 学习目标

- 结合自身特点修饰、美化自己的仪容。
- 熟练地进行得体的化妆。
- 结合自身特点选择适合的发型。
- 科学地护肤。
- 学会对手足进行修饰。

 案例导入

换 妆

吴菲是某高校文秘专业的高才生,毕业后就职于一家公司做文员。为适应工作需要,上班时,她毅然放弃了"清纯少女妆",化起了整洁、漂亮、端庄的"白领丽人妆":不脱色粉底液,修饰自然、稍带棱角的眉毛,与服装色系搭配的灰度高、偏浅色的眼影,紧贴上睫毛根部描画的灰棕色眼线,黑色自然型睫毛,再加上自然的唇型和略显浓艳的唇色。她虽化了妆,却好似没有化妆,整个妆容清爽自然,尽显自信、成熟、干练的气质。但在公休日,吴菲又给自己来了一个大变脸,化起了久违的"清纯少女妆":粉蓝或粉绿、粉红、粉黄、粉白等颜色的眼影,彩色系列的睫毛膏和眼线,粉红或粉橘的腮红,自然系的唇彩或唇釉,看上去娇嫩欲滴,鲜亮淡雅,倍感轻松。

心情好,工作效率自然就高。一年来,吴菲以得体的外在形象、勤奋的工作态度和骄人的业绩赢得了公司同事的好评。

妆容设计是个人形象设计的重要方面。在社交活动中,交往对象对一个人发自内心的好恶亲疏,往往都是根据其在见面之初对于对方妆容的基本印象"有感而发"的。这种对他人妆容的观感除了先入为主外,在一般情况下还往往一成不变,其作用巨大。日本松下电器产业株式会社创始人松下幸之助一次到银座的一家理发厅理发,理发师对他说:"你毫不重视自己的容貌修饰,就好像把产品弄脏一样,你作为公司代表都如此,产品还会有销路吗?"一席话说得松下幸之助无言以对,以后他接受了理发师的建议,十分注意自己的仪表,并不惜破费到东京理发。由此可见,妆容仪表的作用是很大的,甚至是不可忽视的。

一个人的妆容,大体上受到两大因素的左右:其一,是本人的先天条件。一个人相貌如何,通常受制于血缘遗传。不管一个人是"天生丽质难自弃",还是长得丑陋不堪,实际上一降生到人世便已"命中注定如此",其后的发展变化往往不会与之相去甚远。其二,是本人的修饰维护。每个人的先天条件固然十分重要,却并不意味着一个在妆容方面先天条件优越的人,便可以过分地自恃其长,而不去进行任何后天的修饰或维护。事实上,修饰与维护,对于妆容的优劣而言往往起着重要的作用。在任何情况下,一个人如果不注意对自己的妆容进行适当的修饰与保养,往往很难在他人的心目中拥有良好的个人形象。所以,我们在平时必须时刻不忘对自己的妆容进行必要的修饰和整理,做到"内正其心,外正其容"。

1.1　知识储备

1.1.1　化妆得法

化妆适度是指在职业活动中适当化妆,这不仅是职业工作的需要,同时也是对他人尊重的一种表现。做任何事情都贵在适度,化妆也不例外。过分醉心于美容,妆化得过于浓艳,不仅有损于皮肤健康,还有损于自身的形象。

1. 妆前自我认识

一个人要让别人觉得美,全身的整体比例很重要,因为只有符合比例的才是和谐的,只有和谐的才是美的。

(1) 黄金分割。从美学上讲,一个人的整体比例关系只有符合著名的"黄金分割"的比例才是最美的。"黄金分割"是指事物各部分间形成一定的数学比例关系,即:如果将一条线段一分为二,其较短一段与较长一段之比等于较长一段与全线段之比。按照此种比例关系组织的任何对象,都表现出了变化的统一和内部关系的和谐。因此,许多哲学家与美学家认为,无论在艺术界还是自然界中,"黄金分割"都是形式美中较为理想的比例关系。对于人类而言,通常人的脸形是接近黄金分割比例矩形的,女性的椭圆形脸之所以被多数人视为理想的脸形,就是因为这种脸形的长宽之比近似黄金分割比例矩形。然而,人们并不都能拥有这样的脸形,但是我们可以从美的比例出发,利用发型和化妆弥补脸形的比例不足,使整个头部形象形成一种新的比例关系。

(2)"三庭五眼"。除了脸形的长宽之比外,"三庭五眼"也是对人的面部长宽比例进行测量的一种简单方法。五官端正就是指符合"三庭五眼"的比例要求。

"三庭"是指上庭、中庭和下庭。①上庭:从额头发际线到两眉头连线之间的距离。②中庭:从两眉头连线到鼻头底端之间的距离。③下庭:从鼻头底端到下颌(下巴尖)的距离。理想的比例是:上庭∶中庭∶下庭=1∶1∶1,即三者长度相等。

"五眼"是指:①左太阳穴处发际线至左眼尾的长度;②左眼长度;③左眼内眼角至右眼内眼角的长度;④右眼长度;⑤右眼眼尾至右太阳穴处发际线的长度。

"三庭""五眼"如图 1-1 所示。

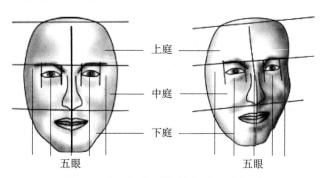

图 1-1　"三庭""五眼"结构对比示意图

理想的比例是这五者长度相等,即从左太阳穴发际线到右太阳穴发际线之间的横向连线长度正好是五只眼睛的长度,并且均匀分布。

"三庭五眼"是人的脸长与脸宽以及颜面器官布局的标准比例,如不符合这个比例,就会与理想脸形产生距离,那么,在化妆时就要运用一定的技巧进行调整和弥补。

通过自我形象分析,我们便可以了解自己容貌上的优点与不足,虽然人的相貌在很大程度上依赖于遗传,但是后天的努力、科学的保养及恰到好处的修饰具有举足轻重的作用。

2. 化妆的原则

美容化妆必须坚持美化、自然、协调的原则。

(1)美化原则。每一个化妆的人都希望通过化妆能使自己变得更美丽。但有些人认为把各种色彩涂抹在脸的相应部位就变美了,这种想法是错误的。我们看到许多幼儿园的孩子被教师化妆时,会化得脸上一团红、眼睛一团黑,变得又凶又老气,孩子的天真可爱荡然无存,这样的化妆不是变美,而是变丑了。因此,美化原则是从效果来说的。要使化妆达到美的效果,首先必须了解自己脸的各部位的特点;其次要清楚怎样化妆和矫正才能扬长避短,使容貌更迷人。这些要在把握脸部个性特征和正确的审美观的指导下进行。

(2)自然原则。自然是化妆的"生命力",它能使化妆后的脸看起来真实而生动,而不是一张呆板生硬的面具。化妆如果失去了自然的效果,那就是假,假的东西就谈不上生命力和美了。自然的化妆要依赖正确的化妆技巧、合适的化妆品;要一丝不苟,井井有条;要讲究过渡并体现层次;要点面到位、浓淡相宜。总之,要使化妆说其有、看似无,就像被化妆的人确确实实长了这样一张美丽的面容,像真的一样。化妆时如不讲艺术技法手段,乱涂一气,敷衍了事,片面追求速度,都有可能使妆容失真。

(3) 协调原则。协调原则包括:①妆面协调,指化妆部位色彩搭配、浓淡协调,所化的妆针对脸部个性特点,整体设计协调。②全身协调,指脸部化妆还必须注意与发型、服装、饰物协调,如穿大红色的衣服或配了大红色的饰物时,口红可以采用大红色的。它力求取得完美的整体效果。③身份协调,指职业人化妆时要考虑到自己的职业特点和身份,采用不同的化妆手段和化妆品进行化妆。作为职业人,应注意化妆后体现端庄稳重的气质;作为专门从事公关工作的从业人员,出头露面的机会多,会经常与有身份、有地位的人打交道,因此要表现出一定的人际吸引魅力,化妆就不能太艳俗或太单调,而应浓淡相宜,青春妩媚,要适合人们共同的爱美之心。④场合协调,指化妆要与所去的场合气氛相一致。日常办公,妆可以化淡一些;出入宴会、舞会场合,妆可以化浓一些,尤其是舞会,妆可以亮丽一些;参加追悼会,素衣淡妆,忌使用鲜艳的红色化妆。不同的场合应做不同的化妆,要相得益彰,这不仅会使化妆者内心保持平衡,也会使周围的人心理融洽。

3. 化妆工具与化妆品

(1) 化妆工具。化妆工具主要包括:①化妆纸。一般是购买专用的化妆纸(棉),或用质地柔软的纸巾,用于吸汗、吸油、净手、卸妆等。②棉签。可购买或自制。用于细小化妆部位的清理,如涂唇膏、描眉、染睫毛等。③海绵。用于上底色、拍涂胭脂和定妆。④胭脂刷。用于化妆时涂抹胭脂和定妆,可准备两个以上,便于涂抹不同色彩时使用。⑤眼影刷。涂抹眼影时使用。因为眼部分为主色和副色,为了在使用不同颜色的眼影时颜色之间不相互影响,所以要多备几个刷子。

此外,还须备有睫毛夹、眉笔、眉刷、美容剪等。

(2) 化妆品。化妆时,必须要准备化妆品。根据不同功能,国际上一般将化妆品分为两大类:一类是调整肌肤、使之润滑的基础化妆品,如爽肤水、雪花膏、润肤露等。另一类是美容化妆品,如眉笔、唇膏、胭脂、粉饼(底)等。我国的美容化妆界又根据国民的皮肤构造和消费水平,将化妆品分为六大类,它们分别是:①护肤类化妆品:爽肤水、面霜、润肤乳、润唇膏等。②清洁类化妆品:洁肤皂、洗面奶、沐浴液等。③修饰类化妆品:粉底液、唇膏、唇彩、腮红等。④美发类化妆品:洗发水、护发素、发乳、发蜡、发胶等。⑤芳香类化妆品:香水、香精等。⑥营养类化妆品:人参霜、珍珠霜、粉刺(雀斑)霜等。

现代职业女性化妆要准备的必需品有:粉饼、粉底、腮红、眼影、眉笔、眼线笔、唇膏、睫毛液、妆前霜、爽肤水、卸妆油等。

4. 化妆的基本步骤

化妆时要认真掌握化妆的方法。化妆大体上应分为打粉底、画眼线、施眼影、描眉形、上腮红、涂唇膏、喷香水等步骤,每个步骤均有一定之法,必须认真遵守。

（1）打粉底。打粉底又叫敷底粉或打底，它是以调整面部皮肤颜色为目的的一种基础化妆。在打粉底时，有四点应特别注意：一是事先要清洗好面部，并且拍上适量的化妆水、乳液。二是选择粉底霜时要选择好色彩。通常，不同的肤色应选用不同的粉底霜，选用的粉底霜最好与自己的肤色接近，二者的反差不易过大，看起来失真。三是打粉底时一定要借助于海绵，而且要做到取用适量、涂抹细致、薄厚均匀。四是切记在脖颈部位打上点儿粉底，才不会使面部与颈部"泾渭分明"。

小贴士

化妆水介绍

化妆水是爽肤水、紧肤水、调理水、柔肤水和洁肤水的统称。

（1）爽肤水。涂抹的感觉比较清爽，能补充肌肤的水分。

（2）紧肤水，也称收敛水。其最大的功效在于细致毛孔，有效平衡油脂分泌，特别针对需要收敛毛孔的油性皮肤或混合性肌肤的 T 字部位，其他肌肤并不适合使用，因为通常含有酒精成分。

（3）调理水。其作用是调整肌肤的酸碱值，肌肤在正常状态下是呈弱酸性，洗完脸后，用调理爽肤水将肌肤恢复到弱酸性。

（4）柔肤水。比较起来，它比较滋润，能给予肌肤细致的呵护，可以软化角质层，增强肌肤吸收滋润护肤品的能力。

（5）洁肤水。除了洗脸可以清洁肌肤外，有一些"水"，还能再次清洁脸部的残余污垢，等于是洁肤的保障。

购买的时候可以这样区分：油性皮肤使用紧肤水，健康皮肤使用爽肤水，干性皮肤使用柔肤水。对于混合皮肤来说，T 字部位使用紧肤水，其他部位使用柔肤水和爽肤水皆可。敏感皮肤则可以选用敏感水或修复水。要想美白，就可以选用美白化妆水。

（2）画眼线。画眼线这一步骤在化妆时最好不要省掉。它的最大好处是：可以使你的一双眼睛生动而精神，并且更富有光彩。在画眼线时，一般应当把它画得紧贴眼睫毛。具体而言，画上眼线时，应当从内眼角朝外眼角方向画；画下眼线时，则应当从外眼角朝内眼角画，并且在距内眼角约 1/3 处收笔。应予重点强调的是，在画眼线时，特别要重视笔法。最好是先粗后细，由浓而淡，要注意避免眼线画得呆板、锐利、曲里拐弯。画完之后的上下眼线，一般在外眼角处不应当交合。上眼线看上去要稍长一些，这样才会使双眼显得大而充满活力。

（3）施眼影。施眼影主要目的是强化面部的立体感，以凹眼反衬隆鼻，并且使化妆者的双眼显得更为明亮传神。施眼影时，有两大问题应予注意：一是要选对眼影的具体颜色。过分鲜艳的眼影，一般仅适用于晚妆，而不适用于工作妆。对中国人来说，化工作妆时选用浅咖啡色的眼影，往往收效较好。二是要施出眼影的层次之感。施眼影时，最忌没有厚薄深浅之分。若注意使之由浅而深，层次分明，将有助于强化化妆者眼部的轮廓。

（4）描眉形。一个人眉毛的浓淡与形状，对其容貌发挥着重要的烘托作用。任何有经验的化妆者,都会将描眉视为其化妆时的重中之重。在描眉时,有四点需要注意:一是要先进行修眉,以专用的镊子拔除那些杂乱无序的眉毛。二是描眉,所要描出的整个眉形必须要兼顾本人的性别、年龄与脸形。三是在具体描眉形时,要对逐根眉毛进行细描,忌讳一画而过。四是描眉之后应使眉形具有立体感,所以在描眉时通常要注意应两头淡,中间浓;上边浅,下边深。

(5)上腮红。上腮红是化妆时在面颊处涂上适量的胭脂。上腮红的好处是使化妆者的面颊更加红润,面部轮廓更加优美,并且显示出健康与活力。在化工作妆上腮红时,需要注意四点:一是要选择优质的腮红,若其质地不佳,便难有良好的化妆效果。二是要使腮红与唇膏或眼影属于同一色系,以体现妆面的和谐之美。三是要使腮红与面部肤色过渡自然。正确的做法应是,以小刷蘸取腮红,先上在颧骨下方,即高不及眼睛、低不过嘴角、长不到眼长的1/2处,然后才略作延展晕染。四是要扑粉进行定妆。在上好腮红后,即应以定妆粉定妆,以便吸收汗液、皮脂,并避免脱妆。扑粉时不要用量过多,并且不要忘记在颈部也要扑上一些。

(6)涂唇膏。化妆时,唇部的地位仅次于眼部。涂唇膏,既可改变不理想的唇形,又可使双唇更加娇媚迷人。涂唇膏时的主要注意事项有三点:一是要先以唇线笔描好唇线,确定好理想的唇形。唇线笔的颜色要略深于唇膏的颜色。描唇形时,嘴应自然放松张开,先描上唇,后描下唇。在描唇形时,应从左右两侧分别沿着唇部的轮廓线向中间画。上唇嘴角要描细,下唇嘴角则要略粗。二是要涂好唇膏。以唇线笔描好唇形后,才能涂唇膏。选择唇膏时,既可以选彩色,也可以选无色,但要求其安全无害,并要避免选用鲜艳古怪之色。女性一般宜选棕色、橙色或紫色,男性则宜选无色唇膏。涂唇膏时,应从两侧涂向中间,并要使之均匀而又不超出早先以唇线笔画定的唇形。三是要仔细检查。涂毕唇膏后,要用纸巾吸去多余的唇膏,并细心检查一下牙齿上有无唇膏的痕迹。

(7)喷香水。喷香水主要是为了掩饰不雅的体味,而不是为了使自己香气袭人,这一点很重要。喷香水要注意以下问题:一是不应使之影响本职工作,或是有碍于人。二是宜选气味淡雅清新的香水,并应使之与自己同时使用的其他化妆品在香型上大体一致,而不是彼此“串味”。三是切勿使用过量,产生适得其反的效果。四是应当将其喷在或涂抹于适当之处,如腕部、耳后、颌下、膝后等,而千万不要将香水直接喷在衣物上、头发上或身上其他易出汗之处。

完成上述化妆过程后要进行妆后检查:①检查左右是否对称。眼、眉、腮、唇、鼻侧等,两边形状、长短、大小、弧度是否对称,色彩浓淡是否一致。②检查过渡是否自然。脸与脖子、鼻梁与鼻侧、腮红与脸色、眼影、阴影层次等过渡是否自然。③检查整体与局部是否协调。各局部是否缺漏、碰坏,是否符合整体要求,该浓该淡是否达到应有效果,整个妆面是否协调统一。④检查整体是否完美。化妆要忌“手镜效果”,即把镜子贴近脸部检查。虽然这样会看清细小的部分,但一般人是在1m之外的距离与你面谈或招呼。所以要在镜前50cm处审视自己,对脸部整体的平衡做出正确的判断。

小贴士

如何卸妆？

5. 不同脸形的化妆

脸部化妆一方面要突出面部五官最美的部分，使其更加美丽；另一方面要掩盖或矫正缺陷或不足的部分。经过化妆品修饰的美有两种：一种是趋于自然的美；另一种是艳丽的美。前者是通过恰当的淡妆来实现的，它给人以大方、悦目、清新的感觉，最适合在家或平时上班时使用；后者是通过浓妆来实现的，它给人以庄重高贵的印象，可出现在晚宴、演出等特殊的社交场合。无论是淡妆还是浓妆，都要利用各种技术，恰当使用化妆品，通过一定的艺术处理，才能达到美化形象的目的。

（1）椭圆脸形化妆。椭圆脸形可谓公认的理想脸形，化妆时宜注意保持其自然形状，突出其可爱之处，不必通过化妆去改变脸形。

涂胭脂时，应涂在颊部颧骨的最高处，再向上向外揉化开去。

涂唇膏时，除嘴唇唇形有缺陷外，尽量按自然唇形涂抹。

修眉毛时，可顺着眼睛的轮廓修成弧形，眉头应与内眼角齐，眉尾可稍长于外眼角。

正因为椭圆脸形是无须太多掩饰的，所以化妆时一定要找出脸部最动人、最美丽的部位，而后突出之，以免给人平平淡淡、毫无特点的印象。

（2）长脸形化妆。长脸形的人，在化妆时力求达到的效果应是增加面部的宽度。

涂胭脂时，应注意离鼻子稍远些，在视觉上拉宽面部。涂抹时，可沿颧骨的最高处与太阳穴下方所构成的曲线部位，向外、向上抹开去。

施粉底时，若双颊下陷或者额部窄小，应在双颊和额部涂以浅色调的粉底，造成光影，使之变得丰满一些。

修眉毛时，应令其变为弧形，切不可有棱有角。眉毛的位置不宜太高，眉毛尾部切忌高翘。

（3）圆脸形化妆。圆脸形予人可爱、玲珑之感，若要修正为椭圆脸形并不十分困难。

涂胭脂时，可从颧骨起始涂至下颌部，注意不能简单地在颧骨突出部位涂成圆形。

涂唇膏时，可在上嘴唇涂成浅浅的弓形，不能涂成圆形的小嘴状，以免有圆上加圆之感。

施粉底时，可用来在两颊造阴影，使圆脸瘦削一点。选用暗色调粉底，沿额头靠近发际线处起向下窄窄地涂抹，至颧骨下部可加宽涂抹的面积，造成脸部亮度自颧骨以下逐步集中于鼻子、嘴唇、下巴附近。

修眉毛时，可修成自然的弧形，或作少许弯曲，不可太平直或有棱角，也不可过于弯曲。

（4）方脸形化妆。方脸形的人以双颊骨突出为特点,因而在化妆时,要设法加以掩饰,增加柔和感。

涂胭脂时,宜涂抹得与眼部平行,切忌涂在颧骨最突出处。可抹在颧骨稍下处并往外揉开。

施粉底时,可用暗色调在颧骨最宽处造成阴影,令其方正感减弱。下颌部宜用大面积的暗色调粉底造阴影,以改变面部轮廓。

涂唇膏时,可涂丰满一些,强调柔和感。

修眉毛时,应修得稍宽一些,眉形可稍带弯曲,不宜有角。

（5）三角脸形化妆。三角脸形的特点是额部较窄而两腮较阔,整个脸部呈上小下宽状。化妆时应将下部宽角"削"去,把脸形变为椭圆状。

涂胭脂时,可由外眼角处起始,向下涂抹,令脸部上半部分拉宽一些。

施粉底时,可用较深色调的粉底在两腮部位涂抹、掩饰。

修眉毛时,宜保持自然状态,不可太平直或太弯曲。

（6）倒三角脸形化妆。倒三角脸形的特点是额部较宽大而两腮较窄小,呈上阔下窄状。人们常说的"瓜子脸""心形脸",即指这种脸形。化妆时,掌握的诀窍恰恰与三角脸形相似,需要修饰部分则正好相反。

涂胭脂时,应涂在颧骨最突出处,而后向上、向外揉开。

施粉底时,可用较深色调的粉底涂在过宽的额头两侧,而用较浅的粉底涂抹在两腮及下巴处,显现掩饰上部、突出下部的效果。

涂唇膏时,宜用稍亮些的唇膏以加强柔和感,唇形宜稍宽厚些。

修眉毛时,应顺着眼部轮廓修成自然的眉形,眉尾不可上翘,描眉时从眉心到眉尾宜由深渐浅。

6. 不同职业角色的妆容技巧

每个人都有自己特定的社会角色。由于在不同的交际场所"扮演"的角色不同,因此,装扮或表现也要相应有所区别。每一个角色都有一个自己的定位,凸显角色是一种行为选择,也是一个人在自我定位时,决定哪一个角色比其他角色重要的过程。

（1）高级主管的妆容技巧。当一位新的部门主管走马上任,人们在观察他时,通常会较多地注意那些无形的特点,如个人形象、人际沟通能力、人品及性格等。因此,身为部门主管注意自己的妆容,不断强化自己的妆容技巧是必要的。

① 女性主管。女性主管要在工作中做到真正与男性处于同等地位,必须从自信与装扮上提升自己作为一个独立人格存在的水准。要尽可能打扮得端庄得体,发型、妆容、首饰和衣服应该和谐统一,装扮要尽可能优雅、完美。

② 男性主管。女士们通常羡慕男士不用花多少精力去装扮,以为他们只要穿上一套得体的西装就可以了,但在当今社会越来越激烈的市场竞争中,已有越来越多的男士开始意识到仅仅做到这些是远远不够的,男性主管也必须努力注意自己的仪容仪表。

- 内衣不仅要干净,也要合身。

- 第一次与重要人物见面时,着装要尽可能含蓄,以免咄咄逼人。色彩和款式较含蓄的高级丝质领带比色彩艳丽的领带更好。
- 眉毛间杂乱的毛发看上去不整洁,要设法修整。
- 参加重要会议,首先要考虑清楚自己到底应以什么样的形象出现,然后再考虑相应的服饰。
- 如果发型长期不变,肯定会显得落伍,甚至会显得比实际年龄老气。去设计一个更好的发型,改变原有的习以为常的形象。
- 如果总是等鞋子脏了才去擦,那么皮革就很容易老化,一般穿三次就应该擦一次。
- 一次性水性笔只适合学生或临时工用,优质钢笔更能反映出你的成功和个性。
- 手指甲应每两个星期就修剪一次。
- 有趣的塑料手表只是少年的玩物,包括潜水式的手表都会有损职业人士的形象。
- 对于有机会单独与客户接触的职业男士来说,个人卫生是非常重要的。每天都应更换衬衣,早晨要洗淋浴,每天都要刷牙3次。此外,应选择能与裤装和鞋子相匹配的素色或黑色袜子。

(2) 接待人员的妆容技巧。每个公司都应该注意公司形象与员工形象之间的协调。因为公司通过宣传等其他方式建立起来的形象,最终要由员工来体现和强化。公司应制定出一整套员工形象标准,以帮助他们维护公司的形象。

公司接待人员通常为女性,她们是代表公司接待宾客的,给来访者的第一印象非常重要。一个最佳的接待人员通常就是公司形象的代言人。因此,人事部门在招聘接待人员时必须严格筛选,并制定出严格的用人规范。

① 女性应淡妆上岗,化妆与发型应整齐、清洁、端庄,不宜在接待宾客时整理鬓发或补妆。

② 珠宝首饰佩戴不宜超过3件,应选用无声响、不夸张、不招摇的饰品。

③ 手和指甲必须随时保持整洁。

特别值得注意的是,不要把流行的"酷妆"带到工作岗位上来。因为在职场工作的每一位员工,都应按照职场的妆容礼仪规则要求自己,绝不能将私人化的妆容形象带到职场上来。一个人的形象应随着环境的变化而变化,在休闲环境下是良好的形象,到了职场环境下可能就不合时宜了。

(3) 求职人员的妆容技巧。无论是已经有工作经验者还是刚毕业的学生,任何想获得一份工作的人都需经过面试。所以,专门探讨一下有关面试时的妆容技巧是有必要的。

面试最初3分钟的印象非常重要,在这3分钟里主考官会对求职者形成初步的感性认识。印象好可能会给求职者更多的时间,以便其深入了解;印象不好可能就会匆匆结束面试,或缩短面试过程。在相互不认识的人之间,以貌取人并没有错。因为在最初的印象中,形象是对方能够获取相关信息的最直观、最快捷、最有效的途径。对方不可能在这么短的时间里准确得知一个人的全方位信息,比如,关于一个人的为人处世、人品才能等信息,均需要经过较长时间的了解、接触才能获取。所以,应聘时的外在形象对一个应聘者越过最初的面试障碍会起到非常重要的作用。在准备面试前要做到以下几点。

① 面试前一晚必须睡眠充足,使皮肤保持光洁。

② 女性要用浅色调彩妆化自然一些的淡妆。脸上有斑点的女性要用遮瑕膏将其遮盖。不化妆的女性以及蓄须的男性,在求职过程中容易遭遇偏见,从而会减少许多本应属于自己的机会。女性若浓妆艳抹,比没有化妆的应聘者更糟糕。化一点淡妆,让面部显得清新自然,是最受人们欢迎的。

③ 头发要保持干净,不要用油滑的定型液,否则会给人湿漉漉的感觉。留长发的女性,要把头发扎起来,束带应简单而自然,不要使人觉得稚气未脱。

④ 要洗净、修整指甲,因为在与人握手或做记录时,指甲不清洁总是让人感到尴尬的事情。女性应用无色自然的指甲油,这样看上去会显得更健康。

⑤ 不要用香水,否则会分散主考官的注意力。

个人良好的妆容形象对获得一份理想的工作起着重要作用,尤其是当求职者还没有这方面的经验时,需要依靠自身良好的外在形象,把内在的潜质更好地表现出来,以便他人能愉快地接受。

(4) 舞台演讲时的妆容技巧。站在舞台上发表演讲是表现自己能力的一次机会,此时千万不要忽视妆容形象,它与演讲内容同样需要重视。演讲者与台下的观众有一定的距离,为了使自己的肤色看上去更健康,可以使用较厚的粉底及散粉。眉毛、眼线、眼影、睫毛、唇膏都可以画得比平时明显突出些。在灯光的作用下,远距离观看就会显得非常自然。

① 妆色可以比平时浓一些,庄重一些。在脸上打上一层薄而稳固的粉底。注意突显眼睛(用眼线笔、睫毛膏和眉梳处理),还要强调嘴唇。在涂唇膏前先使用唇线笔将唇形清楚地勾勒出来。用半透明粉在脸上均匀地扑一层,使脸部看上去不油亮。上粉不宜过厚,否则会使人感觉好像不太自然。

② 在舞台内侧等待出场时,要轻松自如。调匀呼吸,做几次张大嘴巴的动作,这样可以松弛颌部并使下颌变得柔韧舒适,放松紧张的情绪。

③ 开始说话时要微笑地环视听众,然后做一次深呼吸。沉稳自如的微笑不仅会给人一种亲切宜人的印象,同时也会让听众感觉到,接下来的演讲将会是生动有趣的。

④ 倘若戴着眼镜进行演讲,那么演讲的过程中注意不要摆弄眼镜,因为这样的习惯性动作往往会使听众误以为演讲者是位易冲动、敏感、焦虑不安、故作姿态的人。

⑤ 有些演讲者在紧张的时候,常有下意识地摆弄头发或摆弄物品的习惯。这种下意识的反复的习惯性动作会干扰听众,使听众产生不舒适的感觉。

⑥ 保持和善的微笑能缓解交流的气氛,在一定程度上也会平息自己的紧张情绪。自然而真诚的微笑就像和煦的春风,让人身心愉悦。

(5) 女大学生的妆容技巧。女性到了大学阶段的年龄,是最漂亮也是最爱漂亮的年龄。适当地化妆,不但可以显得更漂亮,在有些场合也是必要的礼节。比如,实习、假期打工时,要接触社会人士,就必须把自己装扮得漂亮、得体,办事效率会更高,也会给自己带来诸多方便。恰当的化妆能使人拥有一种成熟的味道,更容易赢得别人的信任。

女大学生化妆时应以自身面部客观条件为基础,适当加以强化或美化,切不可失真。

要妆而不露、化而不觉,从而达到"清水出芙蓉,天然去雕饰"的境界。特别应该注意的是,女大学生在日常学习、生活中,以不化妆为宜;在社交娱乐活动中,化妆应以自然清新为主,切忌人工痕迹太重,那样会有损青年女性自然的美感。

总之,女大学生的仪容既要符合个性,又要讲究团队精神,要反映出大学生朝气蓬勃、奋发进取的精神风貌。

7. 化妆的禁忌

化妆有很多禁忌,很多都是日常生活中我们不经意的化妆习惯。千万别小看这些小习惯,如果不注意,会有损形象。

(1) 切忌在公共场合化妆。在众目睽睽之下化妆是非常失礼的,这样做有碍于别人,也不尊重自己。

(2) 女士不能当着男士的面化妆。如何让自己更加妩媚,应是每个女性的私人问题,即便是丈夫或男朋友,这点距离也是要有的,从某种意义上来说"距离"就是美。

(3) 不能非议他人的化妆。由于个人文化修养、皮肤及种族的差异,每个人对化妆的要求及审美观是不一样的,不要总认为只有自己的化妆才是最好的。在和他人交往的过程中,即便是好朋友,也不要主动去为别人化妆、改妆及修饰,这样做就是强人所难和热情过度。

(4) 不要借用别人的化妆品。如确实忘了带化妆盒而又需要化妆,在这种情况下除非别人主动给你提供方便,否则千万不要用人家的化妆品,因为这是极不卫生的,也很不礼貌。

(5) 男士使用化妆品不宜过多。目前,男士化妆品也越来越多,但男女有别。男士不能使用过多的化妆品,否则会给人带来不良的印象,不要让人感到化妆后有"男扮女装"的感觉。

8. 男性的妆容设计

以上几点主要针对女士而言,其实男士也应注意妆容设计。职业男性的妆容修饰应注意如下几个方面。

(1) 维护自己的面部皮肤。男性也应像女性一样精心维护自己的面部皮肤。要勤洗脸,以保持面部皮肤的清洁与卫生。可适量使用保湿液,以保持面部皮肤的湿润。

(2) 注意选用合适的修面液和香水。适合办公场合用的修面液和香水一般应幽微、淡雅,并有一种清爽的味道,这样的味道能使周围的人感到愉悦。

(3) 注意眉毛的修饰。改变眉毛存在的缺陷,修整多余的眉毛或不规则的形状。

(4) 修剪鼻毛。外露的鼻毛让人讨厌,应买一把修剪鼻毛的专用剪刀经常修剪。

(5) 勤于修面。勤于修面的男士在工作中更容易被他人接纳。德高望重的长者,如果有蓄须的习惯,应注意对胡子的修剪,尤其是要注意将脖子上的胡须处理干净。

(6) 注意牙齿清洁。保持牙齿和牙龈健康是每日必须优先考虑的事情。每天最好能刷牙三次,尤其要注意养成午餐后刷牙的习惯。一次专业性的牙齿清洗能为你带来惊人的变化。

（7）注意手部护理。手总是不可避免地要暴露在别人面前,所以应注意保持手和指甲的清洁,并选用合适的护手霜护理双手。

（8）去除烟味。吸烟的男子要注意吸烟后咀嚼口香糖等去除烟味。

（9）去除脚臭。有"汗脚"的男士应注意保持鞋袜清洁,最好准备两双以上的鞋换着穿。

男士的形象与其精神面貌有很大关系,如果外表各方面都处于最佳状态,但目中无人,精神不振,也不会给别人留下良好的印象。所以,男士在精神面貌上要保持对生活的乐观和追求,少些抑郁忧愁,多些爽朗欢笑。

1.1.2 皮肤护理

皮肤护理是指要对皮肤,尤其是面部皮肤进行长期护理和保养,这是实现妆容美的首要前提。正常健康的人皮肤应具有光泽,且柔软、细腻洁净、富有弹性;而当人处于病态或衰老的时候,其皮肤就会失去光泽、弹性,出现皱纹或色斑。对皮肤进行经常性的护理和保养,有助于保持皮肤的青春活力。

1. 皮肤的构造

皮肤是由表皮、真皮和皮下组织三部分构成的。表皮就是我们眼睛能看得见的部位,它能防止体内水分过分蒸发,并能阻止外界有害物质的侵入,尤其是防止紫外线的侵入。真皮位于表皮的内侧,与表皮弯曲相连,真皮的机能如果衰退,皮肤就会呈现老化。真皮的弹力缩小,皮肤的皱纹就会增加。人们受伤后,皮肤的再生力也来源于真皮层。皮下组织是皮肤的最下层,含丰富的皮下脂肪。全身皮肤含脂肪量各不相同,其中,眼周的含量最少,所以眼周肌肤最显脆弱。因为缺乏皮脂膜保护,加班、熬夜过多,作息不正常,眼周就容易出现黑眼圈、细纹等症状,看上去精神不济,并会给职场、社交带来困扰。眼周最易松弛,也最易老化。职业人为保持良好的精神风貌,应特别注意保护眼周肌肤。

为了让皮肤的新陈代谢正常运作,我们应在晚上10点至深夜2点这一段时间睡觉休息。因为这段时间是细胞分裂最旺盛的时候,此时人如果处于睡眠状态,心跳平缓,血管扩张,血液循环遍及全身,营养及能量较易供给细胞分裂时使用,就能促进新陈代谢。反之,此时人如果熬夜,对皮肤的保养最为不利。

小贴士

男女皮肤的差异

2．皮肤分类型保养

皮肤一般分为干性皮肤、中性皮肤、油性皮肤、混合性皮肤、敏感性皮肤。对于不同类型的皮肤需用不同的方法加以护理和保养。

（1）干性皮肤红白细嫩，油脂分泌较少，经不起风吹日晒，对外界的刺激十分敏感，极易出现色素沉着和皱纹。有些干性皮肤的人苦于自己的皮肤少了一份"亮光"，使劲往脸上涂抹"增亮"的油脂。殊不知，此举减少了皮肤的透气性。其实对于这种皮肤，每天在洗脸的时候，可以在水中加入少许蜂蜜，湿润整个面部，用手拍干。坚持一段时间，就能改善面部肌肤，使其光滑细腻。保养的要点是补充油脂和保湿。

（2）中性皮肤比较润泽细嫩，对外界的刺激不太敏感。这种皮肤比较易于护理，可以在晚上用水洗脸后，再用热水捂脸片刻，然后轻轻抹干。保养要点是维持水油平衡。

（3）油性皮肤肤色较深，毛孔粗大，油光满面，易生痤疮等皮脂性皮肤病，但适应性强，不易显皱。洗脸时可在热水中加入少许白醋，以便有效地去除皮肤上过多的皮脂、皮屑和尘埃，使皮肤富有光泽和弹性。保养要点是控制油脂分泌和保湿。

（4）混合性皮肤看起来健康且质地光滑，但T形区（额头、鼻子、下巴的区域）有些油腻，而两颊及脸部的外缘有一些干燥的迹象。混合性皮肤在护肤时可考虑分区护肤的法则，对于干燥的部位除了更多地补水保养外，可以适当地选择一些营养成分较丰富的护肤品，而偏油部分可以使用清爽护肤品。保养要点是控制T形区的油脂分泌，消除两颊的干燥现象并保湿。

（5）敏感性皮肤表皮较薄，毛细血管明显，使用保养品时很容易过敏，出现发炎、泛红、起斑疹、瘙痒等症状。保养要点是适度清洁，不过度去角质，不频繁更换保养品，不使用含有致敏成分的化妆品。

确定皮肤类型的简单方法是：在早晨起床前，准备三张干纸片，分别贴在额头、鼻子、面颊上，2分钟后揭下，放在亮处观察，就可判断自己的皮肤类型，如果满纸油迹即为油性皮肤；极少油迹即为干性皮肤；如果额头、鼻子有油迹，脸颊上几乎没有即为中性皮肤，额头、鼻子有较多油迹，脸颊上没有为混合性皮肤。

3．护肤的基本方法

（1）合理的饮食。合理的饮食是美容保健的根本。人体需要多种养分，有了养分，皮肤才有自然健康的美。因此，我们在日常的生活中应注意饮食上的多种多样，多吃富含维生素的食物，少吃刺激性食物，保持吸收、消化系统的畅通。一项研究表明：美好容颜的养成，内在营养占80%，外在营养占20%。

（2）保持乐观的情绪。乐观的情绪是最好的"润肤剂"。俗话说："笑一笑，十年少。"笑是一种化学刺激的反应，它激发人体各器官，尤其是激发大脑、内分泌系统的活动。笑的时候，脸部肌肉舒展，使面部皮肤新陈代谢加快，促进血液循环，增强皮肤弹性，起到美容作用。经常笑能使面色红润，容光焕发，给人年轻健康的美感。放松是保持乐观情绪的一剂良药，每天平躺在床上，使脚比头高，什么也不想，可以听轻音乐，10分钟后，即可增加面部的供血量，收到护肤的功效。

（3）保证良好的睡眠。保持卧室的良好环境,卧室的温度、床垫和枕头的软硬,都要适合自己入睡的要求。如有可能,特别是北方的冬季,可在室内装置加湿器,防止皮肤干裂。良好的睡眠使皮肤可以获得更多的氧气,满足代谢的需要。

（4）保持皮肤适度的水分。皮肤的弹性和光泽是由含水量决定的。要使皮肤滋润,每天要保证喝水2000mL。每天晚上睡前饮一杯凉开水,睡眠时,水分会融入细胞,为细胞所吸收。早晨起床后,也要饮一杯凉开水,使胃肠畅通,使水随血液循环分布全身,滋润皮肤。皮肤角质层的水分也可以从体外吸收,保持环境湿度,在化妆品中配合上保湿剂,是保持皮肤水分的好方法。坚持每天用冷水浸脸一次,约2分钟,坚持必有成效。

（5）正确地洗脸。正确洗脸,保持皮肤清洁卫生是不可或缺的。正确的洗脸方法是:洗脸水温不要太高,一般应低于35℃;洗脸应从下往上洗,从里向外洗,这样有助于皮肤血液循环;要使用温和的洗面奶,少用或不用香皂;洗脸的动作要轻柔。

（6）避免不良刺激。紫外线对皮肤有破坏作用,过度暴晒会使皮肤变黑、粗糙并出现皱纹,因此阳光太强的天气,要注意防晒。此外,应化淡妆,不要浓妆艳抹,以减轻对皮肤的刺激,更不要使用伪劣化妆品。

（7）按摩皮肤。按摩皮肤的具体方法是:两手掌相互摩擦发热,然后用手掌由前额顺着脸的两旁轻轻向下擦,擦至下巴后,再上擦至前额,如此一上一下将脸的各处擦周到,上下共36次,每天早晚洗脸后进行。在按摩时手法要轻柔,不可过分用力。

总之,只有自觉地、习惯地在日常生活和工作中保养皮肤,坚持皮肤"锻炼",才能使皮肤细腻、光泽、柔嫩、红润,富有弹性,青春永驻。

1.1.3　发型美观

头发位于人体的"制高点",俗话说:"美丽从头开始。"发型构成了妆容美的重要内容。现代社会,发型的功能不仅是区分性别、美化容颜,更能反映一个人的道德修养、审美水平、知识层次。有时,人们甚至可以通过一个人的发型准确地判断出他的职业、身份、受教育程度、生活状况和卫生习惯,更可感受出其是否身心健康以及对生活和事业的态度。美观的发型能给人一种整洁、庄重、洒脱、文雅、活泼的感觉。

1. 护发

要想拥有健康秀丽的头发,就要靠平时的保养和护理,否则,头发就会受到损伤,影响头发的健康。有一头健康的头发,才能实现美发,健康是美的前提。

（1）发质。头发因不同种族、不同肤色、不同年龄、不同健康状况而有着不同的发质。头发因其皮脂腺分泌量的不同,大体上可分为以下四种发质:油性发质、中性发质、干性发质和劣质发质。

① 油性发质:头发常有油腻的感觉,虽常常洗头,但洗后仍易排出油脂,头屑较多。

② 中性发质:头发感觉柔软平顺,看上去光亮润泽,是较理想的发质。

③ 干性发质:头发表面干燥,洗后无光泽和润滑的感觉,发型不易保持。

④ 劣质发质:头发感觉粗糙,摸起来质感不好,梳理时头发会断裂、开叉或打结。

判断自己头发的软硬,可以从烫发后头发是否容易保持卷性来断定,较硬的头发保持卷性较好,较软的头发保持卷性较差。

(2) 美发用品。在商场,我们看到用于保护头发的美发用品琳琅满目,通常可将其分成三大类:①发乳:适用于一般头发,对发质较软者尤为适用。它能保护头发,使之不易断裂和脱落,并保持自然光亮与润泽,还可随意梳理成自己需要的发型。发乳中的药性发乳则可以去屑、止痒、防脱发。②发蜡:又称头蜡,是以凡士林为原料制成的,所以黏度较高,适合头发较多或硬性头发的人使用。由于这类头发难以梳理成型,使用发蜡后再用电吹风吹发则易于梳理成型,保持头发整齐,同时还能减少水分对头发的软化作用,增加头发的光泽。③喷雾发胶:是一种使头发定型的用品。其用法是:在使用电吹风吹发后,将发胶均匀地喷在头发上,从而使发型固定,不怕风吹或震动,可较长时间地保持发型不变。

(3) 头发护理的方法。方法包括以下方面。

① 洗发:头发要定期清洗。洗发可清除头屑和污垢,防止头皮的皮脂分泌物堵塞毛孔而发痒。洗发时应选择适合自己发质的洗发水和护发素,水温在 37℃ 左右最适合。不可用力摩擦和抓揉头发,只可用手指肚轻轻按摩,然后用清水清洗干净,不要让洗发精、护发素残留在头发上,最后将头发用毛巾擦干或者用电吹风吹干。使用电吹风时,应距头发 20～25cm。洗发的间隔时间要根据具体情况而定:中性发质的人冬天 4～5 天洗一次发,夏天 3～4 天洗一次发;油性发质和干性发质的人则要分别缩短和延长 1～2 天。

② 护发:焗油是最好的护发方法。有关专家研究发现,头发表层是由无数鳞片组成的,这种鳞状表层排斥头油、蛋白质、维生素、人参、当归等物质,只吸收与纤维质相关的特殊物质,而焗油膏中则含有这种头发易于吸收的营养素物质。它们对于头发可以起到营养和修复作用,增加头发的弹性、柔软性和保湿性,使头发看起来光亮照人、如丝绸一般,并易于梳理。焗油一个月一次即可,可以自己焗,也可以到发廊焗。

③ 养发:现代职业女性若想拥有一头秀发,还要注意养发,即在人体自身内部吸收营养及适当调节上要做到四个注意。

第一,注意保持饮食中营养均衡,提高身体素质。多吃含蛋白质、铁、钙、锌、镁的食物和鱼类、贝类、橄榄油、坚果类(核桃)等。

第二,注意多参加运动,坚持锻炼,有规律的运动可消除工作、学习、生活紧张带来的压力。

第三,注意掌握并运用正确的梳头和洗头方法,勿损伤头发;还要注意按摩和擦发。早晚用梳子梳发 3 分钟,约 100 次,这样既可以刺激头发的神经末梢,调节头部神经功能,促进内分泌和头发的新陈代谢,有利于头发的新生,还可以刺激头皮活力,防止掉头屑和脱发。

第四,要注意防止和降低自然环境中损伤头发的因素,如注意防干燥、防暴晒、防潮湿、防寒冷。夏天游泳后要及时用清水清洗干净,再让头发自然风干。夏天外出用遮阳伞,冬天外出戴防寒帽。

2. 美发

当我们对自身头发的发质、护发、保养有了一定的了解后,还要选择一个有魅力的,与自己性别、发质、服装、身材、脸形等相和谐一致的发型,从而表现出与众不同的良好仪容——发型美。

(1)发型与性别。对于男士来讲,头发的具体长度,有着规定的上限和下限。所谓上限,是指头发最长的极限。一般来说不允许男士在工作时长发披肩,或者梳起辫子。在修饰头发时要做到:前发不覆额,侧发不掩耳。男士头发长度的下限是不允许剃光头。对于女士来讲,在工作岗位上头发长度的上限是:不宜长于肩部,不宜挡住眼睛。长发过肩的女子在上岗之前,可以采取一定的措施,如将超长的头发盘起来、束起来、编起来,不可以披头散发。女士头发长度的下限也是不允许剃光头。

(2)发型与发质、服装。一般来说,直而硬的头发容易修剪得整齐,故设计发型时应尽量避免花样复杂,应以修剪技巧为主,做成简单而又高雅大方的发型。比如梳理成披肩长发,会给人一种飘逸秀美的悬垂美感;用大号发卷梳理成略带波浪的发型或梳成发髻等,会给人一种雍容典雅的高贵气质。

细而柔软的头发,比较服帖,容易整理成型,可塑性强,适合做小卷曲的波浪式发型,显得蓬松自然;也可以梳成俏丽的短发,能充分体现个性美。

在现代美发中,一个人的发型与服装有着十分密切的关系。什么样的服装应当有什么样的发型相配,这样才显得协调大方。假如一个高贵典雅的发髻配上一套牛仔服系列就显得不伦不类了。因此,只有和谐统一才能真正体现美。

(3)发型与身材。身材高大威壮者,应选择显示大方、健康洒脱的发型,避免给人大而粗、呆板生硬的印象。高大身材的女士,一般留简单的短发为好,切忌花样复杂。烫发时,不应卷小卷,以免造成与高大身材的不协调。

① 身材高瘦者,适合留长发型,并且适当增加发型的装饰性。如若梳卷曲的波浪式发型,对于高瘦身材会有更多的协调作用。但高瘦身材者不宜盘高发髻,或将头发削剪得太短,以免给人一种更加瘦长的感觉。

② 身材矮小者,适宜留短发或盘发,因露出脖子可以使身材显得高些,可以根据自己的喜好,将发型做得精巧、别致,并做到优美、秀丽。但矮小身材者不宜留长发或粗犷、蓬松的发型,那样会使身材显得更矮。

③ 身材较胖者,适宜梳淡雅舒展、轻盈俏丽的发型,尤其应注意需将整体发式向上,将两侧束紧,使脖子亮出,这样会使人产生视错觉,感觉瘦些。但若留长波浪,两侧蓬松,则会显得更胖。

另外,如果你的上半身比下半身长,或上、下半身等长,则发型可选择长发,以遮盖其上半身;如肩宽臀窄,就应选择披肩发或下部头发蓬松的发型,以发盖肩,分散肩部宽大的视角;若颈部细长,可选择长发的发型,不适宜采用短发,以免使脖颈显得更长;若颈部短粗,则适宜选择中长发或短发,以分散颈粗的感觉。

总之,选择发型时,必须根据自己的体形,选择一个与之相称的发型。

(4)发型与脸形。

① 椭圆脸形:任何发型与它相配,都能达到美观的效果。但若采用中分头型,左右均衡、顶部略蓬松的发型,会更贴切,以显示脸形之美。

② 圆脸形:接近于孩童脸,双颊较宽,因此应选择头前部或顶部略半隆的发型,两侧

则要略向后梳,将两颊及两耳稍微留出。这样,既可以在视觉上冲淡脸圆的感觉,又显得端庄大方。圆脸形的人尤其适合梳纵向线条的垂直向下的发型或是盘发,使人显得挺拔而秀气。

③ 长脸形:端庄凝重,但给人一种老成感,因此,应选择优雅可爱的发型来冲淡这种感觉。顶发不宜太丰隆、前额部的头发可适当下倾,两颊部位的头发适当蓬松些,可以留长发,也可以齐耳,发尾要松散流畅,以发型的宽度来缩短脸的视觉长度。若将头发做成自然成型的柔曲状,会更理想。

④ 方脸形:前额较宽,两腮突出,显得脸形短阔。适宜选择自然的大波纹状发型,使整个头发柔和地将脸孔包起来,两颊头发略显蓬松遮住脸的宽部,使人的视觉由线条的圆润冲淡脸部方正直线条的印象。

⑤ "由"字脸形:应选择表现额角宽度的发型,中长发型较好。可使顶部的头发梳得松软蓬松些,两颊侧的头发宜向外蓬出以遮住两腮,在人的视觉上减弱腮部的宽阔感。

⑥ "甲"字脸形:宜选择能遮盖宽前额的发型,一般来说,两颊及脑后的头发应蓬松而饱满,额部稍垂"刘海",顶部头发不宜丰隆,以遮住过宽的额头。此类脸形的人适宜将头发烫成波浪形的长发。

毁了生意的"鸡窝头"

(5) 美发的方法。爱美之心人皆有之,现代职业女性可采用以下四种方法来美发,从而使自己的发型亦庄亦雅、亦美亦潮而不落俗套。

① 烫发。现代人运用物理或化学的方法,将头发做成各式各样、符合个人要求的形状的方法叫烫发。现在各种五花八门的烫发术语使人眼花缭乱,所以我们在烫发前,首先要对本人的年龄、职业、脸形、发质等因素进行综合的分析判断,然后再决定是否烫发和烫何种发型,切勿盲从。

② 做发。人们用发油、发乳、发胶、摩丝等美发用品,将头发塑造成各种形状,以达到显示个性化目的的方法叫做发。现代职业女性发型不宜做得太夸张,应注重塑造端庄、稳重的良好职业形象。

③ 染发。现代人比较崇尚潮流,往往通过染发将自己的头发染成各种色彩,以突出个人的兴趣爱好和个性特点。现代职业女性染黑发无可厚非,除此之外,一般不适宜将头发染得太夸张。年轻的职业女性若需要染成其他色彩的头发,可选择栗色、酒红色、咖啡色等颜色,这样既可显得活泼、有个性,又不失大方高雅的气质。

④ 假发。如果头发有先天或者后天缺陷的人,可选择戴假发来弥补缺陷。选择假发也要考虑个人的年龄、职业、身材、肤色等因素,既不能过分夸张,也不要过分俗气。使用

假发要注意选择仿真度较高的、质量较好的,切不可为了贪图便宜而使用那些太假、太俗气的假发。

总之,头发是一个人的制高点,是给他人产生第一印象的第一道风景线,我们只有"从头做起",才能真正地通过发型向他人传递性格爱好、文化修养等信息,也才能使自己的职业形象从头开始达到自然、和谐的效果。

小贴士

发型的种类

1. 女士发型

(1)马尾辫。马尾辫是一种将头发一起扎在脑后而不编结成辫的发型。由于简单易行,所以用途极广。这种发型会使女孩显得活泼可爱,但是,它会使背部不直的人看上去负荷过重。

(2)独辫子。独辫子是一种将长发在脑后编成一根辫子的发型,它给人以怀旧的情结。

(3)娃娃头。娃娃头又称童花头,它以齐眉的刘海和齐耳的短发塑造女孩乖巧可人的形象,可使女孩看上去更年轻。

(4)直发。直发是一种将齐肩或披肩的长发拉直的发型,可使女孩变得青春靓丽。

(5)大波浪。大波浪是一种流行卷发发型,由于其发型纹理就像大海的波浪一样,故而得名。大波浪发型柔软又不失淑女,既有轻盈飘逸的发型轮廓,又有妩媚迷人的视觉冲击,是深得时尚女孩追捧的发型。

此外,还有高发髻、男士头等。

2. 男士发型

(1)西式发型。西式发型也称西装头,泛指现代人三七分或四六分的一种露出后颈部的短发型,是正式场合最常采用的一种发型,给人以端庄和严谨的感觉。

(2)对分发型。对分发型是一种五五对开、额前头发比较长的发型,这种发型只适合于前额宽大、脸呈"国"字形的人。这种发型是橄榄状头型的人的大忌。

(3)卷曲发型。给人以异国情调或自由浪漫的感觉。

(4)板寸头。板寸头俗称平头。脑袋四周基本无发,只是头顶留有1~2cm的短发,而且顶部呈水平面。这种发型给人以刚毅和果敢的形象。

此外,还有刺猬发型、爆炸发型和光头等,但是对于男职员来说,这些发型均不适宜。

1.1.4 手足修饰

请扫描二维码学习本部分内容。

┌ **小贴士** ┐

标 准 的 手

从美学的角度看,手掌有宽窄之分,手指有长短之别,其标准指数如下:

手宽(cm)×100÷手长(cm)=手掌宽窄指数

手掌宽窄指数小于42.9cm为狭窄型,大于48cm为宽大型,43~47.9cm为中间型。

手指长(cm)×100÷手掌长(cm)=手指长度指数

手指长度指数小于95cm为手指偏短,大于105cm为手指偏长,95~105cm为正常。

1.2　能力开发

1.2.1　阅读思考

面部局部矫正化妆

请扫描二维码阅读下文,然后回答文后的思考题。

1.2.2　案例分析

请扫描二维码阅读案例原文,然后回答案例后的讨论题。

1.2.3　训练项目

仪容形象设计

实训目标:运用仪容设计的相关要求与规范,设计出符合现代礼仪要求的仪容形象。

实训学时:2学时。

实训地点:实训室。

实训准备：准备化妆盒、棉球、粉底霜、胭脂、眼影、眉笔、唇彩、香水等化妆用品。

实训方法：将全班学生分组，2人一组，要求其根据所学仪容礼仪知识，扬长避短展现出最美丽的妆容。在课堂上分组进行形象展示，最好用数码相机进行拍摄，由学生互评，要求从面部化妆、发型设计方面进行重点评价。由教师进行总结评价，重点评价各组存在的共性问题。最后，全班评出"最佳表现"妆容。

课后练习

1. 作为女士，请用5分钟时间给自己化一个漂亮的工作妆。请实际操作，如果结果不令你满意，要继续实践，反复练习，直到取得满意效果为止。

2. 作为男士应如何保持仪容整洁？请每天早晨上班前对着镜子检查一下，在个人卫生方面还有哪些地方需要改进？要坚持一丝不苟。

3. 你的皮肤属于哪种类型？有什么特点？在保养方面要注意哪些要点？

4. 请每日按照科学的化妆和护肤方法进行仪容修饰与保养。

5. 你的脸形、发质和职业最适合哪种发型？

任务2

服饰形象设计

佛是金装,人是衣装。

——[明朝]沈自晋《望湖亭传奇》第十出

良好的仪表犹如一支美丽的乐曲,它不仅能够给自身提供自信,也能给别人带来审美的愉悦:既符合自己的心意,又能左右别人的感觉,使你办起事来信心十足,一路绿灯。

——[美]戴尔·卡耐基

 学习目标

- 根据自身特点以及交际场合等的不同,有针对性地选择合适的服饰。
- 男士正确地进行西装的穿着,并能够熟练地打领带。
- 女士正确地进行西装套裙的穿着。
- 服装穿着注重和谐及色彩搭配合理。
- 得体地佩戴各类饰物。
- 养成进行仪容仪表自我检测的习惯。

 案例导入

事 与 愿 违

有一家海外知名企业的董事长要来某市访问,有寻求合作伙伴的意向。某商务信息公司的王总经理获悉这一情况后,请有关部门为双方牵线搭桥,让他喜出望外的是,对方也有合作意向,而且希望尽快见面。到了双方会面的那一天,王总特意在公司挑选了几个漂亮的部门女秘书来做接待工作,并特别指示她们穿紧身的上衣、黑色的皮裙。他认为这种时尚、性感的装束一定会让外商觉得自己对他们的到来格外重视,也一定会因此赢得他们的好感和信任。这时,正在做准备工作的办公室秘书小李看到这几位漂亮姑娘的装扮,她皱着眉头,想要说什么又咽了回去。过了一会儿她还是忍不住对王总说:"王总,做接待工作是不适合穿这种服装的。"王总惊讶地问道："是吗？为什么？"

人的长相美丑、身材长短难以变更，而服饰却是可以变化的。整洁美观的服饰是人们用以改变自己或烘托自己的最好方法，也是使用最频繁的"武器"。

早在1972年，世界著名心理学家及演讲大师肯利教授就发现，在高中女孩的交往友谊中，穿衣最重要，占留给别人印象的67%之多，在多年之后，人们即便回忆不起当年的容貌，却对"当时穿什么"印象很深；其次才是个性；最后是共同的兴趣。由此，他发现了着装是一个强烈、显著的信号，并告诉人们一个原则：服装只要运用得当，就是最有利的沟通工具之一，也是最便捷的人际交往"名片"。并且通过实验进一步证实，着装确实能让我们得到不同的待遇。假如穿戴像一个成功的人，就能在各种场合得到应有的尊敬和善待。肯利教授最后指出，在任何事业上，成功穿着能够帮助我们取得更大的成功。

本"案例导入"中的案例说明：着装是要分场合、讲究礼仪的。在正式的商务接待中，接待人员不适宜穿紧身上衣和皮裙。女性穿紧身上衣只适合于休闲或一般的交际场合，而穿皮裙则更不合适，因为在西方传统的观念中，这种打扮是一些社会地位低微、行为举止轻浮的女性的所爱。

2.1 知识储备

2.1.1 着装的原则

请扫描二维码学习本部分内容。

2.1.2 着装的"三注意"

1. 注意和谐

所谓穿着的和谐，是指一个人的穿着要与他的年龄、体形、职业和所处的场合等吻合，表现出一种和谐，这种和谐能给人以美感。

(1) 穿着要和年龄相和谐。在穿着上，要注意与年龄相和谐。不管是青年人还是老年人，都有权利打扮自己。但是，在打扮时要注意，不同年龄的人有不同的穿着要求。年轻人应穿着鲜艳、活泼、随意一些的服装，这样可以充分体现出青年人的朝气和蓬勃向上的青春之美；而中、老年人的着装则要注意庄重、雅致、整洁，体现出成熟和稳重，透出那种年轻人所没有的成熟美。因此，无论你是青年、中年，还是老年，只要你的穿着与年龄相和谐，都会使你显出独特的美来。

（2）穿着要与体形相和谐。关于人体美的标准,古今中外众说纷纭。有关专家综合我国人口的健美标准,提出两性不同的体形标准。女性的标准体形是:骨骼匀称、适度。具体表现为:站立时头颈、躯干和脚的纵轴在同一垂直线上。肩宽、四肢比例以及头、颈、胸的比例:以肚脐为界,上、下半身的比例符合"黄金分割"的 1.618∶1,也可用近乎 8∶5来表示。若身高 160cm,则其较为理想的体重是 50～55kg,肩宽是 36～38cm,胸围是84～86cm,腰围是 60～62cm,臀围是 86～88cm;男性的标准体形,应基本遵循两臂侧平举等于身高的原则。若身高为 167～170cm,则其较为理想的体重是 68～70kg,胸围是95～98cm,腰围是 75～78cm,颈围是 30～40cm,上臂围是 32～33cm,大腿围是 55～56cm,小腿围是 37～38cm。

然而,在现实生活中,并非每个人的体形都十分理想,人们或多或少地存在着形体上的不完美或欠缺,或高或矮,或胖或瘦。若能根据自己的体形挑选合适的服装,扬长避短,则能实现服装美和人体美的和谐、统一。

一般来说,身材较高的人,上衣应适当加长,配以低圆领或宽大而蓬松的袖子,宽大的裙子、衬衣,这样能给人以"矮"的感觉,衣服颜色最好选择深色、单色或柔和的颜色;身材较矮的人,不宜穿大花图案或宽格条纹的服装,最好选择浅色的套装,上衣应稍短一些,使腿比上身突出,服装款式以简单直线为宜,上下颜色应保持一致;体形较胖的人应选择有小花纹、直条纹的衣料,最好是冷色调,以达到显"瘦"的效果,在款式上,胖人要力求简洁,中腰略收,后背扎一中缝为好,不宜采用关门领,以 V 形领为最佳;体形较瘦的人应选择色彩鲜明、有大花图案以及方格、横格的衣料,给人以宽阔、健壮的视觉效果,在款式上,瘦人应当选择尺寸宽大、上下分割花纹、有变化的、较复杂的、质地不太软的衣服,切忌穿紧身衣裤,也不要穿深色的衣服。另外,肤色较深的人穿浅色服装,会获得健美的色彩效果,肤色较白的人穿深色服装,更能显出皮肤的细洁柔嫩。

（3）穿着要和职业相和谐。穿着除了要和身材、体形和谐外,还要与职业相和谐。这一点非常重要,不同的职业有不同的穿着要求。例如,教师、干部一般要穿得庄重一些,不要打扮得过于妖冶,衣着款式也不要过于怪异,这样可以给人留下一个良好的印象;医生的穿着要力求显得稳重和富有经验,一般不宜穿着过于时髦而给人一种轻浮的感觉,这样不利于对病人进行治疗;青少年学生的穿着要朴实、大方、整洁,不要过于成人化;而演员、艺术家则可以根据其职业特点,穿着时尚一些。

（4）穿着要和环境相和谐。穿着还要与你所处的环境相和谐。办公室是一个很严肃的地方,因此在穿着上就应整齐、庄重一些。外出旅游,穿着应以轻装为宜,力求宽松、舒适,方便运动。平日居家,可以穿着随便一些,但如有客人来访,应请客人稍坐,自己立即穿着整齐,如果只穿睡衣睡裤来接待客人,那就显得失礼了。除此之外,在一些较为特殊的场合,还有一些专门的穿着要求。例如,在喜庆场合不宜穿得太素雅、古板;庄重的场合不能穿得太宽松、随便;悲伤场合不能穿得太鲜艳等。对于这些穿着要求,我们在下面还要作具体的介绍。

2. 注意色彩

色彩是服装留给人们记忆最深的印象之一,而且在很大程度上也是服装穿着成败的关键所在。色彩对他人的刺激最快速、最强烈、最深刻,所以被称为"服装之第一可视物"。

一般来讲,不同色彩的服饰在不同的场合所产生的效果是不同的。为此,我们需要对色彩的象征意义有一定的了解。

小贴士

颜色的象征意义

黑色象征神秘、悲哀、静寂、死亡,或者刚强、坚定、冷峻。

白色象征纯洁、明亮、朴素、神圣、高雅、恬淡,或者空虚、无望。

黄色象征炽热、光明、庄严、明丽、希望、高贵、权威。

大红象征活力、热烈、激情、奔放、喜庆、福禄、爱情、革命。

粉红象征柔和、温馨、温情。

紫色象征谦和、平静、沉稳、亲切。

绿色象征生命、新鲜、青春、新生、自然、朝气。

浅蓝象征纯洁、清爽、文静、梦幻。

深蓝象征自信、沉静、平静、深邃。

灰色是中间色,象征中立、和气、文雅。

人们在穿着服装时,在色彩的选择上既要考虑个性、爱好、季节,又要兼顾他人的观感和所处的场合。明代卫泳在《缘饰》中说:"春服宜清,夏服宜爽,秋服宜雅,冬服宜艳;见客宜重装;远行宜淡服;花下宜素服;对雪宜丽服。"可见古人对服饰的讲究的确值得我们借鉴。

对一般人而言,在服装的色彩上要想获得成功,最重要的是掌握色彩的特性、色彩的搭配、正装色彩的选择,以及肤色与着装色彩的关系这几个方面。

(1)色彩的特性。色彩具有冷暖、轻重、缩扩等特性。

① 色彩的冷暖。使人产生温暖、热烈、兴奋之感的色彩为暖色,如红色、黄色;使人有寒冷、抑制、平静之感的色彩叫冷色,如蓝色、黑色、绿色。

② 色彩的轻重。色彩的明暗变化程度,被称为明度。不同明度的色彩往往给人以轻重不同的感觉。色彩越浅、明度越强,它使人有上升之感、轻感;色彩越深、明度越弱,它使人有下垂之感、重感。人们平日的着装,通常讲究上浅下深。

③ 色彩的缩扩。色彩的波长不同给人收缩或扩张的感觉也有所不同。一般来讲,冷色、深色属收缩色,暖色、浅色则为扩张色。运用到服装上,前者使人苗条,后者使人丰满,二者皆可使人在形体方面扬长避短,但运用不当则会在形体上出丑露怯。

(2)色彩的搭配。色彩的搭配主要有统一法、对比法和呼应法。

① 统一法。统一法即配色时尽量采用同一色系之中各种明度不同的色彩,按照深浅不同的程度搭配,以便创造出和谐感。例如,穿西服按照统一法可以选择这样搭配:如果采用灰色色系,可以由外向内逐渐变浅,即深灰色西服—浅灰底花纹的领带—白色衬衫。这种方法适用于工作场合或庄重的社交场合的着装配色。

② 对比法。对比法即在配色时运用冷色与深色,即明暗两种特性相反的色彩进行组

合的方法。它可以使着装在色彩上反差强烈,静中求动,突出个性。但有一点要注意,运用对比法时忌讳上下 1/2 的对比,否则给人以拦腰一刀的感觉,要找到黄金分割点即身高的 1/3 点上(即穿衬衣从上往下第四、第五个扣子之间),这样才有美感。

③ 呼应法。呼应法即在配色时,在某些相关部位刻意采用同一色彩,以便使其遥相呼应,产生美感。例如,在社交场合穿西服的男士讲究"三一律"。所谓"三一律",就是男士在正式场合,应使公文包、腰带、皮鞋的色彩相同,即为此法的运用。

(3) 正装色彩的选择。非正式场合所穿的便装,色彩上要求不高,往往可以听任自便,而正式场合穿的服装,其色彩却要多加注意。总体上要求正装色彩应当以少为宜,最好将其控制在三种色彩之内。这样有助于保持正装保守的总体风格,显得简洁、和谐。正装若超过三种色彩则给人以繁杂、低俗之感。正装色彩,一般应为单色、深色并且无图案。最标准的正装色彩是蓝色、灰色、棕色、黑色。衬衣的色彩最佳为白色,皮鞋、袜子、公文包的色彩宜为深色(黑色最为常见)。

小贴士

上装和下装色相的和谐搭配

(4) 肤色与着装色彩的关系。浅黄色皮肤者,也就是我们所说的皮肤白净的人,对颜色的选择性不那么强,穿什么颜色的衣服都合适,尤其是穿不加配色的黑色衣裤,则会显得更加动人。暗黄或浅褐色皮肤者,也就是皮肤较黑的人,要尽量避免穿深色服装,特别是深褐色、黑紫色的服装。一般来说,这类肤色的人选择红色、黄色的服装比较合适。肤色呈病黄或苍白的人,最好不要穿紫红色的服装,以免使其脸色呈现出黄绿色,加重病态感。皮肤黑中透红的人,则应避免穿红、浅绿等颜色的服装,而应穿浅黄、白色等颜色的服装。

3. 注意场合

所谓穿着要注意场合,是说要根据不同场合来进行着装。

(1) 正式场合。正式场合是指商务谈判、重要的商务会议、求职面试等正规、严肃的场合。男士在正式场合通常穿严肃的西服套装(上下装面料相同、颜色相同)。纯黑色西服在西方通常用于婚礼、葬礼及其他极为隆重的场合,而正式的商务场合最常使用的西服套装颜色为深蓝色和深灰色。深蓝色或深灰色西装搭配白衬衫,是商务场合男士的必备服装。女士在正式的商务场合当中,与男士西装相对应的是女士西服套裙或套裤(上衣领子与男士西装领子相似),而西服套裙又比西服套裤更正式。

(2) 半正式场合。商务人员的半正式场合是指无重大活动、无重要严肃事务的商务场合(需要注意的是,有些着装要求非常严格的公司只有周末才允许穿半职业装)。男士在半正式场合,不用系领带,可以选择不太正式的西服上衣,比如亲切感更强的咖啡色西服,以及其他权威感较弱的明快的颜色。面料可以选择更随意舒适的粗花呢等。上装和长裤采用不一样的面料和不一样的颜色,看上去更加轻松。搭配的时候要注意颜色与面料上下的平衡感。男士半职业装可以搭配高品质的针织衫以及时尚感、休闲感较强的衬衫,衬衫的领型可有较多变化。长裤的面料和颜色可以更加自然随意。需要注意的是,长裤的款式还是以西裤款式为主,不可出现宽松裤、萝卜裤、牛仔裤等休闲时尚裤型。女士的半职业装款式变化与组合非常丰富,可以将正装的西服套裙与套裤分开来穿,搭配经典款式的连衣裙、针织衫、短裙、衬衫。各个款式的细节处理可以更加富有创意,颜色可以更加明亮丰富,但仍然要保持躯干线条的清晰干练。

(3)休闲场合。所谓"休闲",是指停止工作或学习,处于闲暇轻松状态。在休闲状态下,服装应当舒适、轻松、愉快,因此在款式上,男士和女士都应采用宽松的款式,比如夹克衫、T恤衫、棉质休闲裤、牛仔装等。服装颜色可以选择鲜艳新奇的色彩。女士连衣裙、短裙或衬衫的款式细节、图案和色彩都可以更大胆、更丰富。

(4)商务酒会场合。西方男士在特殊场合的礼服分为晨礼服、晚礼服等,但近年来有逐渐简化的趋势。国内一般公司的小型商务酒会、聚会,男士穿深色西装即可,但是领带的图案和颜色都需要更加华丽一些。女士的服装尽量以小礼服风格的款式为主,但不宜过于暴露肌肤,领、袖、肩既不可过于裸露又不可过于严实,千万不要过于隆重、夸张,裙长在膝盖上下比较妥当。布料可以选用带丝缎短裙、纱裙等,也可用无领无袖单色连衣裙搭配亮丽的首饰、富有质感的毛皮围巾、丝巾等增强闪光点和华丽感。酒会穿的鞋可以选有丝缎面料、露趾的晚装鞋,提包换成小巧一些的晚装包。

(5)晚宴场合。国际商务场合的隆重晚宴需要穿晚礼服。晚礼服是晚上8点以后穿着的正式礼服,是礼服中档次最高、最具特色、最能充分展示个性的礼服样式。女士的晚礼服常与披肩、外套、斗篷等相搭配,与华美的装饰手套等共同构成整体装束效果。西方传统晚礼服款式强调女性窈窕的腰肢,夸张臀部以下裙子的重量感,肩、胸、臂的充分展露,为华丽的首饰留下表现空间。面料通常选用闪光缎、丝光面料,充分展现华丽、高贵感。多配高跟细带的凉鞋或修饰性强、与礼服相宜的高跟鞋。中国女性的身材和西方女性有所不同,因此可以选用面料华丽、制作精美的旗袍式晚礼服,同样能够产生惊艳的效果。男士参加晚宴的时候可以根据自身的喜好选择正式晚礼服或黑色西装,但一定注意细节处理要恰到好处。

(6)运动场合。商务人员会经常参加公司组织的体育比赛或观看体育比赛,参加此类活动应当穿运动装。运动装与休闲装都具有宽松、舒适的特点,但是运动装比休闲装更加适宜运动时穿着。不同的体育比赛有不同的运动装款式,参加活动之前应当准备好相应的服装。

(7)家居场合。下班回家之后通常应当换上家居服。家居服也有晨衣、睡衣等诸多款式,但其一致的特点是非常舒适、宽松、随意。然而,需要提醒商务人员注意的是,假如有客人来访,只要不是非常熟悉的人,都一定要换上休闲服或半职业装会见客人。即使是在家里,穿着睡衣之类的家居服见同事或客户也是非常不礼貌的。有些家居服的款式是会客时穿的,但也只适用于见很熟的私人朋友或邻居等。最后要提醒大家的是,家居服绝不可以穿到自家大门以外,哪怕你只是去楼下小卖店买瓶酱油,穿着家居服也是非常失礼的。

2.1.3　男士西装的穿着

西装是男士最常见的办公服,也是现代社交中男子最得体的着装。国外很多机构,包括一些大企业,规定工作人员不能穿休闲短裤、运动服上班,要求男士必须穿西装打领带。一些剧院也规定了观看者必须西装革履。因此,为了塑造良好的个人形象,男士必须学会穿西装。

1. 男士西装的选择

(1) 选择合适的款式。西装的款式可分为英国、美国、欧洲三大流派。尽管西装在款式上有流派之分,但是各流派之间差异并不很大,只是在后开衩的部位、纽扣是单排还是双排、领子的宽窄等方面有所不同。不过,在胸围、腰围的胖瘦,肩的宽窄上还是有所变化的。因此,我们在选择西装时,要充分考虑到自己的身高、体型,如身材较胖的人最好不要选择瘦型短西装;身材较矮者也最好不要穿上衣较长、肩较宽的双排扣西装。

(2) 选择合适的面料和颜色。西装的面料要挺括一些。正式礼服的西装可采用深色(如黑色、深蓝、深灰等)的全毛面料制作。日常穿的西装颜色可以有所变化,面料也可以不必讲究,但必须熨烫挺括。如果穿着皱巴巴的西装,会损害自己的交际形象。

(3) 选择合适的衬衣。穿着西装时,一定要穿带领的衬衣。花衬衣配单色的西装效果比较好,单色的衬衣配条纹或带格西装比较合适;方格衬衣不应配条纹西装,条纹衬衣也不要配方格西装。

(4) 选择合适的领带。在交际场合穿西装必须打领带,领带的颜色、花纹和款式要与所穿的西装相协调。领带的面料以真丝为最优。在领带颜色的选择上,杂色西装应配单色领带,而单色西装则应配花纹领带;驼色西装应配金茶色领带,褐色西装则需配黑色领带等。

2. 男士西装的穿着

(1) 合体的上衣与衬衣。合体的西装上衣应长过臀部,四周下垂平衡,手臂伸直时上衣的袖子恰好过腕部,领子应紧贴后颈部。

穿西装必须要穿长袖衬衣,衬衣最好不要过旧,领子一定要硬扎、挺括,外露的部分一定要平整干净。衬衣下摆要掖在裤子里,领子不要翻在西装外,但应稍露出外衣领,袖口也应长出外衣袖口1～2cm。

(2) 注意内衣不可过多。穿西装切忌穿过多内衣。衬衣内除了背心外,最好不要再穿其他内衣,如果确实需要穿内衣,内衣的领圈和袖口也一定不要露出来。如果天气较冷,衬衣外面还可以穿上一件毛衣或毛背心,但毛衣一定要紧身,不要过于宽松,以免显得臃肿,影响穿西装的效果。

领带的来历

（3）打好领带。正式场合的领带以深色为宜，非正式场合的领带以浅色、艳丽为好。领带的颜色一般不宜与服装颜色完全一样（参加凭吊活动穿黑西装系黑领带除外），以免给人以呆板的感觉。具体做法：一是领带底色可与西装同色系或邻近色，但二者色彩的深浅明暗不同，如米色西装配咖啡色领带；二是领带与西装同是暗色，但色彩形成对比，如黑西装配暗红色领带；三是一色的西装配花领带，花领带上的一种颜色尽可能与西装的颜色相呼应。

领带的打法，主要有五种方法，如图2-1～图2-5所示。

① 平结。平结为男士选用最多的领结打法之一，几乎适用于各种材质的领带。要诀是领结下方所形成的凹洞，需让两边均匀且对称。

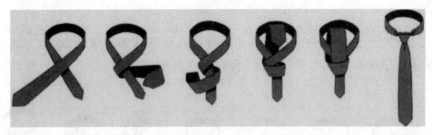

图2-1 平结

② 交叉结。这是适合单色素雅、质料较薄的领带选用的领结，喜欢展现流行感的男士不妨多加使用。

图2-2 交叉结

③ 双环结。双环结能营造时尚感，适合年轻的上班族选用。完成的特色就是第一圈稍露出第二圈之外，可别刻意盖住。

图 2-3　双环结

④ 温莎结。温莎结适用于宽领的衬衫,该领结应多往横向发展,应避免材质过厚的领带,领结也勿打得过大。

图 2-4　温莎结

⑤ 双交叉结。这样的领结很容易让人有种高雅且隆重的感觉,适合正式活动场合选用。应多运用在素色且丝质领带上,若搭配大翻领的衬衫,不但适合,而且有一种尊贵感。

图 2-5　双交叉结

领结需靠在衣领上,但不能勒住脖子,也不能太往下,显得松松垮垮,不精神。领带系好后,垂下的长度应能触及腰带上,超过腰带或不及腰带都不符合要求。领带用领带夹固定。西装上衣左胸部的装饰袋,可用来插放绢饰,不可用来放钢笔之类的其他东西,钢笔应放在衣服内袋中。

(4)裤子合体。西装的裤子要合体,要有裤线,裤长要及脚面 1~2cm。西装裤兜内不宜放沉东西。

(5)鞋袜整齐。穿西装一定要穿皮鞋,而不能穿布鞋或旅游鞋。皮鞋的颜色要与西装相配套。皮鞋还应擦亮,不要蒙满灰尘。穿皮鞋要配上合适的袜子,袜子的颜色要比西装稍深一些,使它在皮鞋与西装之间显示一种过渡。

(6)扣好扣子。西装上衣可以敞开穿,但双排扣西装上衣一般不要敞开穿。在扣西装扣子时,如果穿的是两个扣子的西装,不要把两个扣子都扣上,一般只扣上面一个。如果是三个扣子只扣中间一个。

在日常工作及非正式场合的社交活动中,男士可穿西服便装。西服便装上下装不要求严格的配套一致,颜色可上浅下深,面料可上柔下挺。可以衬衫、领带配西裤,也可以不扎领带、不穿衬衫,而穿套头衫或毛衣。

此外,男士参加社交活动也可穿中山装、民族服装或夹克。尤其是在国内参加活动时,如出席庆典仪式(包括吊唁活动)、正式宴会、领导人会见国宾等隆重活动,可穿中山装与民族服装。穿中山装应选择上下同色同质的深色毛料中山装,一般配以黑色皮鞋。中山装衣服要平整、挺括,裤子要有裤线。穿着时要扣好领扣、领钩、裤扣。

在非正式社交场合中,男士也可穿夹克衫等便装,但同样应注意服装的清洁与整齐。

男士外出还可准备一件大衣或风衣,但在正式场合一般不宜穿风衣或大衣。如在需要室外活动的场合,大衣或风衣既可保暖挡风,又可增添不少潇洒的风采。

2.1.4 女士服装的穿着

女王的着装

英国女王伊丽莎白二世访问中国期间,走出机舱门第一个亮相,穿的是正黄色西服套裙,戴正黄色帽子。这位女王本人喜欢红色和天蓝色,很少穿黄衣服。但在中国,几千年的历史上黄色是皇帝的专用色。女王来中国访问穿正黄色,既表示尊重中国的传统习俗,又显示了她作为一国君主的高贵身份。

女士服装应讲究配套,款式较简洁,色彩较单纯,以充分体现女士的精明强干,落落大方。

1. 女士西装套裙

(1) 选择合适的套裙,包括以下方面。

① 面料:最好是纯天然质地且质量上乘的面料。上衣、裙子及背心等应选用同一种面料。在外观上,套裙所用的面料,讲究的是匀称、平整、滑润、光洁,不仅有弹性、手感好,而且应当不起皱、不起毛、不起球。

② 色彩:应当以冷色调为主,借以体现出着装者的典雅、端庄与稳重。一套套裙的全部色彩不要超过两种,不然就会显得杂乱无章。

③ 图案:按照常规,商界女士在正式场合穿着的套裙,可以不带任何图案。

④ 点缀:不宜添加过多的点缀。一般而言,以贴布、绣花、花边、金线、彩条、亮片、珍珠、皮革等加点缀或装饰的套裙都不适宜商界女士穿着。

⑤ 尺寸:上衣不宜过长,下裙不宜过短。裙子下摆恰好达小腿最丰满处,乃是最为标准、最为理想的裙长。紧身式上衣显得较为正统,松身式上衣则看起来更加时髦一些。

⑥ 造型：H 形上衣较为宽松,裙子多为简式；X 形上衣多为紧身式,裙子大多为喇叭式；A 形上衣为紧身式,裙子则为宽松式；Y 形上衣为松身式,裙子多为紧身式,并以筒式为主。

⑦ 款式：套裙款式的变化主要体现在上衣和裙子方面。上衣的变化主要体现在衣领方面,除常见的平驳领、驳领、一字领、圆领之外,青果领、披肩领、燕翼领等也不罕见。裙子的式样常见的有西装裙、一步裙、筒式裙等,款式端庄、线条优美；百褶裙、旗袍裙、A字裙等,飘逸洒脱、高雅漂亮。

（2）选择和套裙配套的衬衫。与套裙配套穿着的衬衫,有不少的讲究。从面料上讲,主要要求轻薄而柔软,比如真丝、麻纱、府绸、罗布、涤棉等,都可以用作其面料。从色彩上讲,则要求雅致而端庄,不失女性的妩媚。除了作为"基本色"的白色外,其他各式各样的色彩,包括流行色在内,只要不是过于鲜艳,并且与所穿的套裙的色彩不相互排斥,均可用作衬衫的色彩。不过,还是以单色为最佳之选。同时,还要注意,应使衬衫的色彩与所穿套裙的色彩互相般配,要么外深内浅,要么外浅内深,形成两者的深浅对比。

（3）选择和套裙配套的内衣。一套内衣往往由胸罩、内裤以及腹带、吊袜带、连体衣等构成。它应当柔软贴身,并且起着支撑和烘托女性线条的作用。有鉴于此,选择内衣时,最关键的是要使之大小适当。

内衣所用的面料以纯棉、真丝等面料为佳。它的色彩可以是常规的白色、肉色,也可以是粉色、红色、紫色、棕色、蓝色、黑色。不过,一套内衣最好同为一色,而且其各个组成部分亦为单色。就图案而论,着装者完全可以根据个人爱好加以选择。

内衣的具体款式很多,在进行选择时,特别应当注意的是,穿上内衣之后,不应当使它的轮廓一目了然地在套裙之外展现出来。

（4）选择合适的鞋袜。选择鞋袜时,首先要注意其面料。女士所穿的与套裙配套的鞋子宜为皮鞋,并且以牛皮鞋为上品；同时,所穿的袜子可以是尼龙丝袜或羊毛袜。

鞋袜的色彩则有许多特殊的要求。与套裙配套的皮鞋以黑色最为正统。此外,与套裙色彩一致的皮鞋也可选择。但是鲜红色、明黄色、艳绿色、浅紫色的鞋子则最好不穿。穿着套裙时所穿的袜子有肉色、黑色、浅灰色、浅棕色等几种常规选择,只是宜为单色,而多色袜、彩色袜,以及白色、红色、蓝色、绿色、紫色等色彩的袜子都是不适宜的。

鞋袜在与套裙搭配穿着时要注意款式。与套裙配套的鞋子,宜为高跟、半高跟的船式皮鞋或盖式皮鞋,系带式皮鞋、丁字式皮鞋、皮靴、皮凉鞋等都不宜采用。高筒袜与连裤袜则属于与套裙的标准搭配；中筒袜、低筒袜绝对不宜与套裙同时穿着。

女士西装式样较多,它的领型有西装 V 字领、青果领、披肩领等；款式有单排扣、双排扣；衣长也有变化,或短至齐腰处,或长至大腿；造型上有宽松的、束腰的,还可有各种图案的镶拼组合。女士西装有衣裤相配的套装,也有衣裙相配的套裙。在社交场合无论西服套装或西服套裙款式都宜简洁大方,避免过分花哨和夸张。

女士西服套装给人以精明干练、富有权威的感觉,显得比较严肃,更适合成熟的女士或职位较高的女领导工作时穿用。如今,西服套装已成为社交活动中女士普遍适用的服装。

西服套裙的上装是西装,下装是腰裙(如西装裙、喇叭裙、百褶裙等)。交际中西服套裙的面料应是高档面料,如夏季用丝绸,华贵柔美;春秋用各类毛料,考究挺括;冬季用羊绒或毛呢织物,高贵典雅。西服套裙的色彩应呈中性,也可偏暗,一色的面料适宜,各种条子、格子、点子面料也常用。西服套裙上下一色显得端庄,有成熟感;色彩上浅下深或上深下浅,式样上简下繁或上繁下简,花色或上轻下杂或上杂下轻,可以搭配出动感和活力,适合女士在不同场合穿出不同的风貌。

2. 女士连衣裙

连衣裙是上衣和裙子的结合体,它不但能尽显女士特有的恬静和妩媚,而且穿着便捷、舒适。连衣裙也可与西装外套等组合搭配,提高服装的使用率。连衣裙的造型丰富多彩,有前开襟、后开襟、全开襟和半开襟的,有紧身的、宽松的,有喇叭形、三角形、倒三角形的,有无领的、有领的,有方领的、尖领的、圆领的,有超短的、过膝的、拖地的等各种连衣裙,它们为各种身材的女士在不同场合提供了大量的选择。

穿着连衣裙应视个人爱好、流行时尚而定,但在交际场合,穿着连衣裙还应以大方典雅为宜。单色连衣裙在大多数场合效果都很好,点、条、格等面料的连衣裙图案也要力求简洁。穿连衣裙要注意避免以下两点:一是受时髦潮流的影响,因太流行或趋于怪异,而变得俗不可耐或荒诞不经;二是不顾及环境,而穿着过低的领口、过紧的衣裙、过透的面料,使人感到极不雅观。正所谓"酌奇而不失其真,玩华而不坠其实"。

3. 女士旗袍

旗袍被公认是最能体现女性曲线美的一种服装。我国是有着300年旗袍历史的国度。近年来,旗袍带着一股从未有过的震撼力影响着世界各地女性的穿着,它像一种特殊的世界语,迅速被各种族的人们所接受,打破了只有东方女性才适合穿着的传统论断,因而,旗袍也可作为社交中的礼服。旗袍作为礼服时,一般采用紧扣的高领、贴身、身长过膝、两旁开衩、斜式开襟、袖口至手腕上方或肘关节上端的款式,面料以高级尼龙绸缎为主,配以高跟鞋或半高跟鞋。

4. 职业女性的着装风格

职业女性的着装风格有以下几种。

(1) 庄重大方型。庄重大方型的着装风格适合从事教育、文化、咨询、信息和医疗卫生等工作的职业女性。这类职业女性的着装外形变得飘逸柔软,渐渐走出"女强人"的模式。衬衫款式以简单为宜,与套装配衬,可以选择白色、淡粉色、格子、线条等变化的款式。在着装整体色彩上,可以考虑灰色、深蓝色、黑色、米色等较沉稳的色系,给人留下干练朝气、充满亲和力与感染力的印象,此外也可选择白色。由于考虑到这类职业女性一天近8小时面对公众,必须始终保持衣服挺括的缘故,因而,应当尽量选用那些经过处理后不易起皱的丝、棉、麻以及水洗丝等面料。

(2) 成熟含蓄型。成熟含蓄型的着装风格适合从事保险、证券、律师、公司主管、公共事业和政府机关公务员等工作的职业女性。这类职业女性着装的原则是专业形象第一位,女性气质第二位,在专业及女性两种角色里取得平衡。不同质地和剪裁的西服西裤能穿出不同的感觉。总的来说,西服和西裤的搭配显得成熟稳重、帅气潇洒、自由豪迈。连衣裙适合身材窈窕的女性,常见的连衣裙款式类似套裙,长度或长或短,没有太多的限制。如露肩的黑色连衣裙,长度及踝,流畅而华丽的线条,令身体的美无言地展示。神秘的黑色适合成熟含蓄的女性,这样的服装可以穿着的场合比较多。优雅利落的套装,给人的印象是井然有序。至于颜色,当然还是以白色、黑色、褐色、海蓝色、灰色等基本色为主。若嫌色彩过于单调,不妨扎条领巾,或在套装内穿件亮眼质轻的上衣。

(3) 素雅端庄型。素雅端庄型的着装风格适合从事科研、银行、商业、贸易、医药和房地产等工作的职业女性。这类职业女性的穿着除了因地制宜、符合身份、清洁、舒适外,还须记住以不影响工作效率为原则,才能适当地展现女性的气质与风度。例如,女性的衣着如太暴露,容易让男同事不知所措,而自己则要时常瞻前顾后,这样会影响工作效率。因此,这类职业女性的上班服应注重配合流行但不损及专业形象。其原则是"在流行中略带保守",是保守中的流行。太薄或太轻的衣料会有不踏实、不庄重之感。衣服样式宜素雅,花色衣服则应挑选规则的图案或花纹,如格子、条纹、人字形纹等。

(4) 简约休闲型。简约休闲型的着装风格适合从事新闻、广告、平面设计、动画制作和形象造型等工作的职业女性。这类职业女性的着装是简单中的优雅、舒适中的休闲,但简单的服饰可造就不简单的女人。白色或者深蓝色细格的棉质衬衫,修身的设计,半透明的质感,内衬白色吊带背心,简约和性感混合在一起。若穿这样的衣服,则会在单位中人气大增。

(5) 清纯秀丽型。清纯秀丽型的着装风格适合从事网络、计算机、公关、记者、娱乐等工作的职业女性。虽然办公室里不需要风情万种,但女人聪明的天性以及对美丽的极度敏感,使这类职业女性能够轻而易举地将流行元素融进枯燥沉闷的上班服饰中。时尚无须复杂,一双华丽斑斓的凉鞋、一个绣有花朵的包,都可成为将职业装穿出流行感觉的点睛之作,职业形象也能带出甜蜜的感觉。

小贴士

职业装穿着八禁忌

(1) 忌残破。职业装该洗就洗,该换就换,该淘汰就淘汰,宁可不穿也不能穿破衣服。

(2) 忌杂乱。服装穿着要讲规则,不能杂乱、不够协调。比如,男士穿西装的时候穿布鞋或运动鞋,女士穿很高档的套裙时却光脚穿露脚趾的凉鞋,这些都不符合职业着装的规范。

(3) 忌鲜艳。从制作的角度来讲,应该统一颜色,不能太鲜艳。一般要遵守三色原则,也就是说颜色不能超过三种。

(4) 忌暴露。职业装不能过于暴露。不能穿露脐装、露背装、低胸装、露肩装。职业装要"四不露",即不露胸、不露肩、不露腰、不露背,否则一弯腰走光了,令人尴尬。

(5) 忌透视。不能让人透过外衣看到内衣的颜色、款式、长短或图案,这都是非常不礼貌的。

(6) 忌短小,即不能太短。

（7）忌紧身。衣服过于紧身，甚至显现出内衣、内裤的轮廓，既不雅观也不庄重。

（8）忌怪异。职业人士不是时装模特，不能过分追求新奇古怪，标新立异。

2.1.5　服装的饰物佩戴

1. 饰物的种类

（1）服饰。这里的"服饰"是指服装上的装饰。服饰种类繁多，主要包括刺绣、系带、金属装饰品、珠宝等。不同时期、不同民族、不同国家的服饰既相似又不同。例如，我国唐代袍衫的纹样一般以暗花为多，武则天当朝后规定，在不同职别官员的袍服上，绣上各种不同的禽兽纹样，以区别等级；又如，我国少数民族中的白族，妇女的头饰上有一缕长长的穗，随着妇女年龄的增长或已婚，这缕长穗慢慢地被剪短，直至完全没有。再如，我国布依族已婚妇女要用竹皮或笋壳与青布做成"假壳"戴在头上，向后横翘尺余。

 小案例

饰品佩戴

（2）挂件。项链、玉佩、包挂等都属于挂件。在众多品种的挂件中，最流行和被人们广泛佩戴的是用贵金属、玉石、玛瑙、水晶、象牙、木雕、石雕等材料制成的各种人们心目中的吉祥物挂件，例如，保佑平安、祈祷发财、保佑健康的吉祥物。挂件制品在制作原料、工艺及饰物造型上，男女有别。除项链外，其余挂件一般不用贵金属材料制作。

（3）佩件。戒指、耳环、手镯、臂镯、丝巾扣等都属于佩件。传说戒指源于3000年前的古埃及，戒指是环形的，它没有开始，也没有结束，象征着爱情的浪漫与永恒。佩件一般用贵金属和珠宝制成。现代社会出现了很多能取代贵金属和珠宝的人造贵金属和人造珠宝材质，用这些材料制作出的戒指、耳环、手镯、臂镯、丝巾扣等同样非常漂亮，光彩照人。

（4）手袋。手袋，特别是女士用的小型手袋，是女士出席各种社交活动的重要饰物。手袋的面料很多，可用皮革、金属、塑料、串珠、刺绣等材料制成。

（5）帽子。帽子是现代女士的主要饰物，无论是质料、色彩还是款式，都是多种多样的。

（6）腰带及眼镜。腰带及眼镜是男女皆用的最常见的饰物，属于应用及装饰为一体的饰物。特别是眼镜，随着现代人装饰意识和审美情趣的变化，眼镜已成为一种修饰脸部的饰物了。

(7) 发饰。我国历代衣冠服饰制度中对"冠"(即发饰)都有严格规定。在奴隶制度和封建制度时期,发饰是用来区分等级的一种饰品。例如,商代对冠巾、发簪等发饰的佩戴就有明确的要求。不同民族、不同地区的发饰在样式、佩戴方式等方面是有区别的,在某种意义上说发饰具有民族和区域特性。例如,傣族、白族等一些民族的妇女是已婚还是未婚,可通过其发型及发饰来判别。随着社会的发展,发饰等级制度已经消亡,而随着民族之间、地区之间交往的日益紧密,不同民族、不同地区的发饰也在逐步融合,使现代发饰呈现出了丰富、多彩、繁荣的局面。

小贴士

饰物佩戴的原则

2. 常见饰物的佩戴

(1) 丝巾。丝巾是女士的钟爱。确实,不管什么场合,利用飘逸柔美的丝巾稍作点缀,一下就能让穿着更有味道。挑选丝巾的重点是丝巾的颜色、图案、质地和垂坠感。可以用丝巾调节脸部气息,如红色系可映得面颊红润;或是突出整体打扮,如衣深巾浅、衣冷色巾暖色、衣素巾艳。但佩戴丝巾要注意:如果脸色偏黄,不宜选用深红色、绿色、蓝色、黄色丝巾;如果脸色偏黑,不宜选用白色、有鲜艳大红图案的丝巾。丝巾不要放到洗衣机里洗,也不要用力搓揉和拧干,只要放入稀释的清洁剂中浸泡一两分钟,轻轻拧出多余水分再晾干就行了。

(2) 围巾、帽子、手套。

① 围巾的花色品种很多,与帽子一样,起御寒保暖和美观的作用。巧妙地选戴围巾,效果远远超过不断地更新衣服。围巾的面料有纯毛、纯棉、人造毛织物、真丝绸、涤丝绸等。围巾的色彩及图案名目繁多。男士一般应选用纯毛、人造毛织物制作的围巾,色彩应选用灰色、棕色、深酱色或海军蓝,不能选用丝绸类的围巾。女士对围巾的选择范围极大,可选用丝绸类及色彩多样的三角巾、长巾及方巾等;除可用来围在脖子上取暖外,还可以将围巾扎在头发上、围在腰上做装饰品。如果配上丝巾扣,围巾围、戴的变化就更多了。对女士来说,不论怎样选戴围巾,都要与年龄、身份和环境相协调,与所穿衣服的面料、款式、颜色及使用者的肤色相配。围巾一般在春冬季节使用得比较多。它的搭配要和衣服、季节协调。厚重的衣服可以搭配轻柔的围巾,但轻柔的衣服绝不能搭配厚重的围巾。

② 帽子是由头巾演变来的。在当代生活中,帽子不仅有御寒遮阳的作用,还具有装饰功能。在男女衣着中,帽子也占据着举足轻重的地位。戴帽子时,一定要注意帽子的式样、颜色与自身装束、年龄、工作、脸形、肤色相协调。一般来说,圆脸适合戴宽边顶高的帽子,窄脸适合戴窄边的帽子。女士的帽子,种类繁多,不同的季节造型和花色也不同。例如,在冬天,女士可戴手工制的绒线帽;地位较高的女士可选择小呢帽;年轻姑娘可选择

小运动帽。戴帽子的方法也很多，例如，帽子戴得端端正正显得很正派，稍往前倾一些显得很时髦。另外，戴眼镜的女士不适宜戴有花饰的帽子；身材矮小者，应戴顶稍高的帽子。戴帽子应注意的一般礼仪是：戴法要规范，该正的不能歪，该偏前的不能偏后；男性在社交场合可以采用脱帽的方式向对方表示致意；在庄重和悲伤的场合，除军人行注目礼外，其余的人应一律脱帽。

③ 在西方的传统服饰中，手套曾经是必不可少的配饰。现在，不管在哪儿，手套除了御寒外，无非就是为了保持手部的清洁和防止太阳暴晒。和别人握手，不管冬夏，都要摘掉手套；女士握手，有时不用摘掉手套，摘掉手套则显得更加礼貌；进屋以后，一般要马上摘下手套；吃饭的时候，手套必须摘下。

（3）腰带。腰带更重要的是起装饰作用。男士的腰带一般比较单一，质地大多是皮革的，没有太多的装饰。穿西服时都要系腰带，而其他的服装（如运动、休闲服装）可以不系。夏季只穿衬衫并把衬衫扎到裤子里时，也要系上腰带。女士的腰带很丰富，质地有皮革的、编织物的、其他纺织品的，纯装饰性的场合更多；款式也多种多样。女士使用腰带要注意以下几个问题：一是和服装的协调搭配，包括款式和颜色，比如穿西服套裙一般选择皮革或纺织的、花样较少的腰带，以便和服装的端庄风格搭配；要是穿着连衣轻柔织物裙装时，腰带的选择余地更大一些；暗色的服装不要配用浅色的腰带，除非出于修正形体的需要。二是要和体形搭配，比如个子过于瘦高，可以用较显眼的腰带形成横线，分隔一下，增加横向宽度；如果上半身长下半身短，可以适当提高腰带到比较合适的上、下半身比例线上，呈现比较好的视觉效果；如果身体过于矮胖，就要避免使用大的、花样多的腰带扣（结），也不要用宽腰带。三是要和社交场合协调。职业场合不要用装饰太多的腰带，而要显得干净利落一些；参加晚宴、舞会时，腰带可以花哨些。

无论男女，扎腰带一定要注意：出门前看看腰带系得是否合适，腰带有没有"异常"，在公共场合或别人面前动腰带是不合适的；在进餐的时候，更不要当众松紧腰带，这样既不礼貌，也不雅观；如有必要，可以起身到洗手间去整理。经常注意检查自己的腰带是不是有损坏，以提早替换，避免发生"意外"。

（4）皮包。皮包具有使用及装饰作用，在现代服饰中起着画龙点睛的作用。皮包的种类千变万化，有肩挂式、手提式、手拿式及双肩背式等，在选购时要考虑它的适用范围。正式场合应选用质地较好、做工精细、外观华丽，体积不宜大，横长形的皮包；平时上班和日常外出时使用的皮包不必太华丽，以实用性和耐用性为主；使用皮包要考虑其颜色与季节和着装是否相一致。皮包的使用与人的体形也有很大关系，例如，体形小巧的人不能选用太大的皮包；体形矮胖的人不要选用太秀气的皮包；瘦高的人虽有较大的选择余地，但也不能选用太大或太小的皮包。在参加公务活动时，应携带公文包。

（5）丝袜。丝袜在服装整体搭配中起着举足轻重的作用。在国外，正式场合中如果女性不穿丝袜就十分不雅。丝袜不仅能保护腿、足部的皮肤，掩盖皮肤上的瑕疵，还能与衣服相搭配，使女性更添魅力。

在工作场合穿着裙装及皮鞋时，一定要穿丝袜，而且必须是连裤丝袜。这样，可以避免丝袜因质量问题掉落，也不会将袜口露在外面。而有的人因为怕热而穿中长裤或短丝袜是不职业的做法。如平时在穿连衣裙及凉鞋时，就不要再穿丝袜了。因为凉鞋本来就是为了凉快的,再穿袜子就显得多此一举。不过现在有一种前后包脚的凉鞋,是属于较为正式的款式,就必须穿袜子。穿凉鞋时,要注意脚趾和脚后跟的洁净,不要把黑乎乎的指甲缝和老茧丛生的脚后跟露在外面,平时应注意保养。

丝袜的选穿不能敷衍了事,但要根据自身特点和着装风格做到合理选穿。最好知道选穿袜子的窍门,以下是一些可供参考的经验:对于日常忙于上班的职业女性,不妨选一些净色的丝袜,只要记住深色服装配深色丝袜,浅色服装配浅色丝袜这一基本方法就可以了;丝袜和鞋的颜色一定要相衬,而且丝袜的颜色应略浅于皮鞋的颜色(白皮鞋除外);颜色或款式很出众的袜子对腿形要求很高,对自己腿形没有自信的女孩不可轻易尝试;品质良好的裤袜要比长筒丝袜令人更有安全感,能够避免袜头松落的情况;白丝袜很容易令人看上去又胖又矮,应该避免;上班族不要穿着彩色丝袜,它会令人感到轻浮,缺乏稳重之感;参加盛会穿晚装时,配一双背部起骨的丝袜使高雅大方的格调分外突出,但穿此类丝袜时,切记不要将背骨线扭歪,否则极其失礼。

(6)戒指。在西方,戒指是无声的语言。一般来说,将戒指戴在左手各手指上有不同含义:戴在食指上表示未婚或求婚;戴在中指上表示正在热恋中;戴在无名指上,表示已订婚或结婚;戴在小指上则表明"我是独身者"。右手戴戒指纯粹是一种装饰,没什么特别的意义。中国人也戴戒指,但一定不能乱戴。一般情况下,一只手上只戴一枚戒指,戴两枚或两枚以上的戒指是不适宜的。参加较正规的外事活动时最好佩戴古典式样的戒指。

 小案例

小芳的戒指

(7)项链。项链的粗细应与脖子的粗细成正比,与脖子的长短成反比。从长度上分,项链可分为四种:短项链约40cm,适合搭配低领上衣;中长项链约50cm,可广泛使用;长项链约60cm,适合在社交场合使用;特长项链约70cm,适合用于隆重的社交场合。

(8)耳饰。耳饰有耳环、耳链、耳钉、耳坠等款式,仅限女性所用,并且讲究成对使用,也就是说每只耳朵上均佩戴一只。工作场合,不要一只耳朵上戴多只耳环。另外佩戴耳环时应兼顾脸形,不要选择和脸形相似形状的耳环,使脸形的短处被强调夸大。耳饰中的耳钉小巧而含蓄,所以,女性服务行业从业人员可以佩戴。

(9)手镯。有雕塑感的木质阔手镯带有中性色彩;金属宽手镯就显得很酷;而另一种风格的宽手镯——用人造宝石镶上图案,必将营造出一种目不暇接的华丽氛围,它主要强调手腕和手臂的美丽。戴手镯可以只戴一只,通常应戴在左手;又可以同时戴两只,一只手戴一个,也可以都戴在左手。

（10）手链。男女都可以佩戴手链，但一只手上只能戴一条，而且应戴在左手上。它可以和手镯同时佩戴。在一些国家，佩戴手链、手镯的数量、位置可以表示婚姻状况。手链不要和手表同时戴在一只手上。

（11）手表。在社交场合，佩戴手表通常意味着时间观念强、作风严谨。在正规的社交场合，手表往往被看作首饰，也是一个人地位、身份、财富状况的体现。所以，男士的手表往往引人注目。在正式场合佩戴的手表，在造型上要庄重、保守，避免怪异、新潮，尤其是尊者、年长者更要注意。一般圆形、正方形、长方形、椭圆形和菱形手表适用范围极广，也适合在正式场合佩戴；而那些新奇、花哨的手表造型，仅适合少女和儿童。在手表颜色上，可以选择单色也可以选择双色，而且色彩要清晰、高雅，其中，黑色的手表最理想。除数字、商标、厂名、品牌外，手表没必要再出现其他无意义的图案，像广告表、卡通表等都不宜出现在工作人员的手腕上。另外，在交际场合，特别是和别人交谈时，不要有意无意地看表，否则对方会认为你对交谈心不在焉、不耐烦，想结束谈话。

（12）胸花。胸花是为女性特别设计的，专门用于装饰女性的胸、肩、腰、头、领口等部位。胸花有鲜花和人造花两种。相比之下，鲜花佩戴起来更显高雅，但不能持久。选择胸花时，一定要考虑服装的类型、颜色、面料，要考虑所出席的社交活动的层次，要考虑自身的体形和脸形条件。例如，个子矮小的女士适合小一点的胸花，佩戴时部位可稍高一些；个子高大的女士可选择大一点的胸花，佩戴时位置可低一些。胸花要注意佩戴的部位，穿西服应佩戴在左侧领上，穿无领上衣时应佩戴在左侧胸前。发型偏左时胸针应当居右，发型偏右时胸针应当偏左，其高度应在从上往下数第一粒和第二粒纽扣之间。

（13）领针。领针专门用来佩戴在西式上装左侧领上，男女都可以使用。佩戴时戴一只即可，而且不要和胸针、纪念章、奖章、企业徽记等同时使用。在正式场合，不要佩戴有广告作用的别针，不要将它佩戴在右侧衣领、帽子、书包、围巾、裙摆、腰带等不恰当的位置。

（14）发饰。常见的发饰主要有头花、发带、发箍、发卡等。通常，头花和色彩鲜艳、图案花哨的发带、发箍、发卡都不要在上班时佩戴。

（15）脚链。脚链是当前比较流行的一种饰物，多受年轻女士的青睐，主要适合在非正式场合。佩戴它可以吸引别人对佩戴者腿部和步态的注意，如果腿部缺点较多，就不要用。一般只戴一条脚链。如果戴脚链时穿丝袜，就要把脚链戴在袜子外面，让脚链醒目。

2.2 能力开发

2.2.1 阅读思考

特殊体型女士的服饰选择

请扫描二维码阅读文章，然后回答文章后的思考题。

2.2.2　案例分析

请扫描二维码阅读案例原文,然后回答案例后的讨论题。

2.2.3　训练项目

组织着装展示

实训目标:根据服饰选配的相关要求与规范,使自己的着装符合职业礼仪要求,展示良好的形象。

实训学时:2学时。

实训地点:实训室。

实训准备:各类服装和饰物等。

实训方法:将学生分成小组,每组5～6人,分别设计不同场合(可以是正式场合、休闲场合、运动场合、商务酒会场合等)的服饰穿戴与搭配。每组学生进行角色扮演,演示各岗位服饰的穿戴与搭配,用数码摄像机记录整个过程,然后投影回放,学生自我评价,找出不合规范之处。授课教师总结点评学生存在的个性问题和共性问题。最后,全班评选出"最佳表现组"。

课后练习

1. 作为男士,请每天出门前对照以下"男士仪容仪表自我检测"来审视自己,看看自己哪些方面需要改进,以养成良好的习惯。

男士仪容仪表自我检测

发型款式大方,不怪异,头发干净整洁,长短适宜。无浓重气味,无头屑,无过多的发胶、发乳。

鬓角及胡须已剃净,鼻毛不外露。

脸部清洁滋润。

衬衣领口整洁,纽扣已扣好。

耳部清洁干净,耳毛不外露。

领带平整、端正。

衣、裤袋口平整伏贴。衬衣袖口清洁,长短适宜。

手部清洁,指甲干净整洁。

衣服上没有脱落的头发和头皮屑。

裤子熨烫平整,裤缝折痕清晰。裤腿长及鞋面。拉链已拉好。

鞋底与鞋面都很干净,鞋跟无破损,鞋面已擦亮。

2. 作为女士,请每天出门前对照以下"女士仪容仪表自我检测"来审视自己,看看自己哪些方面需要改进,以养成良好的习惯。

女士仪容仪表自我检测

头发保持干净整洁,有自然光泽,不要过多使用发胶;发型大方、高雅、得体、干练,前发以不要遮眼、遮脸为好。

化淡妆:眼亮、粉薄、眉轻、唇浅红。

服饰端庄:不太薄、不太透、不太露。

领口干净,脖子修长,衬衣领口不过于复杂和花哨。

饰品不过于夸张和突出,款式精致、材质优良,耳环小巧、项链精细,走动时安静无声。

公司标志佩戴在要求的位置,私人饰品不与之争夺别人的注意力。

衣袋中只放小而薄的物品,衣装轮廓不走样。

指甲精心修理过,不太长,不太怪,不太艳。

裙子长短、松紧适宜。拉链拉好,裙缝位正。

衣裤或裙子以及上衣的表面无明显的内衣轮廓痕迹。

鞋洁净,款式大方简洁,没有过多装饰与色彩,鞋跟不太高、不太尖。

衣服上没有脱落的头发和头皮屑。

丝袜无钩丝、无破洞、无修补痕迹,包里有一双备用丝袜。

3. 如何选择服饰的色彩?

4. 请根据你同事的脸形、形体和个性特点,给他(她)在服饰运用上提一些合理化建议。

5. 请就以下三个事例做出评价。

事例1:一所名气很大的幼儿园的老师上门家访,结果引出了转园风波。原来,幼儿园老师上门家访,前脚离开,后脚就引起了一场家庭会议,"我们一定要转园!"妈妈、奶奶斩钉截铁地说。园长想不通了,别人抢着要求进园,这家却强烈要求退园,一问原因才知道:"不能把宝贝交给这样的老师"——挨个家访的女老师穿着吊带背心,还是露脐装!

事例2:一位大型国有企业的秘书正在陪同外商参观,优雅的举止、礼貌的谈吐赢得外商的好评,却意外地发现秘书小姐的丝袜破了个洞。

事例3：小刘是公司办公室主任,他十分注意正装的穿着,穿西服套装,袖长及手腕,裤长及鞋面,身长盖及臀部；衬衣领子高出外套1cm,袖边长出外套1cm；领带尖对着皮带扣；黑色皮鞋和深色袜子。

6. 你到某公司应聘营销员这一职位,将如何着装?

7. 在一个阳光明媚的春天,某公司举行盛大的 10 周年庆典晚会,时间是晚上 19:00—21:00,地点在一个五星级酒店宴会大厅。请问男士和女士分别应如何穿戴入场?

任务3

仪态形象设计

讲礼仪,才会有品位;有品位,才会有魅力。

——佚名

凡人之所以为人者,礼义也。礼义之始,在于正容体、齐颜色、顺辞令。容体正、颜色齐、辞令顺,而后礼义备。

——《礼记·冠义》

 学习目标

- 表现出良好的仪态,符合站姿、坐姿、走姿、蹲姿标准要求。
- 具备良好的优美的站姿、坐姿、走姿、蹲姿。
- 在交际中能够恰当有效地使用眼神。
- 具备亲和力及符合标准的微笑。
- 熟练运用各种规范的手势。

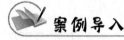 案例导入

金先生失礼

在风景秀丽的某海滨城市的朝阳大街,高耸着一座宏伟楼房,楼顶上"远东贸易公司"六个大字格外醒目。某照明器材厂的业务员金先生按原计划,手拿企业新设计的照明器材样品,兴冲冲地登上六楼,脸上的汗珠未来得及擦,便直接走进了业务部张经理的办公室,正在处理业务的张经理被吓了一跳。"对不起,这是我们企业设计的新产品,请您过目。"金先生说。张经理停下手中的工作,接过金先生递过的照明器,随口赞道:"好漂亮啊!"并请金先生坐下,倒上一杯茶递给他,然后拿起照明器仔细研究起来。金先生看到张经理对新产品如此感兴趣,如释重负,便往沙发上一靠,跷起二郎腿,一边吸烟一边悠闲地

环视着张经理的办公室。当张经理问他电源开关为什么装在这个位置时,金先生习惯性地用手搔了搔头皮。好多年了,别人一问他问题,他就会不自觉地用手去搔头皮。虽然金先生作了较详尽的解释,张经理还是有点半信半疑。谈到价格时,张经理强调:"这个价格比我们预算时高出较多,能否再降低一些?"金先生回答:"我们经理说了,这是最低价格,一分也不能降了。"张经理沉默了半天没有开口。金先生却有点沉不住气,不由自主地拉松领带,眼睛盯着张经理,张经理皱了皱眉:"这种照明器的性能先进在什么地方?"金先生又搔了搔头皮,反反复复地说:"造型新、寿命长、节电。"张经理托词离开了办公室,只剩下金先生一个人。金先生等了一会儿,感到无聊,便非常随便地抄起办公桌上的电话,同一个朋友闲谈起来。这时,门被推开,进来的却不是张经理,而是办公室秘书。

仪态又称"体态",是指人的身体姿态和风度。姿态是身体所表现的样子,风度则是内在气质的外在表现。人的一举手、一投足、一弯腰乃至一颦一笑,并非都是偶然的、随意的,这些行为举止自成体系,像有声语言那样具有一定的规律,并具有传情达意的功能。人们可以通过自己的仪态向他人传递个人的学识与修养,并能够以其交流思想、表达感情。英国哲学家培根说:"在美的方面,相貌的美高于色泽的美,而秀雅合适的动作又高于相貌的美。"在社交中,仪态是极其重要、有效的交际工具,它用一种无声的语言向人们展示出一个人在道德品质、人品学识、文化品位等方面的素质和能力,用优良的仪态礼仪表情达意,往往比语言更让人感到真实、生动。所以,我们在社交中必须举止优雅,做到仪态美。

本"案例导入"中的金先生在职业交际过程中,使客户不满,严重损害了公司形象和产品形象,原因就在于他没有做到仪态美,表现出了许多失礼之处。

3.1 知识储备

3.1.1 站姿

俗话说:"站如松。"站姿是人类的一种象征,男子的站姿如"劲松"之美,具有男子汉刚毅英武、稳重有力的阳刚之美;女子的站姿如"静松"之美,具有女性轻盈典雅、亭亭玉立的阴柔之美。正确的站姿是自信心的表现,会给人留下美好的印象。

1. 标准的站姿

标准的站姿,从正面看,全身笔直,精神饱满,两眼正视(而不是斜视),两肩平齐,两臂自然下垂,两脚跟并拢,两脚尖张开60°,身体重心落于两腿正中;从侧面看,两眼平视,下颌微收,挺胸收腹,腰背挺直,手中指贴裤缝,整个身体庄重挺拔。

站姿的要领:一要平,即头平正、双肩平、两眼平视。二要直,即腰直、腿直,后脑勺、背、臀、脚后跟成一条直线。三要高,即重心上拔,看起来显得高。

站姿与性格

2. 站姿的种类

以一个人的脚位为依据,男士、女士的站姿可以做以下分类。

(1)正步站姿。这是男士、女士均适用的站姿,通常在升国旗、奏国歌、接受奖品、接受接见、致悼词等庄严的仪式场合使用。要领:两脚并拢,两膝侧向贴紧,两手自然下垂,如图3-1所示。

(2)分腿站姿。这是男士采用的站姿,门迎、侍应人员可采用此种站姿。要领:两脚左右分开,与肩同宽,脚尖朝前并且两脚平行,手或交叉于前腹,或交叉于后背,如图3-2所示。

图3-1 正步站姿

图3-2 分腿站姿

(3)丁字步站姿。这一般是女子采用的站姿,礼仪小姐、节目主持人多采用此种站姿。要领:两脚尖展开,一脚向前将脚跟靠于另一只脚内侧中间位置,腰肌和颈肌略有拧的感觉。女子可以双手交叉于腹前,身体重心可在两脚上,也可以在一只脚上,通过两脚的重心转移来减轻疲劳,如图3-3所示。

(4)扇形站姿。这是男士、女士均适用的站姿。要领:两脚跟靠拢,脚尖呈45°~60°,身体重心在两脚上,如图3-4所示。

3. 不良的站姿

(1)身躯歪斜。古人对站姿曾经提出"立如松"的基本要求,它说明站立姿势以身躯

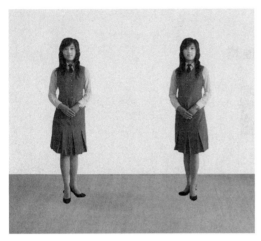

图 3-3　丁字步站姿

图 3-4　扇形站姿

直正为美,在站立时,若是身躯出现明显的歪斜,将直接破坏人体的线条美,还会给人颓废消沉、萎靡不振、自由放纵的直观感觉。

(2) 弯腰驼背。其实是身躯歪斜的一种特殊表现。除腰部弯曲、背部弓起之外,它大多会伴有颈部弯缩、胸部凹陷、腹部挺出、臀部撅起等其他不雅体态。凡此种种,都会显得一个人健康欠佳,无精打采。

(3) 趴伏倚靠。在工作岗位上,要确保自己"站有站相"。站立时,随随便便地趴在一个地方,伏在某处左顾右盼,倚着墙壁、货架而立,靠在台桌边或者前趴后靠,自由散漫,都是极不雅观的。

(4) 腿位不雅,即双腿大叉。应切记:自己双腿在站立时分开的幅度,在一般情况下越小越好;在可能之时,双腿并拢最好,即使是分开,也要注意不可使两者之间的距离超过本人的肩宽。另外,还有双腿扭在一起、双腿弯曲等姿势也应避免。

(5) 脚位欠妥。在正常情况下,双脚站立时呈现出 V 字式、Y 字式(丁字形)、平行式等脚位,但是,采用"人"字形、蹬踏式和独脚式则是不允许的。所谓"人"字形脚位,是指站立时两脚脚尖靠在一起,而脚后跟却大幅度地分开,这一脚位又叫"内八字"。所谓蹬踏式,是指站立时为了舒服,在一只脚站在地上的同时,将另一只脚踩在鞋帮上,或踏在椅面上,或蹬在窗台上,或跨在桌面上等。独脚式即把一只脚抬起,另一只脚落地。

(6) 手位失当。站立时不当的手位主要有:一是将手插在衣服的口袋内;二是将双手抱在胸前;三是将两手抱在脑后;四是将双手支于某处;五是将两手托住下巴;六是手持私人物品。

(7) 半坐半立。在工作岗位上,必须严守岗位规范,该站就站,该坐就坐,而绝对不允许在需要站立时,为了贪图安逸而擅自采取半坐半立之姿。当一个人半坐半立时,既不像站,也不像坐,只能让别人觉得过于随便且缺乏教养。

(8) 全身乱动。站立乃是一种相对静止的体态,因此不宜在站立时频繁地变动体位,甚至浑身不住地上下乱动。手臂挥来挥去,身躯扭曲,腿脚抖来抖去,都会使站姿变得十分难看。

（9）摆弄物件。站立时，不要下意识地做些小动作，如摆弄打火机、香烟盒，玩弄衣带、发辫，咬手指甲等，这些动作不但显得拘谨，给人以缺乏自信和教养的感觉，也有失仪表的庄重。

3.1.2 坐姿

俗话说："坐如钟。"坐姿是人际交往中人们采用最多的一种姿势，它是一种静态姿势。优雅的坐姿给人一种端庄、稳重、威严的美感。

1. 标准的坐姿

落座时，要坚持尊者为先的原则入座，不要争抢；通常侧身走近座椅，从椅子的左侧就座，如果背对座椅，要首先站好，全身保持站立的标准姿态，右腿后退一点，用小腿确定椅子的位置，上半身正直，目视前方就座。用小腿落座时声音要轻，动作要缓。落座过程中，腰、腿肌肉要稍有紧张感。女士着裙装落座时，要事先从后双手拢裙，不可落座后整理衣裙。

坐立时，上半身正直而稍向前倾，头、肩平正，腰部内收，通常只坐椅子的 1/2 到 2/3 处，两臂贴身下垂，两手可以搭放在椅子扶手上，无扶手时，女士右手搭在左手上，放于腹部或者轻放于双腿之上；男子双手掌心向下，自然放于膝盖上。男士膝盖可以自然分开，但不可超过肩宽；女士膝盖不可以分开。女士要注意使膝盖与脚尖的距离尽量拉远，以使小腿部分看起来显得修长些，只有脚背用力挺直时，脚尖与膝盖的距离才最远，才会在视觉上产生延伸的效果，使小腿部分看起来修长，腿部线条优美。当与他人进行交谈时，要注意不能只是转头，而应将整个上半身朝向对方，以示对对方的重视和尊敬。

离座时要先以语言或动作向周围的人示意，方可站起，突然一跃而起会使周围的人受到惊扰；同落座时一样要注意按次序进行，尊者为先；起身时不要弄出响声，站好后才可离开，同样要从左侧离座。

人在坐着时，由臀部支撑上半身，减少了两腿的承受力。由于身体重心下降，上半身适当放松，可减轻心脏的负担。因此坐姿是一种可以维持较长时间的姿势。它既是一种主要的白昼休息姿势，也是一般的工作、劳动、学习姿势，还是社交、娱乐的常见姿势。正因为这个缘故，坐姿要求端正、大方、舒展。

2. 坐姿的分类

以一个人的脚位为依据，男士、女士的坐姿可以做以下分类。

（1）垂直式坐姿。这一坐姿就是通常说的"正襟危坐"，在最正规的场合使用，男士、女士均适用。要领：上半身与大腿、大腿与小腿、小腿与脚部都呈直角，小腿垂直于地面，双膝、双腿完全并拢，如图 3-5 所示。

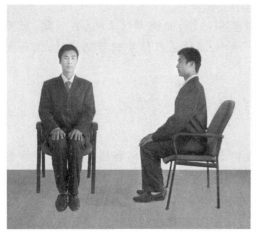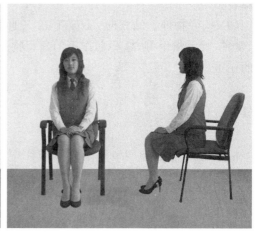

图 3-5　垂直式坐姿

（2）标准式坐姿。这一坐姿适用于各种场合。要领：在垂直式坐姿的基础上，女士两脚保持小丁字步，男士两脚自然分开 45°，如图 3-6 所示。

（3）曲直式坐姿。尤其是坐在稍微低矮一些的椅子上更为适用，是女士非常优雅的一种坐姿。要领：大腿与膝盖靠紧，一脚伸向前，另一脚屈回，两脚前脚掌着地并在一条直线上，如图 3-7 所示。

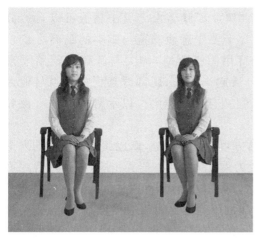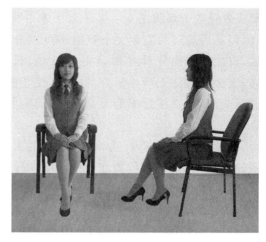

图 3-6　标准式坐姿　　　　　　　　　　　　图 3-7　曲直式坐姿

（4）前伸式坐姿。这一坐姿适用于各种场合，一般为女士所采用。要领：双腿与双脚并在一起，向前伸出一脚左右的距离，按方向共有 3 种：正前伸直、左前伸直和右前伸直。脚的位置可以是双脚完全并拢，也可以脚踝部交叉，但脚尖不可翘起，如图 3-8 所示。

（5）后屈式坐姿。这一坐姿适用于各种场合，以女士为主。要领：两腿和膝盖并紧，两小腿向后屈回，脚尖着地，脚尖不可翘起，如图 3-9 所示。

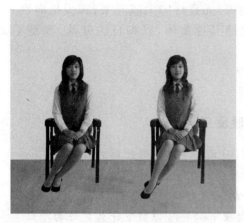
图 3-8　前伸式坐姿(右前伸直)

图 3-9　后屈式坐姿

　　(6)分膝式坐姿。这一坐姿适用于一般场合,为男士坐姿。要领:两膝左右分开,但不超过肩宽,小腿与地面垂直,两脚脚尖朝向正前方,两手自然放于大腿上,如图 3-10所示。

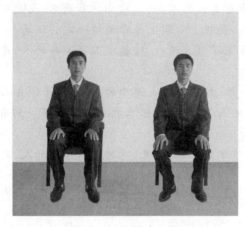
图 3-10　分膝式坐姿

3. 不雅的坐姿

(1)不雅的腿姿。主要有以下几种。

① 双腿叉开过大。面对外人时,双腿如果叉开过大,无论是大腿还是小腿叉开,都极其不雅。

② 架腿方式欠妥。将一条小腿架在另一条大腿上,在两者之间还留出大大的空隙,成为所谓的"架二郎腿"或架"4"字形腿,甚至将腿搁在桌上,就显得更放肆了。

③ 双腿过分伸张。坐下后,将双腿直挺挺地伸向前方,这样不仅可能会妨碍他人,而且也有碍观瞻。因此,身前若无桌子,双腿尽量不要伸到外面来。

④ 腿部抖动摇晃。力求放松,坐下后抖动摇晃双腿。

（2）不安分的脚姿。坐下后,脚后跟接触地面,而且将脚尖翘起来,脚尖指向别人,使鞋底在别人眼前"一览无余"。另外,以脚蹬踏其他物体,以脚自脱鞋袜,都是不文明的。

小贴士

从坐姿看心理反应

一个人的坐姿,不仅反映他惯常的性格特征,而且反映他此时此刻的心理。

重重地坐下去的人,此时的心情一定是烦躁的。

轻轻地坐下去的人,此时的心情一定是平和的。

侧身坐的人,此时的心情除了舒畅外,还觉得没有必要给你留下什么更好的印象。

在你面前猛然坐下的人,其内心或隐藏着不安,或有心事不愿告诉你。

双腿不断相互碰撞或不断地拍打地板的人,此时一定有什么事使他紧张和焦躁。

喜欢与你对着坐的人,是由于他希望能够被你理解。

喜欢与你并排坐着的人,是由于他认为与你有共同感。

有意识从并排坐改为对着坐的人,或是对你抱有疑惑,或是对你有了新的兴趣。

有意识挪动身体的人,是想在心理上与你保持一定的距离。

斜成一个半躺姿势或深深坐入椅内,腰板挺直头高昂的人,是由于他在心理上对你有优越感。

把身体尽力蜷缩成一堆,双手夹在大腿中的人,是由于他在心理上对你有劣势感。

正襟危坐、目不斜视的人,其或是对你恭敬并力图留下个好印象,或是此刻内心有什么不安。

把椅子调个个儿,椅背朝前,双腿叉开,跨骑在椅子上的人,此刻的心情只想显示自己对你的讲话感到厌烦。

跷起二郎腿的女性,或是她对自己的容貌有信心,或是她想引起你的注意。

3.1.3　走姿

俗话说:"行如风。"这说的是走姿,走姿始终处于动态之中,体现了人类的运动之美和精神风貌。男士的走姿要刚健有力,豪迈稳重,有阳刚之气;女士的走姿要轻盈自如,含蓄飘逸,有窈窕之美。

1. 标准的走姿

有人编了走路的动作口诀,体现了走姿的要领:双眼平视臂放松,以胸领动肩轴摆,提髋提膝小腿迈,跟落掌接趾推送。

标准的走姿为:上身基本保持站立的标准姿势,挺胸收腹,腰背笔直;两臂以身体为中心,前后自然摆动。前摆约35°,后摆约15°,手掌朝向体内;起步时身子稍向前倾,重心落前脚掌,膝盖伸直;脚尖向正前方伸出,行走时双脚踩在一条线缘上。

正确的行走,上体的稳定与下肢的频繁规律运动形成对比和谐、干净利落、鲜明均匀的脚步,富有节奏感,前后、左右行走动作的平衡对称,都会呈现出行走时的形式美。

男子走路时,两步之间的距离要大于自己的一个脚长,女子穿裙装走路时要小于自己的一个脚长。正常的情况下步速要自然舒缓,显得成熟自信,男子行走的速度标准为每分钟步速 108～110 步,女子每分钟步速以 118～120 步为宜。

2. 走姿的种类

(1) 前行式走姿。身体保持起立挺拔,行进中若与人问候时,要同时伴随头部和上身的左右转动,微笑点头致意。禁止只转动头部,用眼睛斜视他人的举止。

(2) 后退式走姿。当与他人告别时,扭头就走是不礼貌的。应该是先后退两三步,再转身离去。退步时不能轻擦地面,不高抬小腿,后退的步幅要小些,两腿之间距离不能太大,要先转身再转头。

(3) 侧行式走姿。当引导他人前行或在较窄的走廊、楼道与他人相遇时,要采用侧行式走姿。引导时要走在来宾的左侧,身体稍向右转体,左肩稍前,右肩稍后,身体朝向来宾,保持两步左右的距离。介绍环境时要辅以手势,这样可以观察来宾的意愿,及时提供满意的服务。

3. 不良的走姿

(1) 方向不定、忽左忽右。

(2) 横冲直撞。行进中,爱专拣人多的地方行走,在人群之中乱冲乱闯,甚至碰撞到他人的身体,这是极其失礼的。

(3) 抢道先行。行进时,要注意方便和照顾他人,通过人多路窄之处务必要讲究"先来后到",对他人"礼让三分",让人先行。

(4) 阻挡道路。在道路狭窄之处,悠然自得地缓慢而行,甚至走走停停,或者多人并排而行,显然都是不妥的。还要须切记,一旦发现自己阻挡了他人的道路,务必要闪身让开,请对方先行。

(5) 蹦蹦跳跳。务必要注意保持自己的风度,不宜使自己的情绪过分地表面化,例如激动起来,走路便会变成了上蹿下跳,甚至连蹦带跳的失常情况。

(6) 奔来跑去。有急事要办时,可以在行进中适当加快步伐。但若非碰上了紧急情况,则最好不要在工作时跑动,尤其是不要当着客户或服务对象的面突如其来地狂奔而去,那样通常会令其他人感到莫名其妙,产生猜测,甚至还有可能造成过度紧张的气氛。

(7) 制造噪声。应有意识地使行走悄然无声。其做法是:

① 走路时要轻手轻脚,不要在落脚时过分用力,走得"咯咯"直响。

② 上班时不要穿带金属鞋跟或钉有金属鞋掌的鞋子。

③ 上班时所穿的鞋子一定要合脚,否则走动时会发出"吧嗒吧嗒"的令人厌烦的噪声。

（8）身体过分摇摆，步幅忽大忽小——显得轻佻、浅薄，矫揉造作。

（9）身体僵硬，步履缓慢沉重——显得心境不佳，内心保守顽固，思想陈旧僵化。

（10）双手插于衣裤口袋内而行——显得偏狭小气，或狂妄自傲，缺乏教养。

（11）双手反剪于身后而行——显得自恃优越，高于或长于他人。

（12）膝盖僵直，双脚在地面上擦，腿伸不直，脚尖首先着地——显得拖沓、迟钝，缺乏朝气和活力。

（13）"外八字步"或"内八字步"（鸭子步），趿拉着鞋走出"嚓嚓"声响，重心后移或前移。步履蹒跚等不雅步态，要么使行进者显得老态龙钟、有气无力；要么给人以嚣张放肆、矫揉造作之感。

3.1.4　蹲姿

俗话说："蹲要雅。"蹲姿是人的身体在低处取物、拾物、整理物品、整理鞋袜时所呈现的姿势，它是人体静态美与动态美的综合。蹲姿要动作美观，姿势优雅。

1. 标准的蹲姿

标准的蹲姿有如下要求：首先要讲究方位，当需要拣拾低处或地面物品的时候，可走到其物品的左侧；当面对他人下蹲时，要侧身相向；当需要整理鞋袜或于低处整理物品时可面朝前方，两脚一前一后，一般情况是左脚在前，右脚在后，目视物品，直腰下蹲。直腰下蹲后，方可弯腰捡低处或地面的物品、整理鞋袜或低处工作。取物或工作完毕后，先直起腰部，使头部、上半身、腰部在一条直线上，再稳稳站起。

2. 蹲姿的种类

（1）高低式蹲姿。这是常用的一种蹲姿，基本特征是双膝一高一低。此蹲姿男士、女士均适用。要领：下蹲后，左脚在前，右脚在后；左脚完全着地，小腿基本垂直地面；右脚要脚掌着地，脚跟提起；右膝要低于左膝，右膝内侧可靠于左上腿的内侧，形成左膝高右膝低的姿态。臀部向下，基本上以右腿支撑身体。女士应注意紧靠双腿，男士两腿之间可有适当的距离，如图3-11所示。

（2）单膝点地式蹲姿。这种蹲姿适用于男士，其特征是双腿一蹲一跪。它是一种非正式的蹲姿，多用于下蹲时间较长或为了用力方便时采用。要领：下蹲后，右膝点地，臀部坐在其脚跟之上，以其脚尖着地。另一条腿全脚掌着地，小腿垂直于地面。双膝同时向外，双腿尽力靠拢，如图3-12所示。

（3）交叉式蹲姿。这种蹲姿优美典雅，其基本特征是双腿交叉在一起，此蹲姿适用于女士。要领：下蹲后，左脚在前，右脚在后，左小腿垂直于地面，全脚着地。左腿在上，右腿在下，二者交叉重叠，右膝从后下方伸向左前侧，右脚跟抬起，脚掌着地，两腿前后靠近，全力支撑身体。上身略向前倾，臀部朝下，如图3-13所示。

图 3-11 高低式蹲姿

图 3-12 单膝点地式蹲姿

图 3-13 交叉式蹲姿

3. 易出现的不良蹲姿

（1）方位不准确。应根据具体的场合和需要选择蹲姿，注意方位的准确运用，如对人下蹲时，如果采用正面下蹲，就是很不礼貌的行为。

（2）蹲速不当。在下蹲时速度不能过快，要轻稳，同时速度适中。特别是女性穿旗袍等服饰时，更要注意。

（3）不注意动作的隐蔽性。蹲姿因重心过低，因此要十分注重腿部动作的控制。要收紧腿部动作，两腿之间不能有缝隙，特别是穿裙装时，更要注意下蹲动作的隐蔽性。

（4）随意滥用。不要在工作中随意采用蹲姿，也不可蹲在椅子上或蹲在地上休息。

3.1.5 表情

美国心理学家登布在其《推销员如何了解顾客心理》一文中说："假如顾客的眼睛朝下看，脸转向一边，表示你被拒绝了；假如他的嘴唇放松，笑容自然，下颌向前，则可能会考虑你的提议;假如他对你的眼睛注视几秒,嘴角以至于鼻翼部位都显出微笑,笑得很轻松,而且很热情,这项买卖就做成了。"由此可见面部表情在传情达意方面有着重要的作用。面部表情作为丰富且复杂的体态语的一个重要方面,它包括脸色的变化、肌肉的收缩以及眉、鼻、嘴等的动作,这里重点介绍一下眼神和微笑。

1. 眼神

俗话说:"眼睛是心灵的窗户。"眼睛是人体传递信息最有效的器官,而且能表达最细微、最精妙的差异,显示出人类最明显、最准确的交际信号。正如著名印度诗人泰戈尔所说:"在眼睛里,思想敞开或是关闭,放出光芒或是没入黑暗,静悬着如同落月,或者像忽闪的电光照亮了广阔的天空。那些自有生以来除了嘴唇的颤动外没有语言的人,学会了眼睛的语言,这在表情上的变化是无穷无尽的,像海一般的深沉,天空一般的清澈,黎明和黄昏,光明与阴影,都在自由嬉戏。"据研究,在人的视觉、听觉、味觉、嗅觉和触觉感受中,唯独视觉感受最为敏感,人由视觉感受的信息占总信息的83%。在汉语中用来描述眉目表情的成语就有几十个,如"眉飞色舞""眉目传情""愁眉不展""暗送秋波""眉开眼笑""瞠目结舌""怒目而视"……这些成语都是通过眼语来反映人们的喜、怒、哀、乐等情感的,人的七情六欲都能从眼睛这个神秘的器官内显现出来。《希望工程系列——大眼睛》(解海龙摄影,如图3-14所示)。照片中小姑娘(苏明娟)的眼神曾打动了许多人,她也因此成为"希望工程"的形象代言人。

图 3-14　希望工程系列——大眼睛

（1）眼神的功能。在人类的面部表情中，眼神无疑是最具交流能量的了。有研究证明，在信息交流中，人们用30%～60%的时间与他人眉目传情。眼神有以下功能。

一是专注功能。反映一个人的注意程度和感兴趣程度。因此进行商务交流时，要特别注意交流对象的眼神的变化，当我们在向交流对象介绍某项业务或产品时，对方眼神无光，可能说明对方对我们的业务、产品没兴趣，或者对我们的介绍方式不感兴趣。此时就要及时作出调整，重新激发对方的兴趣。

二是说服功能。在劝说过程中，为了使对方感到真诚可信，必须与对方保持较亲密的视线接触。

三是亲和功能。与尽可能多的人保持友善的视线接触，是一个人建立良好人际关系的必要前提。我们很多人际关系的建立，正是从眼神交流开始的。屈原《九歌·少司命》中有："满堂兮美人，忽独与余兮目成。"说的就是眼神交流所达到的亲和功能。

四是暗示功能。眼神交流的暗示功能最典型的例子，就是《国语·召公谏厉王弭谤》中的"道路以目"。暴虐的厉王严禁百姓议论朝政，违者处斩。于是"国人莫敢言，道路以目"。老百姓在路上不敢再用语言交流了，而是用眼神来暗示内心的不满。我们在一些特殊场合也会用到这种功能，如谈判、重要会议等。

五是表达情感功能。人的眼神中可以很准确地表现出喜悦、厌恶、愤怒、悲伤、嫉妒等感情。在进行商务交流时，我们一定要高度关注交流对象眼神中的情感表现，并及时调整自己的交流内容和方式。同时，在用语言传递信息时，我们的眼神所表现出的感情内涵一定要与之密切配合。

六是表示地位与能力功能。人的眼神可以表现出它的社会地位、在工作单位的地位以及其领导能力。地位高的人、自信的人往往目光坚定有力，反之则往往目光暗淡、散乱。街头卜卦算命者之所以常常能令接受服务的人信服，就是因为他们通过对其眼神的探究进行推测而实现的。

（2）眼神的礼仪。眼神的礼仪主要由注视的时间、视线的位置和瞳孔的变化三方面组成的。

① 注视的时间。据相关调查研究发现，人们在交谈时，视线接触对方脸部的时间占全部谈话时间的30%～60%，超过这一平均值，可认为对谈话者本人比谈话内容更感兴趣；低于平均值，则表示对谈话内容和谈话者本人都不怎么感兴趣。不难想象，如果谈话时心不在焉、东张西望，或只是由于紧张、羞怯不敢正视对方，目光注视的时间不到谈话时间的1/3，这样的谈话必然难以被人接受和信任。当然，必须考虑到文化背景，如在南欧注视对方可能会造成冒犯。

② 视线的位置。人们在社会交往中，不同的场合和对象，目光所及之处也是有差别的。有的人在与比较陌生的人打交道时，往往因为不知把目光怎样安置而窘迫不安；已被人注视而将视线移开的人，大多怀有相形见绌之感；仰视对方，一般体现了"尊敬、信任"的语义；频繁而又急速地转眼，是一种反常的举动，常被用作掩饰的一种手段。当然，如果死死地盯着对方或者东张西望，不仅是极不礼貌的行为，而且也显得漫不经心。

③ 瞳孔的变化。瞳孔的变化即视觉接触时瞳孔的放大或缩小。心理学家往往用瞳

孔变化大小的规律,来测定一个人对不同的事物的兴趣、爱好、动机等。兴奋时,人的瞳孔会扩张到平常的4倍大;相反,生气或悲哀时,消极的心情会使瞳孔收缩到很小,眼神必然无光。所谓"脉脉含情""怒目而视"等都多与瞳孔的变化有关。据说,古时候的珠宝商人已注意到这种现象,他们通过窥视顾客的瞳孔变化而猜测对方是否对珠宝感兴趣,从而决定是抬高价钱还是跌价。

眼神能表达出异常丰富的信息,但微妙的眼神有时是只可意会,难以言传的,只有靠我们在社会实践中用心体察、积累经验、努力把握,才能在社交中灵活运用。

(3) 眼神的训练。怎样才能做到双目炯炯有神呢?眼神训练必不可少。眼神训练可在教室进行。建议准备小镜子(每人一面)、音乐播放器材、优秀影视剧中的演员和节目主持人通过眼神表达内心情感的影像资料等。具体训练方法如下:

① 睁大眼睛训练。有意识地练习睁大眼睛的次数,增强眼部周围肌肉的力量。

② 转动眼球训练。头部保持稳定,眼球尽最大的努力向四周做顺时针和逆时针360°转动,增强眼球的灵活性。

③ 视点集中训练。点上一支蜡烛,视点集中在蜡烛火苗上,并随其摆动,坚持训练可使目光集中、有神,眼球转动灵活。

④ 目光集中训练。眼睛盯住3m左右的某一物体,先看外形,逐步缩小范围到物体的某一部分,再到某一点,再到局部,再到整体。这样可以提高眼睛的明亮度,使眼睛十分有神。

⑤ 影视观察训练。观看录像资料,注意观察和体会优秀的影视剧演员和节目主持人是如何通过眼神表达内心情感的。

进行以上训练时可以配上优美的音乐,放松心情,减轻单调、疲劳之感。这些训练方法只要坚持天天训练,一定会使眼睛明亮有神。

2. 微笑

著名画家达·芬奇的杰作《蒙娜丽莎》是文艺复兴时期最出色的肖像作品之一。画中蒙娜丽莎的微笑给人以美的享受,使人们充满对真善美的渴望,至今让人回味无穷。如图3-15所示。

(1) 微笑是特殊的情绪语言。微笑是一种特殊的语言——"情绪语言",它可以和有声语言及行动相配合,起"互补"作用,微笑可以沟通人们的心灵,架起友谊的桥梁,给人以美好的享受。工作、生活中离不开微笑,社交中更需要微笑。

职业交往中更需要微笑。微笑是世界通用的体态语,它超越了各种民族和文化的差异。微笑是人人都喜爱的体态语,正因为如此,无论是个人和组织,都充分重视微笑及其作用。美国有一个城市被称为"微笑之都",它就是爱达荷州的波卡特洛市,该市通过一项法令,该法令规定全体市民不得愁眉苦脸或拉长面孔,否则违者将被送到"欢容遣送站"去学习微笑,直到学会微笑为止。波卡特洛市每年都举办一次"微笑节",可以想象,"微笑之都"的市民的微笑绝不比"蒙娜丽莎"逊色。近年来,日本许多公司员工都在业余时间参加"笑"的培训,他们认为这样可以增强企业内部凝聚力,改善对外服务,提高企业效益。根据日本传统,无论男人和女人,遇到高兴、悲伤或愤怒的事情时,都必须学会控制情绪,以保持集体和睦。因为日本人认为藏而不露是一种美德。但自从日本经济进入衰退期后,

图 3-15　蒙娜丽莎的微笑

生意越来越难做,商家竞争日趋激烈。于是乎,为招揽顾客,日本商家,特别是零售业和服务业新招迭出。其中之一就是让员工笑脸迎客。在今日的日本,数以百计的"微笑学校"应运而生。日本一些公司的员工一般在下班后去学校接受培训,时间为 90 分钟,连续受训一星期。据称,经过微笑培训,日本不少公司的销售额直线上升。日本许多公司招工时,都把会不会自然地微笑作为一个重要条件。

小贴士

微笑的十大好处

(2) 微笑的规范。微笑是有规范的,一般要注意以下四个结合。

① 口眼结合。要口到、眼到、神色到,笑眼传神,微笑才能扣人心弦。

② 笑与神、情、气质相结合。这里讲的"神"就是要笑得由情入神,笑出自己的神情、神色、神态,做到情绪饱满,神采奕奕;"情"就是要笑出感情,笑得亲切、甜美,反映美好的心灵;"气质"就是要笑出谦逊、稳重、大方、得体的良好气质。

③ 笑与语言相结合。语言和微笑都是传播信息的重要符号,只有注意微笑与美好语言相结合,声情并茂,相得益彰,微笑才能发挥它应有的特殊功能。

④ 笑与仪表、举止相结合。以笑助姿、以笑促姿,形成完整、统一、和谐的美。尽管微笑有其独特的魅力和作用,但若不是发自内心的真诚的微笑,那将是对微笑的亵渎。有礼貌的微笑应是自然的、坦诚的,是内心真实情感的表露。否则强颜欢笑,假意奉承,那样的"微笑"则可能演变为"皮笑肉不笑""苦笑"。比如,拉起嘴角一端微笑,使人感到虚伪;吸着鼻子冷笑,使人感到阴沉;捂着嘴笑,给人以不自然之感。这些都是失礼之举。

3.1.6 手势

手是人体上最富灵性的器官,如果说"眼睛是心灵的窗户",那么手就是心灵的触角,是人的第二双眼睛。手势在传递信息、表达意图和情感方面发挥着重要作用。

小贴士

丰富的手势语

1. 手势活动的范围

手势活动的范围有上、中、下三个区域。此外,还有内区和外区之分。肩部以上称为上区,多用来表示理想、希望、宏大、激昂等情感,表达积极肯定的意思;肩部至腰部称为中区,多表示比较平静的思想,一般不带有浓厚的感情色彩;腰部以下称为下区,多表示不屑、厌烦、反对、失望等,表达消极否定的意思。

2. 手势的类型

(1)情意性手势。情意性手势主要用于带有强烈感情色彩的内容,其表现方式极为丰富,感染力极强。比如说"我非常爱她"时,用双手捧胸,以表达真诚之情。

(2)象征性手势。象征性手势主要用来表示一些比较复杂的感情和抽象的概念,从而引起对方的思考和联想。例如把大军乘胜追击的场面,用右手五指并齐,并用手臂前伸这个手势来形容,象征着奋勇进发的大军,就能引起观众的联想。

(3)指示性手势。指示性手势主要用于指示具体事物或数量,其特点是动作简单、表达专一,一般不带感情色彩。如当讲到自己时,用手指向自己;谈到对方时,用手指向对方。

(4)形象性手势。形象性手势的主要作用是模拟事物的形状,以引起对方的联想,给人一种具体明确的印象。如说到高山,手向上伸;讲到大海,手平伸外展。

3. 手势的原则

手势语能反映复杂的内心世界,但运用不当便会适得其反,因此在运用手势时要注意几个原则。首先,要简约明快,不可过于繁多,以免喧宾夺主;其次,要文雅自然,因为拘束低劣的手势会有损于交际者的形象;再次,要协调一致,即手势与全身协调,手势与情感协调,手势与口语协调;最后,要因人而异,不可能千篇一律地要求每个人都做几个统一的手势动作。

4. 常见的手势

(1) 引领的手势。在各种交往场合都离不开引领动作,例如请客人进门、请客人坐下、为客人开门等,都需要运用手与臂的协调动作,同时,由于这是一种礼仪,还必须注入真情实感,调动全身活力,使心与形体形成高度统一,才能做出色彩和美感。引领动作主要有以下几个表现形式。

第一,横摆式引领手势。以右手为例:将五指伸直并拢,手心不要凹陷,手与地面呈45°角,手心向斜上方。腕关节微屈,腕关节要低于肘关节。做动作时,手从腹前抬起,至横膈膜处,然后,以肘关节为轴向右摆动,到身体右侧稍前的地方停住。同时,双脚形成右丁字步,左手下垂,目视来宾,面带微笑。这是在门的入口处常用的谦让礼的姿势,如图3-16所示。

第二,曲臂式引领手势。当一只手拿着东西,扶着电梯门或房门,同时要做出"请"的手势时,可采用曲臂手势。以右手为例:五指伸直并拢,从身体的侧前方向上抬起,至上臂离开身体的高度,然后以肘关节为轴,手臂由体侧向体前摆动,摆到手与身体相距20厘米处停止,面向右侧,目视来宾,如图3-17所示。

图3-16　横摆式引领手势

图3-17　曲臂式引领手势

第三,斜下式引领手势。请来宾入座时,手势要斜向下方。首先用双手将椅子向后拉开,然后,一只手屈臂由前抬起,再以肘关节为轴,前臂由上向下摆动,使手臂向下呈一斜线,并微笑点头示意来宾,如图3-18所示。

(2) 招呼他人手势。要领:手放于体侧,手臂伸直在一条直线上,向前向上抬起,手掌向下,屈伸手指作搔痒状或晃动手腕,如图3-19所示。这种手势在中国、欧洲的大部分地区以及拉丁美洲的许多国家都比较适用,但在美国、日本等国与此相反,他们用掌心向上,手指向内屈伸手指作搔痒状或晃动手腕招呼别人,而在中国和马来西亚等国,这种手势却是用来召唤动物的。

图 3-18　斜下式引领手势

图 3-19　招呼他人手势

（3）挥手道别手势。要领：身体要站直,不晃动,目视对方。手臂伸直,呈一条直线,手放在体侧,向前向上抬至与肩同高或略高于肩,手臂不可弯曲,掌心朝向对方,指尖朝向上方,五指并拢,手腕晃动,如图 3-20 所示。

（4）指引方向手势。要领：当有人询问去处时,要先行站直,不可尚未站稳或在行走中指引方向。手臂伸直在一条直线上,五指并拢,手掌翻转到掌心朝上,与肩平齐,直指准确方向。目光要随着手势走,指到哪里看到哪里,否则易使对方迷惑。指引方向后,手臂不可马上放下,要保持手势顺势送出几步,体现对他人的关怀和尊敬,如图 3-21 所示。

图 3-20　挥手道别手势

图 3-21　指引方向手势

（5）递接物品。要领：双手递送、接取物品,不方便用双手时,也可用右手,但绝不可单用左手。双方距离比较远时,应起身站立,主动走近对方递送或接取物品。递送时最好直接递至对方手中并且要方便对方接取。递送有文字、图案、正反面的物品时,要正面向上且朝向对方;接取物品时,要缓而且稳,不要急于抢取,如图 3-22 所示。递送带尖、带刃或其他易于伤人的物品时,应使其朝向自己或朝向他处,切不可朝向对方,如图 3-23 所示。

图 3-22 递物品

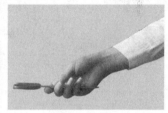

图 3-23 递笔、刀、剪子

（6）展示物品。要领：应使物品在身体的一侧展示，不要挡住本人头部。展示的位置不同表明物品的意义不同：当手持物品高于双眼之处时，适用于被人围观时采用；当手持物品位于眼睛下方、胸部上方，双臂横伸在自肩至肘部以内时，给人以放心、稳定感；当手持物品位于眼睛下方、胸部上方，双臂伸直在肘部以外时，给人以清楚感，通常在这个位置展示想让对方看清楚的物品；当手持物品位于胸部以下，给人以漠视感，通常展示不太重要或不太明显的物品时采用，如图 3-24 所示。

图 3-24 展示物品

（7）鼓掌。鼓掌是在观看文体表演、参加会议、迎候嘉宾时表达赞赏、鼓励、祝贺、欢迎等情感的一种手势。要领：以右手掌心向下有节奏地拍击左掌，不可左掌向上拍击右掌；不可右掌向左，左掌向右，两掌互相拍击。鼓掌时间要长短相宜，以5～8秒为宜。

5. 常见手势语

（1）OK的手势。拇指和食指合成一个圆圈，其余三指自然伸张，如图3-25所示。这种手势在西方某些国家比较常见，但应注意在不同国家其语义有所不同。如：在美国表示"赞扬""允许""了不起""顺利""好"；在法国表示"零"或"无"；在印度表示"正确"；在中国表示"零"或"三"两个数字；在日本、缅甸、韩国表示"金钱"；在地中海的一些国家是"孔"或"洞"的意思，常用此来暗示、影射同性恋。

小明的手势

（2）伸大拇指手势。若大拇指向上，在说英语的国家多表示OK之意或是打车之意；若用力挺直，则含有骂人之意；若大拇指向下，多表示坏、下等之意。在我国，伸出大拇指这一动作基本上是向上伸表示赞同、一流、好等意，向下伸表示蔑视、不好等意。伸大拇指手势如图3-26所示。

（3）V字形手势。伸出食指和中指，掌心向外，其语义主要表示胜利（英文Victory的第一个字母）；掌心向内，在西欧表示侮辱之意。这种手势还时常表示"二"这个数字。V字形手势如图3-27所示。

图3-25　OK的手势

图3-26　伸大拇指手势

图3-27　V字形手势

（4）伸出食指手势。在中国以及亚洲一些国家表示"一""一个""一次"等，在法国、缅甸等国家则表示"请求""拜托"之意。在使用这一手势时，一定要注意不要用手指指人，更不能在面对面时用手指着对方的面部和鼻子，这是一种不礼貌的动作，且容易激怒对方。

（5）捻指作响手势。捻指作响手势就是用手的拇指和食指弹出声响,其语义或表示高兴,或表示赞同,或是无聊之举,有轻浮之感。应尽量少用或不用这一手势,因为其声响有时会令他人反感或觉得没有教养,尤其是不能对异性运用此手势,这是带有挑衅、轻浮之举。

（6）不良的手势。手势是人的第二面孔,具有抽象、形象、情意、指示等多种表达功能,服务人员应根据对方的手所表现出的各种仪态,准确判读各种手势所传达出的真实的、本质的信息,以便更好地完成服务工作。服务人员在使用手势语时,以下几种手势是值得特别重视的,否则,将会给对方传达出不良的信息。

① 指指点点。工作中绝不可随意用手指对服务对象指指点点,与人交谈更不可这样做。指点着别人说话,往往引起他人较大的反感。

② 随意摆手。在接待服务对象时,不可将一只手臂伸在胸前,指尖向上,掌心向外,左右摆动。这些动作的一般含义是拒绝别人;有时,还有极不耐烦之意。

③ 端起双臂。双臂抱起,然后端在胸前这一姿势,往往暗含孤芳自赏、自我放松或置身事外、袖手旁观、看他人笑话之意。

④ 双手抱头。这一体态的本意是自我放松,但在服务时这么做,则会给人以目中无人之感。

⑤ 摆弄手指。工作中无聊时反复摆弄自己的手指,活动关节或将其捻响,打响指,要么莫名其妙地攥松拳,或是手指动来动去,在桌面或柜台不断敲叩,这些往往会给人不严肃、很散漫之感,让人望而生厌。

⑥ 手插口袋。这种表现会使客人觉得服务人员忙里偷闲,在工作方面并未尽心尽力。

⑦ 搔首弄姿。这种手势会给人以矫揉造作、当众表演之感。

⑧ 抚摩身体。在工作之时,有人习惯抚摩自己的身体,如摸脸、擦眼、搔头、剜鼻、剔牙、抓痒、搓泥,这会给别人缺乏公德意识,不讲究卫生,个人素质极其低下的印象。

⑨ 勾指手势。请他人向自己这边过来时,用食指或中指竖起并向自己怀里勾,其他四指弯曲,示意他人过来,这种手势有唤狗之嫌,对人极不礼貌。

3.2 能力开发

3.2.1 阅读思考

体态语的交际功能及文化差异

请扫描二维码阅读文章,然后回答文章后的思考题。

3.2.2　案例分析

请扫描二维码阅读案例原文,然后回答案例后的讨论题。

3.2.3　训练项目

1.站 姿 训 练

实训目标:掌握站姿的基本要领和不同场合下的站姿,纠正不良站姿。

实训学时:2学时。

实训地点:形体训练室。

实训准备:四面墙安装长度及地镜子的形体训练室、书籍、音乐播放器材等。

实训方法:

(1)面向镜子按照动作要领体会标准的站姿。

(2)个人靠墙站立,要求后脚跟、小腿、臀、双肩、后脑勺都紧贴墙,进行整体的直立和挺拔训练。每次训练20分钟左右(应坚持每天1次)。

(3)在头顶放一本书,使其保持水平,促使人把颈部挺直,下巴向内收,上身挺直,每次训练20分钟左右(应坚持每天1次)。

(4)为了使双腿站直,可两腿之间夹一本书进行训练。

(5)训练时可以配上优美的音乐,放松心情,减轻单调、疲劳之感。女性穿半高跟鞋进行训练,以强化训练效果。

2.坐 姿 训 练

实训目标:掌握坐姿的基本要领和不同场合下的坐姿,纠正不良坐姿。

实训学时:2学时。

实训地点:形体训练室。

实训准备:四面墙安装长度及地镜子的形体训练室、靠背椅子若干把、书籍、音乐播放器材以及训练器材等。

实训方法:

(1)面对镜子,按坐姿基本要领,着重对脚、腿、腹、胸、头、手部位的训练,体会不同坐姿,纠正不良习惯,尤其注意起坐、落座练习。每次训练20分钟(应坚持每天1次)。

(2)训练时可以配上优美的音乐,放松心情,减轻单调、疲劳之感。女性穿半高跟鞋进行训练,以强化训练效果。

（3）利用器械训练，增强腰部、肩部力量和灵活性，进行舒肩展背动作练习。

3. 走 姿 训 练

实训目标：掌握走姿的基本要领和特定场合下的走姿，纠正不良走姿。

实训学时：2学时。

实训地点：形体训练室。

实训准备：四面墙安装长度及地镜子的形体训练室、书籍、音乐播放器材等。

实训方法：

（1）在地面上画一条直线，行走时手部掐腰，上身正直，双脚内侧踩在线上，行走时按要求走出相应的步位与步幅。可以纠正行走时摆胯、送臀、扭腰以及"八字步态"、步幅过大过小的毛病。训练时配上行进音乐，音乐节奏为每分钟60拍。

（2）头顶书本行走，进行整体平衡练习。重点纠正行走时低头看脚、摇头晃脑、东张西望、脖颈不正、弯腰弓背的毛病。

（3）进行原地摆臂训练。站立，两脚不动，原地晃动双臂，前后自然摆动，手腕进行配合，掌心要朝内，以肩带臂，以臂带腕，以腕带手，纠正双臂横摆、同向摆动、单臂摆动、双臂摆幅不等的现象。

（4）对着镜子行走，进行面部表情等的整体协调性训练。

（5）训练时可以配上优美的音乐，放松心情，减轻单调、疲劳之感。女性穿半高跟鞋进行训练，以强化训练效果。

4. 蹲 姿 训 练

实训目标：掌握蹲姿的基本要领和特定场合下的蹲姿，纠正不良蹲姿。

实训学时：2学时。

实训地点：形体训练室。

实训准备：四面墙安装长度及地镜子的形体训练室、书籍、音乐播放器材等。

实训方法：

（1）加强腿部膝关节及踝关节的力量和柔韧性训练，具体方法是压腿、踢腿、活动关节。

（2）有意识地、主动经常地进行标准蹲姿训练，形成良好习惯。

（3）训练时可以配上优美的音乐，放松心情，减轻单调、疲劳之感。

5. 眼 神 训 练

实训目标：掌握眼神的基本要领，正确使用眼神。

实训学时：2学时。

实训地点：教室。

实训准备：每人一面小镜子、音乐播放器材、优秀影视剧中的演员和节目主持人通过眼神表达内心情感的影像资料等。

实训方法：以下方法坚持天天训练，不要间断，必使目光明亮有神。

（1）睁大眼睛训练：有意识地练习睁大眼睛的次数,增强眼部周围肌肉的力量。

（2）转动眼球训练：头部保持稳定,眼球尽最大的努力向四周做顺时针和逆时针360°转动,增强眼球的灵活性。

（3）视点集中训练：点上一支蜡烛,视点集中在蜡烛火苗上,并随其摆动,坚持训练可使目光集中、有神,眼球转动灵活。

（4）目光集中训练：眼睛盯住3m左右的某一物体,先看外形,逐步缩小范围到物体的某一部分,再到某一点,再到局部,再到整体。这样可以提高眼睛明亮度,使眼睛十分有神。

（5）影视观察训练：观看录像资料,注意观察和体会优秀影视剧中的演员和节目主持人是如何通过眼神表达内心情感的。

（6）训练时可以配上优美的音乐,放松心情,减轻单调、疲劳之感。

6. 微 笑 训 练

实训目标：掌握微笑的基本要领,在交往中正确使用微笑,养成爱微笑的习惯。

实训学时：2学时。

实训地点：教室。

实训准备：每人一面小镜子、音乐播放器材、优秀影视剧中的演员和节目主持人微笑的影像资料等。

实训方法：

（1）情绪记忆法,即将自己生活中最高兴的事件中的情绪储存在记忆中,当需要微笑时,可以想起最使你兴奋的事件,脸上会流露出笑容。注意练习微笑时,要使双颊肌肉用力向上抬,嘴里念"一"音,用力抬高口角两端,注意下唇不要过分用力。普通话中的"茄子""田七""前"等的发音也可以辅助微笑口型的训练。

（2）对着镜子练习微笑,调整自己的嘴形,注意与面部其他部位和眼神的协调,做最使自己满意的微笑表情,到离开镜子时也不要改变它。

（3）练习微笑之前要忘掉自我和一切的烦恼,让心中充满爱意。

（4）训练时可以配上优美的音乐,放松心情,减轻单调、疲劳之感。

7. 手 势 训 练

实训目标：掌握手势的基本要领、常用手势的标准,纠正不正确的手势,养成良好习惯。

实训学时：2学时。

实训地点：形体训练室。

实训准备：四面墙安装长度及地镜子的形体训练室、音乐播放器材、投影设备、毛泽东和周恩来等伟人的音像资料、剪子、文件等。

实训方法：

（1）先观看毛泽东、周恩来等伟人的音像资料,然后开始训练。

（2）调整体态,保持良好的站姿。

（3）每两人一组，面对镜子练习常用手势，包括招呼他人、挥手道别、指引方向、递接物品（如剪子、文件等）、鼓掌、展示物品等手势，并互相纠正。

（4）教师最后点评、总结。

8. 职业交际情景模拟演示

实训目标：掌握职业交际仪态礼仪规范，开展各类职业交际活动，体现出优雅的举止，展现出良好的职业形象。

实训学时：2学时。

实训地点：实训室。

实训准备：场景设计方案。

实训方法：

（1）同学分组，每个小组5～6人，设计各种情景（如求职面试、商务接待、商务拜访等场景）展示基本的仪态礼仪。

（2）每组同学根据设计的情景进行角色扮演，展示基本的站姿、坐姿、走姿、蹲姿、表情和手势等仪态，用摄像机记录展示的全过程。

（3）根据录像，找出不规范的地方，同学可进行相互评价。

（4）最后由授课老师进行总结评价，全班同学评选出"最佳表现组"。

课后练习

1. 应从哪些方面训练自己的仪态，从而使自己的仪态符合礼仪规范要求呢？

2. 请检查自己仪态的各个方面是否存在不符合礼仪规范的地方并加以纠正。

3. 观察一下日常生活中各个微笑的脸，说说"微笑的脸"具有的特征。

4. 在遇到陌生人时，怎样用你的身体语言使对方精神放松，以博得对方的好感？

5. 你对自己的仪态满意吗？请观察一下你周围的人士的站姿、坐姿、走姿等方面存在什么问题，提醒自己避免出现这些问题。

6. 观察路人的走姿，看看什么样的走姿给你的感觉最好。

7. 健康的人不一定是美丽的，但美丽的人一定是健康的。你同意这种说法吗？为什么？

8. 你的眼神是否充满了自信和活力？

9. 今天你微笑了吗？试着每天清晨起床后，对着镜子整理仪容的同时，把甜美愉快的笑容留在脸上。

任务4

形 体 训 练

凡人之动而有节者,莫若舞。疑舞所以动阳气而导万物也。

——[明]朱载堉

形体美胜于颜色美。

——[英]培根

 学习目标

- 科学地进行基本动作训练。
- 进行芭蕾训练,打造完美形体。
- 学会跳健美操,打造完美形体。
- 学会跳交际舞,打造完美形体。
- 开展瑜伽体位法训练,养身美体。

 案例导入

限　重

　　印度航空在两年前颁布了限制空服人员体重的内规,五名因体重超标遭禁飞转任地勤的空姐日前控告航空公司的歧视性做法。但新德里高等法院已裁定空姐败诉,原因是"过胖不利执行业务",而且"航空业竞争激烈,企业必须重视员工表现,员工的体态也是表现的主要考量之一"。在我国也经常可以从媒体上看到因为太胖找不到工作的报道,的确,现在越来越多的企业开始重视员工的形体美。那么,怎样拥有美的形体呢?这正是本任务所要解决的问题。

　　要有美的形体,关键是要科学地进行形体训练,形体训练是拥有良好体态和气质的重要途径。所谓形体,是指在先天遗传变异和后天获得的基础上所表现出的身体形态上的相对稳定的特征,是包括人的表情、姿态和体形在内的人的外在形象的总和。从一定意义上说,先天遗传对形体起着决定性的作用,同时形体和后天生活条件及科学训练也有密切关系。后天科学的形体训练,可以使个人的优点得到弘扬,不足得到改善,从而使形体变得更美。形体训练是一个有目的、有计划、有组织的过程,不仅能使人获得健康美,而且能使人获得体形美、姿态美、动作美和气质美。形体训练在现代社会越来越受到人们的重视,成为时尚的运动而吸引了一大批高素质的人士积极参与。

4.1 知识储备

4.1.1 基本动作训练

1. 手臂动作训练

在职场中,执业人员需要运用手臂动作与他人进行沟通和交流。经常做手臂练习可以增强手臂和手指的灵活性和舞蹈表现力,增强手臂的线条感,减去手臂多余的脂肪,特别是大臂的赘肉,对各行业从业人员塑造体态美具有十分重要的意义。

练习时要注意做"小波浪"时,要求手由抓握状到展开手掌呈手指上翘状;做"大波浪"时,眼要随手;"抖手"时手心向身体前方。

预备拍:5～8拍"双跪坐背手"(见图4-1)。

第1×8拍:

1、2拍右手旁"大波浪"带"双跪立"一次,如图4-2所示。

3、4拍同1、2拍动作,左手旁"大波浪"带"双跪立"一次,如图4-3所示。

5、6拍右手向前"大波浪"带"双跪立"一次,如图4-4所示。

7、8拍同5、6拍动作,左手向前"大波浪"带"双跪立"一次,如图4-5所示。

图 4-1　　　图 4-2　　　图 4-3　　　图 4-4　　　图 4-5

第2×8拍:

1拍双手胸前"小波浪"一次,如图4-6所示。

2拍胸前"对腕",向右"倾头",如图4-7所示。

3、4拍同1、2拍动作,向左"倾头",如图4-8和图4-9所示。

5～8拍同1～4拍动作。

第3×8拍:

重复第 1×8 拍动作。

第 4×8 拍：

1~4 拍重复第 2×8 拍的 1~4 拍动作。

5、6 拍双手胸前"小波浪"一次"对腕"，如图 4-10 所示。

7、8 拍双手举至"旁斜上位"，手心向上，如图 4-11 所示。

图 4-6   图 4-7   图 4-8   图 4-9   图 4-10   图 4-11

2. 躯干动作训练

经常进行躯干动作训练，学会提气、收腹，可以提高练习者的气质和后背的挺拔度，防止驼背。练习时要注意"弯腰"时骨盆固定不动，上体对正前方；"转腰"时骨盆要固定，以腰为轴，最大限度地向左或向右转动；"前弯腰"时胸腹与腿部贴靠，脊柱尽量拉长；"后弯腰"时，两腿并拢，要求头、颈、肩、胸依次向后弯曲，呼吸时要均匀，双手扶地保持与肩同宽，"扩指"手形。

预备拍：5~8 拍"跪坐旁按手"，身体面向正前方，如图 4-12 所示。

第 1×8 拍：

1 拍左手"折腕"，指尖扶头顶，右手"旁按手"，如图 4-13 所示。

2 拍右"弯腰"，右手扶地，如图 4-14 所示。

图 4-12   图 4-13   图 4-14

3 拍手不动，身体直立，如图 4-15 所示。

4 拍还原"准备动作"，如图 4-16 所示。

5~8 拍做与 1~4 拍相反的动作。

图 4-15

图 4-16

第 2×8 拍：

1 拍左手至左身旁，右手"旁按手"，如图 4-17 所示。

2 拍向右"转腰"，如图 4-18 所示。

图 4-17

图 4-18

3 拍手不变，身体转回正前，如图 4-19 所示。

4 拍还原准备动作，如图 4-20 所示。

5~8 拍做与 1~4 拍相反的动作。

图 4-19

图 4-20

第 3×8 拍：

1、2 拍"双跪立"，如图 4-21 所示。

3、4 拍用膝盖移动转向右 45°角方向，全身转向 2 点位置，如图 4-22 所示。

图　4-21　　　　　　　　　　　图　4-22

5、6拍"跪坐前弯腰",双手前伸扶地,如图4-23所示。

7、8拍手不动,成"伏卧正步位绷脚"状,全身贴地面,脸向左侧,如图4-24所示。

图　4-23　　　　　　　　　　　图　4-24

第4×8拍:

1～4拍双手撑地,形成"后弯腰",如图4-25所示。

5～7拍还原成"伏卧"状,如图4-26所示。

8拍双手伸于头上,全身伏于地面,如图4-27所示。

图　4-25　　　　　　　　　　　图　4-26

图　4-27

3. 下肢动作训练

经常练习下肢的动作,可以提高腿部肌肉的力量,并修正腿形,防止 O 形和 X 形腿的出现。练习时要注意:手臂向前平伸时,两手距离与肩同宽;"前吸腿"和"后吸腿"时,注意双膝和双脚并拢、"绷脚";"转体"时,手臂夹耳,保持"正步位绷脚"状态。

预备拍:5～8 拍为正步位绷脚仰卧,手臂向前平伸,头看天空,如图 4-28 所示。

第 1×8 拍:

1～4 拍右脚绷脚并吸腿,如图 4-29 所示。

5～8 拍右前抬腿,如图 4-30 所示。

第 2×8 拍:

1～4 拍右腿还原为吸腿状,如图 4-31 所示。

5～8 拍右侧伸腿并还原,如图 4-32 所示。

第 3×8 拍:

1～4 拍左脚绷脚、吸腿,如图 4-33 所示。

图 4-28

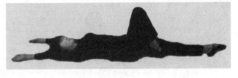

图 4-29

图 4-30

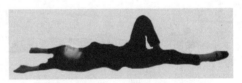

图 4-31

图 4-32

图 4-33

5～8 拍左前方抬腿,如图 4-34 所示。

第 4×8 拍:

1～4 拍左侧还原为吸腿状,如图 4-35 所示。

5～8 拍左伸腿并还原,如图 4-36 所示。

第 5×8 拍:

1～4 拍向右转体为俯卧状,如图 4-37 所示。

5～8 拍立上身,如图 4-38 所示。

第 6×8 拍:

1～4 拍右腿后吸腿,如图 4-39 所示。

5～8 拍还原,如图 4-40 所示。

第 7×8 拍:

1～4 拍左腿后吸腿,如图 4-41 所示。

5～8 拍还原,如图 4-42 所示。

第 8×8 拍:

1～4 拍双腿后吸腿,如图 4-43 所示。

5～8 拍还原,如图 4-44 所示。

图　4-34

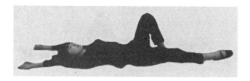

图　4-35

图　4-36

图　4-37

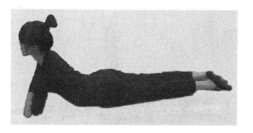

图　4-38

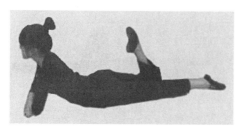

图　4-39

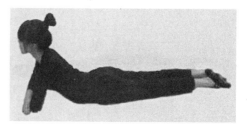

图　4-40

图 4-41

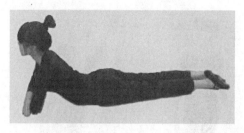

图 4-42

图 4-43

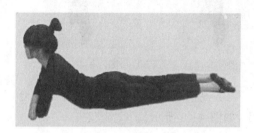

图 4-44

4. 形体舞蹈组合

形体训练是以身体练习为基本手段,匀称和谐地塑造人体,增强体质,促进人体形态更加健美的一种运动。通过形体舞蹈组合训练可以提高各行业从业人员的体能素质。练习者在旋律优美的乐曲伴奏下,经常性地进行形体舞蹈组合训练,可使身心得到全面发展,有利于培养健美的体态和高雅的气质,使形体更富有艺术魅力。

练习时要注意:做动作时,要提气,眼睛要随着动力手而转,眼到手到;身体下压时注意后背要拉长,不能驼背;"转体"时,注意留头(身体开始转动而头留在原方位不动,称为"留头"——编者注),立"半脚掌"。

预备拍:5~8拍右踏步,双臂自然下垂,头朝向2点位置,如图4-45所示。

第1×8拍:

1、2拍右手臂向2点位置抬起,高于头顶,头仰起,眼睛看手,如图4-46所示。

3、4拍右手收回并还原为准备动作,如图4-47所示。

5~8拍重复1~4拍的动作。

第2×8拍:同第1×8拍的动作相反。

第3×8拍:

1~4拍左腿屈膝,右腿向8点方向伸直绷脚,上身向8点方向弯曲,两臂向8点方向延伸,眼睛看手,如图4-48所示。

图 4-45　　　　　图 4-46　　　　　图 4-47　　　　　图 4-48

5～8 拍两腿伸直的同时左脚尖点地,上身立起,两臂挺直延伸呈顺风旗位,眼睛看左手,如图 4-49 所示。

第 4×8 拍:

1、2 拍重心移向左腿,胯移向左侧,右手臂弯曲,大臂以逆时针方向画立圆,同时右腿收回与左腿并拢,如图 4-50 所示。

3、4 拍右手臂向 2 点方向伸开,如图 4-51 和图 4-52 所示。

5～8 拍右手臂放下。

图 4-49　　　　　图 4-50　　　　　图 4-51　　　　　图 4-52

第 5×8 拍:同第 3×8 拍动作相反。

第 6×8 拍:同第 4×8 拍动作相反。

第 7×8 拍:

1、2 拍左腿向前伸直绷脚,左腿弯曲,上身向前倾,两臂向前方伸直低头,如图 4-53 所示。

3、4 拍左腿收回同时上身直立,两臂斜上举,如图 4-54 所示。

5～8 拍右腿弯曲,左腿伸直绷脚,向左侧滑动,两臂呈顺风旗位,眼睛看右手,如图 4-55 所示。

图 4-53   图 4-54   图 4-55

第8×8拍：

1～4拍右腿弯曲，左腿向2点方向伸直绷脚，上身向2点方向弯曲，左手臂略高于头顶，右手臂略低，向2点延伸，眼睛看手的方向，如图4-56所示。

5、6拍左手臂向上抬起，向左转身，如图4-57和图4-58所示。

7、8拍还原为1点方向（正前方），立直站立，如图4-59所示。

图 4-56   图 4-57   图 4-58   图 4-59

4.1.2 芭蕾

1. 芭蕾的发展历程

"芭蕾"在西方剧场舞蹈艺术中占统治地位达300余年，至今已历经四个多世纪。中国的芭蕾历史自1958年北京舞蹈学校成立引进俄罗斯芭蕾至今，也已有半个多世纪。

芭蕾在数百年的发展过程中演变出多种学派,主要有意大利学派、法兰西学派、俄罗斯学派、丹麦学派和法国学派等。这些学派之间的风格与动作略有差异,如意大利手臂基本是直的,但平腕有些下垂;而法国肘和平腕都是弯曲的;俄罗斯的线条则强调圆弧形等。芭蕾的发展过程是一个日趋成熟和日臻完善的过程。芭蕾在其发展过程之中经历了五个发展阶段,也称五大发展时期,这就是"早期芭蕾""古典芭蕾""浪漫芭蕾""现代芭蕾"和"当代芭蕾"。这五大时期是以芭蕾在不同的国家形成的发展主流而言的,每个后来的时期都汲取和保留了前一个时期的精彩部分,取其精华,去其糟粕,是对前一个甚至前几个时期的继承和发展,而不是简单地否定或取代。芭蕾在其漫长的发展过程中逐渐形成了芭蕾中所特有的脚和手的基本位置、一些固定的舞姿以及相应的美学原则。

2. 芭蕾的基础元素

芭蕾的基础训练以科学性、规范性、严谨性为特点,芭蕾舞通过对"开、绷、直、立"等严格的舞蹈磨炼,逐渐形成挺拔、匀称、完美的体态,并且使心灵与形体相交融,在意念与感觉的延伸中,使演员们在"气质"上得到培养。芭蕾有一套比较科学的规范要求和训练法则,正是依靠了这些法则,培养出了一大批出类拔萃的优秀舞蹈家,形成了许多著名流派,推出了上百个优秀的舞蹈作品。但不管它如何发展和演变,多年来,芭蕾基础训练中的"开、绷、直、立"是一直要严格遵循的,它是芭蕾的基本元素。

(1) 开。芭蕾最基本的审美特征是对外开、伸展、绷直的追求,包括脚的五种基本位置。这五个位置中表现出的"向外"的本质,通常是指两条腿于髋关节处外旋,即"外开"。外开不是人们自然而然形成的动作习惯,但对于一种发源于皇家宫廷中的、极具贵族风格的舞蹈来说,"外开"的特征却是必不可少的,各种舞姿的跳跃、旋转和转身,各种舞步和连接等一系列的动作,都要求其具有"外开"的特征。例如,做单腿旋转动作时,腾空腿就必须是外开的,而不能出现勾脚和绷脚现象,否则就会丧失本来具有的高雅气质。"外开"是构成古典芭蕾风格的基本要素,训练舞蹈者的外开性功能,不仅可以使舞蹈者的造型美观,气质优雅,而且可为舞蹈中很多技巧的完成奠定基础。

(2) 绷。绷也是芭蕾的基本要素之一。在基础训练中,绷脚是教师经常提醒学员的话题之一。一般情况下,腿只要离开地面,就必须绷脚。绷脚有两个重要作用:一是毫无疑问地延长了腿的长度,强化了腿的流线型的美;二是绷脚训练能使踝关节得到强有力的锻炼,增强了踝关节以下到趾关节的能力和灵敏性。绷脚必须从踝关节开始把力量一直贯入脚趾,让脚趾去找脚心,实际上脚背脚趾绷得越紧,腿部膝盖也会越收紧。一个舞蹈演员必须反复地进行绷脚练习,在绷脚中寻找芭蕾基础训练的真谛。

(3) 直。在基础训练中要求人体的只有两个目的:一是从精神气质角度,要求身体挺拔直立,不能塌腰凸臀,不能挺胸叠肚,也包括腿在需要直的时候,必须收紧膝盖,绷直脚背,使人有一种精神倍增、赏心悦目的潇洒、帅气和高雅的气质,给人一种朝气蓬勃的青春美的享受;二是从技能技术训练的角度,在任何情况下,上身因舞姿造型的需要而出现离开轴心线的动作时,人体的重心必须严格保持垂直,重心的垂直是人体在直立状态下的必需,唯有这样才能保证动作的稳定性,人在舞蹈中身体的形态是千变万化的,只有在动作中不断地调整重心,才能使身体的重心始终保持垂直,去完成一些旋转和高难度的技巧动作。

(4)立。在基础训练中强调最多的就是"立"了。芭蕾的美就是建立在直立基础上的,只有先找到立,才能完成更高更美的技巧和艺术表现。"立"是在直的基础上的升华,是从形体美到舞蹈美的整体概念。首先"立"是一种延伸感,是指身体要拉长,在训练中脚用力踩向地面,脖子向上拉伸,找一种立地顶天的感觉,是一种轻盈、敏捷和精神气质的美。其次是指腰椎到颈椎部位的立,这是"立"的真髓,因为从腰椎到颈椎这一部位是躯体中活动范围最大的部位。只有把这一部位控制住,才能够真正立起来,也就不会出现松腰、懈胯的现象了。

3. 芭蕾手位和脚位训练

手的位置从一位到七位,两手臂始终要保持椭圆形,注意不要让手腕和肘关节下沉,手的七个位置运动路线要规范。熟练手的七个位置之后,要头、手、身体各部位协调配合,要体会手位中的内在力量,尤其是后背肌群在动作中起到的平稳、稳定的作用,要运用手的表现能力传情达意。

脚位的开度要保持从大腿根、膝盖、脚腕、脚尖的上下一致。如果胯部不开,脚位可以站大八字或小八字,切忌某个局部开,某个局部关,造成上下扭曲而损伤。五位和三位站立要保持胯部正,不要因为某只脚在前,而一边的胯歪向前。胯不正是因为在前五位或前三位的脚没有伸直而造成的,所以五位和三位站立不但要伸直两膝,而且要夹紧大腿。

(1)手的位置。

手形:手自然放松,中指、无名指和小指并拢,食指外开,拇指自然放松,如图4-60所示。

一位:从肩到手指尖在身体前呈椭圆形,手心朝上,两手相距约一只拳头,小指边离大腿约二寸距离,如图4-61所示。

二位:保持一位手状态,两手臂向上抬至手心与胃部平行,如图4-62所示。

三位:保持二位手状态,两手臂向上抬至头顶斜上方,如图4-63所示。

四位:一只手臂保留在三位,另一只手臂从三位回至二位,如图4-64所示。

图 4-60

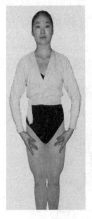

图 4-61

图 4-62

图 4-63

五位：一只手臂仍保持在三位，二位手臂向旁打开，如图 4-65 所示。

六位：打开到旁的手不动，三位手下到二位，如图 4-66 所示。

图　4-64　　　　　　　　图　4-65　　　　　　　　图　4-66

七位：打开到旁的手仍不动，二位手打开到旁呈七位，如图 4-67 所示。

（2）脚的位置。

一位：两脚脚后跟相靠，两脚脚尖向外打开呈"一"字形，如图 4-68 所示。

二位：在一位的基础上，两脚脚后跟分开，相距约一只脚的距离，如图 4-69 所示。

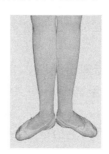
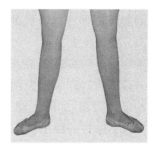

图　4-67　　　　　　　　图　4-68　　　　　　　　图　4-69

三位：保持在二位的基础上，一只脚的脚后跟向另一只脚的脚心靠拢，如图 4-70 所示。

四位：保持两脚尖外开状，一只脚在另一只脚的正前方或正后方，形成两条平行线，如图 4-71 所示。

五位：在四位的基础上，两脚合拢并紧，如图 4-72 所示。

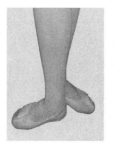

图　4-70　　　　　　　　图　4-71　　　　　　　　图　4-72

4. 擦地训练

（1）五位擦地的做法。擦地绷脚可以在一位脚和五位脚的位置上向前、向旁、向后方向做。擦地主要通过擦地绷脚背，立脚趾，整条腿向远处、向下延伸，伸展整条腿的肌肉，然后收回。通过擦出收回的不断运动来锻炼腿部力量，尤其是踝关节和脚趾的力量。

① 向前擦地做法。五位站立准备向前擦地，一条腿支撑并固定好重心，另一条腿保持与支撑腿平行的状态，沿地面向前擦出，同时脚跟渐渐离地推起脚背，在动作腿不影响支撑腿重心的情况下，尽可能向远处伸展，脚掌点地，将脚背推至最高点。然后将脚趾向远处伸展立起，用脚趾尖轻轻点地后，再一次收回原位。

② 向旁擦地做法。一条腿支撑并固定好重心，另一条腿向旁沿地面擦出，同时脚跟渐渐离地推起脚背，在不影响支撑腿重心的情况下，动作腿尽可能向远处伸展，脚掌点地，将脚背推至最高点。然后将脚趾向远处伸展立起，用脚趾轻轻点地后再依次收回原位。

③ 向后擦地做法。一条腿支撑并固定好重心，另一条腿保持与支撑腿平行的状态沿地面向后擦出，同时脚跟渐渐离地推起脚背，在不影响支撑腿重心的情况下，动作腿尽可能向远处伸展，脚掌点地，将脚背推至最高点。将脚趾向远处伸展立起，用脚的大脚趾外侧点地，然后依次再收回原位。

（2）组合练习。共4个8拍，每次练习动作重复两遍，每次配合动作的播放音乐为8个8拍，左脚为主力脚，右脚为动力脚。

预备拍：

1~4拍五位站立，左手扶把，准备向前擦地，如图4-73所示。

5、6拍右手由一位抬至二位，如图4-74所示。

7、8拍右手从二位至七位，如图4-75所示。

图 4-73　　　　图 4-74　　　　图 4-75

第1×8拍：

第2拍出脚，如图4-76所示。

1、2拍右脚1拍时收回至五位,2拍时向前擦出,如图4-77所示。

3、4拍右脚3拍时收回至五位,4拍时擦出,如图4-77和图4-78所示。

5~7拍重复3、4拍的动作。

8拍左脚向后擦出,如图4-79所示。

图　4-76　　　　　　图　4-77　　　　　　图　4-78　　　　　　图　4-79

第2×8拍:

1、2拍左脚1拍时收回,2拍时擦出。

3、4拍左脚3拍时收回,4拍时擦出。

5、6拍左脚5拍时收回,6拍时擦出,如图4-80和图4-81所示。

7、8拍左脚7拍时收回,右脚8拍时向旁擦出,如图4-82所示。

图　4-80　　　　　　图　4-81　　　　　　图　4-82

第 3×8 拍:

1、2 拍右脚 1 拍时收回,2 拍时擦出。

3、4 拍右脚 3 拍时收回,4 拍时擦出。

5、6 拍右脚 5 拍时收回,6 拍时擦出,如图 4-83 和图 4-84 所示。

7、8 拍右脚 7 拍时收回,8 拍时收至后五位,如图 4-85 所示。

图 4-83 图 4-84 图 4-85

第 4×8 拍:

1、2 拍右脚向旁擦出,如图 4-86 所示。

3、4 拍动力腿压脚跟。

5、6 拍重复 3、4 拍的动作,如图 4-87 和图 4-88 所示。

7、8 拍动力腿收到主力腿前面,呈五位脚,左脚在后,右脚在前,如图 4-89 所示。

图 4-86 图 4-87 图 4-88 图 4-89

5. 蹲的训练

(1)蹲的做法。蹲在脚的五个位置上都可以做。蹲主要是通过膝关节在不同的脚位上做各种不同节奏的快和慢的半蹲和全蹲,来锻炼膝关节的柔韧性和腿部的肌肉。蹲是训练中重要的一部分,通过蹲的训练,能使训练者轻松地腾空而起,轻盈落地,屈伸有力,富有弹性。

① 半蹲的做法。一位站立,保持人体的基本形态,两膝逐渐下蹲,蹲到脚腕与脚背有挤压感为止,使跟腱即足跟与小腿之间的一条很粗壮结实的肌腱处于略有一点紧张的位置为半蹲。

② 全蹲的做法。在半蹲的基础上,继续往下蹲,脚跟可以略微抬起一点(只有二位大蹲不容许起脚后跟),蹲到底,臀部不能坐在脚后跟上,应保持开度并使后背挺直。起来时先落下脚跟,再慢慢站起来。

(2)组合练习。共8个8拍,左脚为主力脚,右脚为动力脚。

预备拍:

1～4拍一位站立,左手扶把,右手向旁边出手,深呼吸,再收回一位手准备,如图4-90和图4-91所示。

5、6拍右手由一位抬至二位,眼随着动力手走,如图4-92所示。

7、8拍右手从二位抬至七位,眼随着动力手走,如图4-93所示。

图 4-90　　　　　图 4-91　　　　　图 4-92　　　　　图 4-93

第1×8拍:

1～4拍一位半蹲,同时右手由七位收回到一位,如图4-94所示。

5～8拍慢慢由一位半蹲提起还原,同时右手由二位打开抬至七位,如图4-95和图4-96所示。

图 4-94　　　　　图 4-95　　　　　图 4-96

第2×8拍：

1～4拍重复以上动作，如图4-95和图4-96所示。

5、6拍一位半蹲，同时右手由七位收回到一位，如图4-94所示。

7、8拍由一位半蹲提起并还原，同时右手由二位打开并抬至七位，同时向旁边擦出右脚，如图4-97所示。

第3×8拍：

1～4拍二位半蹲，右手由七位收回到一位，如图4-98和图4-99所示。

图 4-97

图 4-98

图 4-99

5～8拍慢慢由一位半蹲提起并还原，同时右手由二位打开并移至七位，如图4-100和图4-101所示。

第4×8拍：

1～4拍重复以上动作，如图4-100和图4-101所示。

5、6拍二位半蹲，同时右手由七位收回到一位，如图4-98和图4-99所示。

7、8拍由二位半蹲提起并还原，同时右手由二位打开并移至七位，如图4-100和图4-101所示。

图 4-100

图 4-101

第5×8拍：

1、2拍在二位的基础上向旁摊手，如图4-102所示。

3、4拍动力腿绷脚，右手移到三位，并向左下旁弯腰，如图4-103所示。

5～8拍动力脚由二位划向前五位，右手由二位划向七位，如图4-104和图4-105所示。

图　4-102　　　　　　图　4-103　　　　　　图　4-104

第6×8拍：

1～4拍五位蹲，手由七位收回到一位，如图4-106所示。

5～8拍起身，手由二位收回到七位，如图4-107所示。

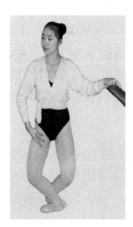

图　4-105　　　　　　图　4-106　　　　　　图　4-107

第7×8拍：

1～4拍经五位半蹲起来，同时右手由二位收回到七位。

5～8拍重复以上动作。

第8×8拍：

1～4拍五位半脚站立，手在三位的位置，如图4-108所示。

5～8拍结束时落在五位脚上，深呼吸，右手收至一位，如图4-109所示。

图 4-108　　　　　　　图 4-109

6. 踢腿训练

（1）五位小踢腿的做法。小踢腿是在擦地基础上向空中有控制地踢起，其特点是急速、有爆发力，比擦地动作速度快、力度大，可以锻炼腿部肌肉，提高动作的速度和控制力及后背力量。

五位向前擦地，脚尖离地25°。落地经脚尖点地收回前五位。小踢腿向旁边和向后的动作与擦地动作不同，在不同方向点地的基础上，再向远处延伸踢出，离地25°停住。

（2）组合练习。共4个8拍，每次练习动作重复两遍，每次音乐为8个8拍，左脚为主力脚，右脚为动力脚。

预备拍：

1～4拍五位站立，左手扶把，准备，如图4-110所示。

5～7拍右手由一位抬至二位，再打开到七位，如图4-111和图4-112所示。

8拍右脚向前踢腿至25°，右手从二位至七位，如图4-113所示。

图 4-110　　　　图 4-111　　　　图 4-112　　　　图 4-113

第 1×8 拍:

1～6 拍右腿向前小踢腿三次,手在七位,如图 4-114 和图 4-115 所示。

7 拍右脚收回前五位,手在七位,如图 4-116 所示。

8 拍左脚向后小踢腿 25°,手在七位不动,如图 4-117 所示。

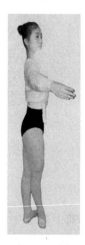

图　4-114　　　　图　4-115　　　　图　4-116　　　　图　4-117

第 2×8 拍:

1～6 拍左腿向后小踢腿三次,手在七位,如图 4-118 所示。

7 拍左脚收回后五位,手在七位,如图 4-119 所示。

8 拍右脚向旁小踢腿 25°,手在七位不动,如图 4-120 所示。

图　4-118　　　　　　图　4-119　　　　　　图　4-120

第 3×8 拍:

1～6 拍右腿向旁小踢腿三次,手在七位,如图 4-121 所示。

7 拍右脚收回前五位,手在七位,如图 4-122 所示。

8 拍右脚向旁边踢腿 25°,手在七位不动,如图 4-123 所示。

图 4-121　　　　　　　　图 4-122　　　　　　　　图 4-123

第 4×8 拍：

1、2 拍右脚向旁边右踢腿 25°，收回后五位，如图 4-124 所示。

3、4 拍右脚向旁边右踢腿 25°，收回前五位，如图 4-125 所示。

5、6 拍右脚向旁边右踢腿 25°，收回后五位，如图 4-124 所示。

7、8 拍动力腿收到主力腿前面，呈五位脚，手收回到一位。

图 4-124　　　　　　　　图 4-125

4.1.3　不良形体的矫正方法

请扫描二维码学习本部分内容。

4.2 能力训练

4.2.1 阅读思考

形体美的标准与测量

请扫描二维码阅读文章,然后回答文章后的思考题。

4.2.2 案例分析

请扫描二维码阅读案例原文,然后回答案例后的讨论题。

4.2.3 训练项目

形 体 训 练

实训目标:运用芭蕾进行形体训练,展现出形体美、气质美。

实训学时:12学时。

实训地点:形体训练教室。

实训准备:体操服和体操鞋;播放乐曲和播放设备。

实训方法:教师先讲解每个动作的要领和要求及注意事项,在旋律优美的乐曲伴奏下,学生进行模仿练习。学生掌握整套动作后,要持之以恒地坚持经常训练,坚持下来定会有惊人的效果。

课后练习

1. 手臂动作的训练课后练习。

(1) 双手臂上举,举到最高点,后背拉长,眼睛看正前方,每次坚持10秒。

(2) 双臂平举,按节奏有规律地向后开肩,每次坚持4个8拍。

(3) 熟练练习手臂动作训练组合2遍。

2. 躯干动作训练课后练习。

(1) 练习旁腰的软度,每次做 4 遍,每遍 8 次。

(2) 练习后腰的软度,每次做 2 遍,每遍 8 次。

(3) 熟练练习躯干动作训练组合 2 遍。

3. 下肢动作训练课后练习。

(1) 练习踢前腿,左右各 20 次。

(2) 练习踢后腿,左右各 20 次。

(3) 熟练练习下肢动作训练组合 2 遍。

4. 形体舞蹈组合课后练习。

(1) 平日注意运动,每天最少运动 30 分钟。

(2) 加强身体的软度练习,每天保证 15 分钟。

(3) 熟练练习形体舞蹈组合 2 遍。

5. 简述芭蕾的发展历程。

6. 芭蕾的基础训练包括哪些方面?

7. 进行芭蕾手位和脚位训练。

(1) 练习芭蕾手形态的正确做法 5 遍。

(2) 练习芭蕾 7 个手位的做法 5 遍。

(3) 练习芭蕾 5 个脚位的做法 5 遍。

8. 进行芭蕾的擦地练习。

(1) 练习五位向前擦地 10 次,慢擦。

(2) 练习五位向旁擦地 10 次,慢擦。

(3) 练习五位向后擦地 10 次,慢擦。

(4) 练习五位擦地组合 2 遍。

9. 进行芭蕾蹲的练习。

(1) 练习芭蕾一位半蹲 5 遍。

(2) 练习芭蕾二位半蹲 5 遍。

(3) 练习芭蕾五位半蹲 5 遍。

10. 进行芭蕾踢腿练习。

(1) 练习向前小幅度踢腿 15 次。

(2) 练习向旁小幅度踢腿 15 次。

(3) 练习向后小幅度踢腿 15 次。

(4) 练习小幅度踢腿组合 5 遍。

任务5

语言艺术

他的谈吐总是平易近人,这种单纯既掩饰了他对某些事物的无知,也表现了他的良好风度和宽容。

——[俄罗斯]列夫·托尔斯泰

与人进行有效的交谈,并且赢得他们的合作,这是那些奋发向上的人应该培养的一种能力。

——[美]戴尔·卡耐基

 学习目标

- 掌握语言交际的原则。
- 掌握交谈、提问、回答、说服、赞美的语言技巧,能熟练运用。
- 掌握即兴演讲的语言技巧,并能够即兴演讲。
- 加强语言艺术修养,提高语言交际效果。

 案例导入

黄渤的口才

曾经有人说,娱乐圈如果要排情商最高的三人,黄渤一定身在其中,他情商高,不是油嘴滑舌,不是世故圆滑,不是虚与委蛇,不是即兴表演,而是历尽沧桑的智慧,灵光四溢的表达,审时度势又恰到好处地应对。

我们先来看两段采访。

一段是他在《鲁豫有约》节目上的表现。鲁豫问他:"现在觉得自己特别火了吧?"他说:"都来《鲁豫有约》了,能不火吗?"一句话,把鲁豫、自己、节目全夸了。滴水不漏的情商,堪称完美!

有一年,在金马奖颁奖典礼上,黄渤是颁奖嘉宾。在此之前,他已经主持过一届金马奖,参与过几届,算是熟脸孔了。那天,他的礼服有些像睡衣。和他搭档的女嘉宾问他:"你怎么穿个睡衣就来出席颁奖礼?你看梁朝伟、刘德华……他们都穿得很隆重的。"他立马调侃说:"对对对,因为他们是客人嘛,客人到别人家里,当然要隆重了。你五年没来金马奖,我这五年一直都在这里,已经把金马奖当成自己的家。回到家里应该穿什么,当然要舒适一点……"明星们为黄渤的机智而鼓掌。

语言交际能力是一个人的素养和智慧全面而综合的反映,古今中外具有远见卓识者历来都被高度重视。孔子就明确指出"一言可以兴邦,一言可以丧邦""三寸之舌,强于百万之师"等古训,把国之兴亡与舌辩的力量紧密地联系在一起,这充分说明了语言交际的巨大社会功能。马雅可夫斯基(Mayakovsky)说:"语言是人的力量的统帅。"第二次世界大战期间,美国人把"舌头、原子弹和金钱"并称为获胜的三大战略武器。进入21世纪,美国人又把"舌头、金钱和计算机"视为经济发展和社会进步的三大战略武器。舌头在两个比喻中都能独冠三大武器之首,语言交际的价值可见一斑。

从一个人的语言交际能力上往往可以看出其综合实力,是一个人美好形象的集中反映。许多发达国家都把语言交际能力作为衡量优秀人才的重要尺度。用人单位招聘各类人才都要进行口试。在日本,一些大公司在招聘人才进行面试时,专门就语言交际能力规定了若干不予录用的条文。其中有:交谈时,不能干脆利落地回答问题,说话无生气者,说话不知所云者……这些条文说明:语言交际能力与一个人的事业成功的关系十分密切,是衡量一个人能否胜任本职工作的一个重要指标。

因此,提高语言艺术水平,强化语言交际能力,展示自身的美好形象,是一个现代人必须予以高度重视的问题。

5.1 知识储备

5.1.1 语言交际的原则

语言交际的基本原则是人际交往活动中运用语言表情达意、进行信息交流时所必须遵循的准则,它贯穿于交际语言运用的各个方面和每个过程的始终,是一种制约性的因素。在人际交往过程中,只有自觉遵守语言交际原则,才能有效地增加语言交际信息的传递量,融洽人与人之间的关系;反之,如果背离了这些原则,就会削弱甚至破坏交际语言传播的效果,难以达到人际交往的目的。归纳起来,语言交际的基本原则主要有以下几个方面。

1. 礼貌待人

礼貌是对他人尊重的情感外露,是谈话双方心心相印的导线。人们对礼貌的感知十分敏锐。有时,即使是一个简单的"您""请"字,都可以让他人感到一种温暖和亲切。在人际交往中,可以从以下几个层次达到礼貌待人、沟通情感的目的。

(1)语言表达要满足交际对象对自尊的需求。这样做的目的在于利用礼貌文明的语言艺术与技巧,达到快速消除隔阂、沟通感情、拉近距离的作用。在人际交往中,初次见面的恰当称呼、寒暄中的礼貌用语、交谈中的言语分寸、分别时的告别祝词等,都应当体现出尊重对方的主观意向。

在词语的选用方面,使用得体的敬辞和谦辞都可以体现出对他人的尊重,也是一个人有教养的重要表现。比如,与客人初次见面时说"您好";与客人久别重逢时说"久违了";求人解答问题时说"请教";请人协助时说"劳驾";要帮助别人时说"我能为您做些什么";看望别人时说"拜访";等候别人时说"恭候";陪伴别人时说"奉陪";不能陪客人时说"失陪";有事找人商量时说"打扰";让人不要远送时说"请留步";表示歉意时说"抱歉";表示感谢时说"谢谢"。像"后会有期""祝你好运""一路顺风""万事如意"等告别用语也都体现出对他人的尊重。

(2) 要根据具体环境选择使用富有亲和力的词语。这样可以拉近交往距离,沟通相互之间的情感,使自己与交际对象的合作成为可能。在人际交往中,渴望受到尊重是每个人的基本心理需求,你想要得到他人的尊重,自己先要善于主动接近对方,缩短人际距离,沟通相互情感。其实,做到尊重别人并不难,有时只需一个微笑、一句问候、一声敬称、一对善于倾听的耳朵,就会给别人的心情带来阳光和温暖,当然也会为你自己带来真挚的友谊与和谐的交际。

 小故事

"祝您生日快乐!"

在克莉斯(Chris)的汽车展销室,一位中年妇女走了进来,她说她只想在这儿看看车,消磨一下时间。她想买一辆福特,可大街上那位推销员却让她一小时以后再去找他。另外,她打算买一辆白色的双门箱式福特汽车,就像她表姐的那辆。"今天是我55岁的生日,这是给自己的生日礼物。"她说道。

"夫人,祝您生日快乐!"克莉斯说。然后,她向秘书交代了几句后,又对她热情地说:"夫人,既然您有空,请允许我介绍一种我们的双门厢式白色轿车。"

不多久秘书走了进来,递给克莉斯一束玫瑰花。

"尊敬的夫人,祝您福寿无疆!"克莉斯说。

那位妇女的眼眶都湿润了,她被克莉斯的言行所打动,感慨地说道:"已经很久没有人给我送花了。"

在闲聊中,她对克莉斯讲起了她刚刚的遭遇。"那个推销员真是差劲!我猜想他一定是因为看到我开着一辆旧车,就以为我买不起新车。我正在看车的时候,那个推销员却突然说他有事,叫我等他回来,然后就不见了踪影。所以,我就到你这儿来了。"

最后克莉斯成功地向那位妇女推销出了那辆双门厢式白色轿车。

(3) 欣赏、赞美他人。人们在语言交流过程中,要肯定他人的优点,尊重他人的人格,尽量减少对别人的贬损,增加对别人的赞誉。希望得到别人的注意和肯定,这是人所共有的心理需求,而欣赏正是满足这种需求的一种交际方式。人际关系大师卡耐基说:"避免嫌弃人的方法,那就是发现对方的长处。"因此,在交际中,我们应抱着欣赏的心态来对待

每一个人,时时留心身边的人和事,多发现别人的优点和长处。赞美是欣赏的直接表达。有道是"良言一句三冬暖",真诚的赞美不仅能激发人们积极的心理情绪,得到心理上的满足,可以给别人也给自己带来好心情,还能使被欣赏赞美者产生一种交往的冲动。托尔斯泰说得好:"就是在最好的、最友善的、最单纯的人际关系中,称赞和赞许也是必要的,正如润滑油对轮子是必要的,可以使轮子转得快。"利用心理上的相悦性,要想获得良好的人际关系,就要学会不失时机地赞美别人。

2. 坦诚真挚

在语言交际中,说话人的感情直接影响表达的效果,也影响着听话人的理解和接受。待人真诚,给人以充分的信任,可以激励他人的工作热情,提高工作效率。其实,感情本身就是一种教育力量,最有效的手段是以情感人、以理服人。唯有入情入理、坦诚真挚、充满信任的话语,才能够深入人心,引起别人的共鸣,受到他人注意。人际交往中要做到坦诚真挚,需要注意以下方面。

(1)说真话,以坦诚的心取信于人。"言必行,行必果。"这是交往沟通时收到良好谈话效果的重要前提。例如,深圳蛇口工业区负责人,在国外和一个财团谈判,由于对方自认为技术设备先进,漫天要价,使谈判陷入僵局。正在这时,这个财团所在的商会请他去发表演说。他讲道:"中国是个文明古国。我们的祖先早在一千多年以前,就将四大发明——指南针、造纸、印刷术和火药的生产技术,无条件贡献给人类。而他们的后代子孙,从来没有埋怨他们不要专利权是一种愚蠢的行为。相反,却称赞祖先为世界科学的进步做出了杰出贡献。现在,中国在与各国的经济活动中,并不要求各国无条件让出专利,只要价格合理,我们一个钱也不少给……"蛇口工业区负责人这番发自内心的讲话,在外国人心目中引起了巨大的震动和强烈的反响,他们的许多先进技术正是从中国导入的。蛇口工业区负责人的讲话,引起了与会者的热烈掌声,而且最终使谈判对手愿意降低专利费,双方达成了近3亿美元的合作项目。"心诚能使石开花。"蛇口工业区负责人这段发自内心的讲话,借助历史事实,寓意深刻,语气直率,不仅没有因此影响到谈判合作项目的达成,反而让人们更深层地感受到了中国人的诚心与诚信,取得了谈判对手的理解与支持。

(2)感情真挚,态度诚恳。与人交流沟通中,诚恳而真挚的态度是语言交往目的得以实现的基础。"善大,莫过于诚",热诚的赞许与诚恳的批评,都能使彼此间愿意了解。信任、倾诉、交心,正如《庄子·杂篇·渔父》中所说:"不精不诚,不能动人。""真在内者,神动于外,是所以贵真也。"

 小故事

市长的拜访

只要肯尊重对方的特殊能力,高度地给予其信任和肯定,任何人都会乐于将其优点表现得淋漓尽致。如果你希望某人懂得自尊自爱,你就该率先表现出你对他的信任和尊重。

3. 平等友善

在人际交往中,我们不仅要尊重他人的人格、他人的个性习惯、他人的权力地位、他人的情感兴趣和隐私,还要尊重彼此存在的外显或内在的心理距离,要有人人平等、一视同仁的谈话态度,切忌给人居高临下、自以为是的印象。只有在人际交往中保持自尊而不盲目自大,受人尊敬而不傲慢骄横,才能得到对方对你个人、对你的组织,甚至对你的国家的尊重,才能谈得上真诚合作、平等合作。例如:"演员是人民给养活的,有艺无德可对不住观众啊。"被誉为"平民艺术家"的赵丽蓉,在她所追求的艺术事业中,始终把"观众第一"放在首位,对来自他人的关爱之情,也常以自己真挚独特的谐趣表达出来。一次大年初一,中央电视台开招待酒会,每个参加者都得一个大西瓜。赵丽蓉一眼瞥见旁边的记者没有,便将自己的那个西瓜放在记者座位底下,说:"你大老远赶到北京来采访,不在家里过年,这西瓜你就带回家去孝敬父母吧。"这"土气儿"十足的言谈,比那些虚情假意的关怀,不知强了多少倍! 在她身上,没有那种司空见惯的矫情、虚饰与浮躁,而多了几分质朴、风趣与豁达。难怪乎,她那平等友善的态度和语言中的缕缕真情,至今仍令人难以忘怀。

在人际交往中,尽管人与人之间身份、地位等方面的情况可能不同,但是,交际双方在人格上是平等的,在心理上是对等的,平等是建立良好人际关系的前提。我们绝不能把自己高抬一寸,把别人低放一尺,有意与对方"横着一条沟,隔着一堵墙",给别人一种"拒人于千里之外"之感。

 小故事

家中没有女王

英国女王维多利亚(Victoria)与其丈夫阿尔伯特(Albert)相亲相爱,感情和睦。阿尔伯特喜欢读书,且不大爱社交,也不太关心政治。有一天深夜,女王办完公事,回到卧室,见房门紧闭,便敲起门来。"谁?"里面问道。

"我是英国女王。"女王回答,可是门没有开。

"我是维多利亚。"再敲,门还是未开,敲了几次之后,女王突然感觉到了什么,又敲了几下,用温和的语气说:"我是你的妻子,阿尔伯特。"

这时,门开了。

即使身为一国之君,但在家里,面对丈夫阿尔伯特,"女王"的生活角色也要发生改变,此时作为妻子的她更应保持夫妻双方平等相待的心态,才会为丈夫所接纳,因此,最后的一次敲门达到了目的。

4. 区分对象

在人际交往中,对于交际主体来说,最重要的莫过于研究交际对象,根据交际对象的性别、年龄、生活背景、心理特征等因素的差异来选择恰当的语言,以求明晰地表达自己的思想,达到正常的语言交际的目的。也就是所谓"到什么山上唱什么歌""见什么人说什么话"。如果不考虑对方的实际情况,信息流通渠道就会因此而出现偏差,甚至"阻塞",交际也会随之而停止。例如,1954 年,周恩来总理出席日内瓦国际会议,为了向外国人宣传中国,表明中国爱好和平的愿望,决定为外国嘉宾举行电影招待会,放映越剧艺术片《梁山伯与祝英台》。为此,工作人员准备了一份长达 16 页的说明书。周恩来看后笑道:"这样看电影岂不太累了? 我看在请柬上写上一句话就行,即请你欣赏一部彩色歌剧电影:中国的《罗密欧与朱丽叶》。"果然,一句话奏效,外国嘉宾都知道这部电影要讲述的故事了。

5. 换位思考

韩非子在《说难》中写道:"凡说之难,在知所说之心。"在现实社会,随着人们日常交往的日益频繁,摩擦、矛盾也会随之增多,很多人只强调他人对自己应该承认、理解、接受和尊重,却忽视对等地去理解和尊重他人;只注意自己目的的实现,却无视他人的利益和要求。在这种倾向支配下,他们常常不顾场合和对方心情,一味地由着自己的性子去交往,致使在交往中由于语言使用缺乏得体性而出现尴尬的局面。所以,在很多时候,注意交际场合的特点,多进行换位思考,灵活应变,将心比心,以诚换诚,才能达到心灵的沟通和情感的共鸣。在语言交际时,还需换位思考,无论是话题的选择、内容的安排,还是语言形式的采用,都应该根据特定场合的表达需要来决定取舍,做到灵活自如。

6. 切合情境

运用语言进行信息传递、情感交流,离不开一定的时间、地点和场合,要使这种传递活动获得好的效果,语言运用不仅要符合特定的时代背景和此时此地的具体情景,还要恰当地利用说话时机,把握时间因素,力求切情切境,入旨入理。在杭州的"美食家"餐厅,一对新人在举行婚礼时,正赶上滂沱大雨下个不停。新人和客人们被大雨淋得很懊恼,婚礼气氛很不愉快。这时,餐厅经理来到 100 多位客人面前微笑着高声说:"老天爷作美,赶来凑热闹。这是入春以来的第一场好雨。好雨兆丰年,这象征着今天这对新人的未来是十分幸福的。雨过天晴是艳阳天,象征着今天在座的所有客人都将迎来更加灿烂的明天。我提议:为了创造和迎接雨过天晴的明天,大家干杯!"话音刚落,整个餐厅的情绪和气氛发生了 180°的转变,原来沉寂的婚礼场面,气氛一下子变得热烈起来。

7. 明确目的

交际语言是一种为了实现一定的交际目的而进行的双向交流的传播活动,无论是与他人拉家常、叙友情,或是进行学术报告、演讲、谈判、采访乃至解说、寒暄、拜访、提问等,都是为了实现信息传递、沟通情感、增进了解、阐明观点等特定的交际目的而进行的。当与他人说话时,需要针对交际对象的特点和语言环境做出必要的调整,也要根据语言交流的主题,选择和使用恰当的语言,做到有的放矢,取得缓解气氛、增进友情的作用。例如,瑞士厄堡村有一块要求游客不要采花的通告牌,上面分别用英、德、法三种文字写着"请勿摘花""严禁摘花""喜爱这些山峦景色的人们,请让山峦身旁的花朵永远陪伴着它们吧!"由此不难看出瑞士旅游业人士对不同游客的民族心理特点的充分考虑。英国人讲面子,崇尚绅士风度,因此用"请"。德国人严守律令,故采用"严禁"。法国人浪漫且重感情,所以用了富有激情的语句。这样就与不同交际对象的民族心理特点相吻合了。又如,曾有一位营业员向外国顾客介绍商品时,因为不了解外国顾客的情况,而按照对中国顾客的方式来接待,结果就把顾客赶跑了。事情是这样的:有一位英国客人在商店里表示出对一件工艺品感兴趣时,该营业员取出该工艺品,然后对客人说:"先生,这件不错,又比较便宜。"顾客听了她的话后,丢下商品,转身而去。为什么这句话会把这位顾客赶跑呢?原来是"便宜"二字。因为在英国人心目中,买便宜货有失身份,所以这桩买卖没有做成。

5.1.2　社交语言艺术

尽管社交的方法多种多样,但每种方式都离不开语言。因此,社交在一定程度上就是语言交际。面对不同对象,怎样进行交谈、怎样提问和回答、怎样进行说服、怎样表达赞美等,这一切都像一门艺术。探究社交语言艺术,能大大提高社交能力,塑造良好的语言交际形象,促进自身的职业生涯发展。

1. 交谈的语言艺术

美国哈佛大学前校长伊立特(Elite)曾说:"在造就一个有修养的人的教育中,有一种训练必不可少,那就是优美、高雅的谈吐。"交谈是交流思想和表达感情最直接、最快捷的途径之一。在人际交往中,因为不注意交谈的礼仪规范,或用错了一个词,或多说了一句话,或不注意词语的色彩,或选错话题等而导致交往失败或影响人际关系的事,时有发生。因此,在交谈中必须遵从一定的礼仪规范,才能达到双方交流信息、沟通思想的目的。

(1)符合基本要求。语言作为人类的主要交际工具,是沟通不同个体心理的桥梁。交谈语言的基本要求包括以下几个方面。

① 准确流畅。在交谈时如果词不达意、前言不搭后语,很容易被人误解,达不到交际的目的。因此在表达思想感情时,应做到口音标准、吐字清晰,说出的语句应符合规范,避免使用似是而非的语言。应去掉过多的口头语,以免语句割断;语句停顿要准确,思路要清晰,谈话要缓急有度,从而使交流活动畅通无阻。语言准确流畅还表现在须让人听懂,因此言谈时尽量不用书面语或专业术语,因为这样的谈吐会让人感到太正规、受拘束或是理解困难。

 小故事

自作自受

古时有一笑话,说的是有一书生,突然被蝎子蜇了,便对其妻子喊道:"贤妻,速燃银烛,你夫为虫所袭!"他的妻子没有听明白,书生更着急了:"身如琵琶,尾似钢锥,叫声贤妻,打个亮来,看看是什么东西!"其妻仍然没有领会他的意思,书生疼痛难熬,不得不大声吼道:"快点灯,我被蝎子蜇了!"真乃自作自受。

② 委婉表达。交谈是一种复杂的心理交往,人的微妙心理、自尊心往往在其中起着重要的控制作用,触及它,就有可能产生不愉快。因此,对一些只可意会不可言传的事情、人们回避忌讳的事情、可能引起对方不愉快的事情,不能直接陈述,只能用委婉、含蓄、动听的话去说。常见的委婉说话方式有以下几种。

避免使用主观武断的词语,如"只有""一定""唯一""就要"等不带余地的词语,要尽量采用与人商量的口气。

先肯定后否定,学会使用"是的……但是……"这个句式。把批评的话语放在表扬之后,就显得委婉一些。

间接地提醒他人的错误或拒绝他人。

③ 掌握分寸。谈话要有放、有抑、有收,不过头,不嘲弄,把握"度";谈话时不要唱"独角戏",夸夸其谈,忘乎所以,不让别人有说话的机会;说话要察言观色,注意对方情绪,对方不爱听的话少讲,一时接受不了的话不急于讲。开玩笑要看对象、性格、心情、场合,一般来讲,不随便开女性、长辈、领导的玩笑,一般不与性格内向、多疑、敏感的人开玩笑,当对方情绪低落、心情不快时不开玩笑,在严肃的场合、用餐时不开玩笑。

④ 幽默风趣。交谈本身就是一个寻求一致的过程,在这个过程中常常会出现不和谐的地方并产生争论或分歧。这就需要交谈者随机应变,凭借机智抛开或消除障碍;幽默还可以化解尴尬局面或增强语言的感染力。它建立在说话者高尚情趣、较深的涵养、丰富的想象、乐观的心境、对自我智慧和能力自信的基础上,它不是要小聪明或"卖嘴皮子",它应使语言表达既诙谐,又入情入理,应体现一定的修养和素质。

 小故事

"还没插秧呢!"

有一次,梁实秋的幼女文蔷自美返台探望父亲,他们便邀请了几位亲友,到"渔家庄"饭店欢宴。酒菜齐全,唯独白米饭久等不来。经一催二催之后,仍不见白米饭踪影。梁实秋无奈,待服务员入室上菜之际,戏问曰:"怎么饭还不来,是不是稻子还没收割?"服务员眼都没眨一下,答称:"还没插秧呢!"本是一个不愉快的场面,经服务员这一妙答,举座大乐。

(2)使用礼貌用语。使用礼貌用语,是人类文明的标志,也是全世界共同的心声。使

用礼貌用语不仅会得到人们的尊重,提高自身的信誉和形象,而且会对自己的事业起到良好的辅助作用。在我国,政府有关部门向市民普及文明礼貌用语,基本内容为十个字:"请""谢谢""你好""对不起""再见"。在实际的社会交往中,日常礼貌用语远不止这十个字。归结起来,主要可划分为以下几个大类。

① 问候语。人们在交际中,根据交际对象、时间等的不同,常采用不同的问候语。比如在中国实行计划经济的年代,由于经济发展水平不高,人们面临的首要问题是温饱问题,因而人们见面的问候语是:"你吃了吗?"今天,在中国不发达的农村,这句问候语仍然比较普遍,而经济比较发达的农村和城市,这句问候语已经很少听到了。人们见面时的问候语是"您好""您早"等。在英国、美国等说英语的国家,人们见面的问候语根据见面的时间、场合、次数等不同而有所区别。如双方是第一次见面,可以说"How do you do"(您好);如果双方第二次见面,可以说"How are you"(您好),如在早上见面可以说"Good morning"(早上好),中午可以说"Good noon"(中午好、午安),下午可以说"Good afternoon"(下午好),晚上可以说"Good evening"(晚上好)或"Good night"(晚安)等。在美国非正式场合人们见面时,常用"Hi、Hello"等表示问候。在信仰伊斯兰教的国家和地区,人们见面时常用的问候语是"真主保佑"。在信奉佛教的国家,人们见面时常用的问候语是"菩萨保佑"或"阿弥陀佛"。

② 欢迎语。交际双方一般在问候之后常用欢迎语。世界各国的欢迎语大都相同。如"欢迎您"(Welcome you)、"见到您很高兴"(Nice to meet you)、"再次见到您很愉快"(It is nice to see you again)。

③ 回敬语。在社会交往中,人们常常在接受对方的问候、欢迎或鼓励、祝贺之后,使用回敬语以表示感谢。由此,回敬语又可称为致谢语。回敬语的使用频率较高,使用范围较广。俗话说"礼多人不怪",通常情况下,只要你受到了对方的热情帮助、鼓励、尊重、赏识、关心、服务等都可使用回敬语。在我国使用频率最高的回敬语是"谢谢""多谢""非常感谢""麻烦您了""让你费心了"等。在西方国家回敬语的使用要比中国更为广泛而频繁。在公共交往中,凡是得到别人提供的服务,即使在中国人认为没有必要或是不值得向人道谢的情况下,也要说声谢谢,否则是失礼的行为。

④ 致歉语。在社会交往过程中,常常会出现由于组织的原因或是个人的失误,给交际对象带来了麻烦、损失,或是未能满足对方的要求和需求,此时应使用致歉语。常用的致歉语有:"抱歉"或"对不起"(Sorry)、"很抱歉"(Very sorry、So sorry)、"请原谅"(Pardon)、"打扰您了,先生"(Sorry to have bothered you,sir)、"真抱歉,让您久等了"(So sorry to keep you waiting so long)等。

真诚的道歉犹如和平的使者,不仅能使交际双方彼此谅解、信任,而且有时还能化干戈为玉帛。在人际交往中,有些人有时放不下架子或碍于面子,不愿直接道歉,这也是人之常情。道歉也有艺术。其实,道歉的方式很多,道歉时可采用委婉的手法。比如,今天的交际对象是你以前曾经冒犯过的人,那么你可以说:"真是不打不相识啊,俗话说得好,不是冤家不聚头,来,让我们从头开始!"道歉并非降低你的人格,及时得体的道歉也充分反映出你的宽广胸襟、真诚情感和敢于承担责任的勇气。

有些时候,如果由于组织的原因或个人原因给交际对象造成一定的物质上、精神上的损失或增加了心理上的负担,在道歉的同时还可赠送一些纪念品、慰问品以示诚心道歉。

⑤ 祝贺语。在交际过程中,如果你想与交际对象建立并保持友好的关系,你应该时刻关注着交际对象,并与他们保持经常性联系。比如,当你的交际对象过生日、加薪、晋升或结婚、生子、过寿诞,或是你的客户有开业庆典、周年纪念、新产品问世或获得大奖等,你可以以各种方式表示祝贺,共同分享快乐。

祝贺用语很多,可根据实际情况需要进行选择。如节日祝贺语:"祝您节日愉快!"(Happy the festival.)生日祝贺语:"祝您生日快乐!"(Happy birthday.)当得知交际对象取得事业成功或晋升、加薪等时,可向他表示祝贺:"祝贺你!"(Congratulation.)常用的祝贺语还有"恭喜恭喜""祝您成功""祝您福如东海,寿比南山""祝您新婚幸福、白头偕老""祝您好运""祝您健康"等。

此外,还可通过贺信,在新闻媒介刊登广告等形式祝贺。如"庆祝大连国际服装节隆重开幕!""××公司恭贺全国人民新春快乐!"等。总之,在当今社会适时使用祝贺用语,对交际来说有百益而无一害。

⑥ 道别语。交际双方交谈过后,在分手时,人们常常使用道别语,最常用的道别语是"再见"(Goodbye),若是根据事先约好的时间可说"回头见"(See you later)、"明天见"(See you tomorrow)。中国人道别时的用语很多,如"走好""慢走""再来""保重"等。英美等国家的道别语有时比较委婉,常常有祝贺的性质,如"祝您做个好梦""晚安"等。

⑦ 请托语。在日常用语中,人们出于礼貌常常用请托语,以示对交际对象的尊重。最常用的是"请";其次,人们还常常使用"拜托""劳驾""借光"等。在英美等国家,人们在使用请托语时,大多带有征询的口气。如英语中最常用的"Will you please...?""Can I help you?"(你想买点什么?)"Could I be of service?"(能为您做点什么?)以及在打扰对方时常使用"Excuse me",也有征求意见之意。日本常见的请托语是"请多关照"。

(3)慎重选择话题。所谓话题,是指人们在交谈中所涉及的题目范围和谈资内容。换言之,话题是一些由相对集中的同类知识、信息构成的谈话资料及其相应的语体方式、表述语汇和语气风格的总和。在人际交往中,学会选择话题,就能使谈话有个良好的开端。交谈中宜选的话题主要包括以下几种。

一是既定的话题,即交谈双方已约定,或者一方先期准备好的话题,如征求意见、传递信息、研究工作等。

二是内容文明、格调高雅的话题。如文学、艺术、哲学、历史、地理、建筑等,这类话题适合各类交谈,但忌不懂装懂。

三是轻松的话题。这类话题令人轻松愉快、身心放松,适用于非正式交谈,允许各抒己见,任意发挥。主要包括文艺演出、流行、时装、美容美发、体育比赛、电影电视、休闲娱乐、旅游观光、名胜古迹、风土人情、名人逸事、烹饪小吃、天气状况等。

四是时尚的话题,即以此时此刻正在流行的事物作为谈论的中心,这类话题变化较快,不太好把握。

五是自己擅长的话题。尤其是交谈对象有研究、有兴趣的话题。比如,青年人对于足球、通俗歌曲、电影电视的话题较多关注,而老年人对于健身运动、饮食文化之类的话题较为熟悉;公职人员关注的多是时事政治、国家大事,而普通市民则更关注家庭生活、个人收入等；男人多关心事业、个人的专业，而妇女对家庭、物价、孩子、化妆、衣料、编织等更津津乐道。

在交谈时要注意交谈的话题有所忌讳。在交谈中，若双方是初交，则有关对方年龄、收入、婚恋、家庭、健康、经历这一类涉及个人隐私的话题，切勿加以谈论。

由于人们的经历、职业、兴趣、学习状况不同，每个人所掌握的话题各不相同，都有一定的局限性，因此必须尽量扩大话题储备。为此，要有知识储备。对于掌握话题广度影响最大的是自身的学习状况和进取精神。一个人如果有理想、有追求、思想境界高，而且肯下功夫学习，爱读书看报，并关注社会现实生活，有较多的朋友，把看到、听到的东西，有意识地加以记忆和积累，就会变得学识渊博，时事政策、天文地理、政治外交、文艺体育、花鸟鱼虫、音乐美术几乎无所不知，由于视野开阔，谈资和知识面自然会比别人宽得多。

（4）善于耐心倾听。听是人类最基本的能力之一，是用耳朵接收声音，除了少数人听不到声音外，我们大多都享有这种与生俱来的天赋功能。如今，国际倾听协会这样对倾听定义：倾听是接受口头及非语言信息、确定其含义和对此做出反应的过程。口语交际中，听的重要性并不被多数人认同。很多人认为听是一种被动的行为。他们很可能会感到烦闷，如果他们不参与谈话还可能会感到无精打采。这种认识显然存在着很大的误区。

古今中外很多谚语和传说表明听的重要性："听君一席话，胜读十年书。"俗话又说：会说的不如会听的。英国谚语："沉默是金，说话是银。"传说：上帝在造人时之所以给人一张嘴巴、两只耳朵，就是因为他认为听比说更重要。可见人们如何看重倾听了。

 小案例

我还要回来

① 倾听的作用。对我们大多数人来说，倾听是从我们听到别人讲话声音开始的，但倾听与听有什么区别呢？一般学者认为："听"是人体感觉器官接收到的声音；换句话说，"听"是人的感觉器官对声音的生理反应。只要耳朵听到谈话，我们就在听别人。想想你在听到电影中的外语对话时，你就会明白，听到并不意味着理解。"听而不闻"说的就是这种情况。

倾听虽然以听到声音为前提，但更重要的是我们对声音必须有所反应，必须是主动参与的过程，在这个过程中，人必须接收、思考、理解，并做出必要的反馈。同时，倾听的对象不局限于声音，还包含理解别人的语言、手势和面部表情等。在此过程中，我们绝不能闭上眼睛只听别人说话的声音，还要注意别人的眼神及感情表达方式。

倾听的作用概括起来，主要包括以下几个方面。

a. 倾听是获取信息开阔视野的重要途径。"听君一席话,胜读十年书。"这句俗语从倾听的角度说明了倾听是获取信息、开阔视野的重要途径。有数据显示:在我们获取信息的途径听、说、读、写中,听所占的时间为53%。虽然现在是网络化时代,面对面沟通被有些人所忽视,由此产生的"宅男""宅女"现象越来越引起人们的担忧。这从另一个角度说明倾听的缺失对现代人造成的不良影响。与其将自己封闭在一个狭小的空间里,还不如走出家门倾听来自各界的声音,那样对你的未来才更有帮助。

b. 倾听是对别人尊重和鼓励的特殊方式。根据人性特点,我们都知道,人们往往对自己的事更感兴趣,对自己的问题更关注,更喜欢自我表现。一旦有人专心倾听我们的话时,就会感到自己被重视。我们真诚投入地倾听他人的倾诉,给予恰到好处的反应,也是对他人尊重和鼓励的最好方式。

c. 倾听是为自己争取主动的关键。在时机未到时选择倾听并保持沉默是一种"大智若愚"的艺术。在商业活动中多听、少说甚至不说,这样做的目的是获得最大的利益。少开口不做无谓的争论,对方就无法了解你的真实想法;反之,你可以探测对方动机,逐步掌握主动权。因此,"雄辩是银,倾听是金"。

d. 倾听可增进彼此的理解与信赖。表露内心的事,可以消除两人之间的误会、隔阂、不信任与敌对,使两人之间的关系更为密切。由此来看,倾听可谓是彼此沟通的桥梁,误解与愤恨都会随着有效的倾听而化为乌有,感情也会伴着彼此的倾听更加接近。

e. 倾听可改善周围环境的气氛,有利于获得身心健康与成功。心理学家们指出,善于倾听的人容易克制冲动,控制愤怒,拥有一个较为平和的人际环境,这对于成功与健康是有百益而无一害的。

② 有效倾听的策略。听和说是谈话交流的两个方面,倾听是语言表达的前提,那么应该怎样倾听呢?

a. 创造良好的倾听环境。不良的倾听环境中如果存在干扰因素,这些干扰因素就会干扰信息传递过程,消减、歪曲信号,转移人的注意力,从而影响专心地倾听。所以,应从以下方面创造良好的倾听环境,消除干扰因素。

一是选择合适的场所。场所合适与否直接关系到沟通双方的心理感受和外在噪声的干扰。在公众场合下,应避免在噪声比较大的地方交谈,如施工场所、十字路口。应尽量寻找安静、舒适、典雅、有格调的咖啡厅、茶室等,同时力求避免电话、手机和他人的干扰。如果是在家中聚会,有必要将电视音量关小,保证室内空气清新、舒适,假如临近街道,可以将门、窗关紧,同时注意室内家具的摆放、颜色的搭配等细节问题。

二是选择恰当的时间。公共场所都有自己的高峰期,像公园、商场、节假日风景区,人比较多,咖啡厅晚上人流不息,而餐馆则在中午、下午6点以后客人较多。选择场所时还应考虑时间的不同,对谈话双方的效果也将不同。

三是保持一定的距离。说话者跟听话者感情好,私下交谈时则相互挨得近,恋人更是如此。但如果在正式场合,不论亲疏,都应保持一定的距离。过远,则不容易听清;过近,容易使说话者感到紧张。

b. 做好倾听的心理准备。倾听,要求倾听者要有良好的精神状态,集中精力,随时提醒自己交谈到底要解决什么问题,听话时应保持与谈话者的眼神接触,但在时间的长短上应适当把握好,如果没有语言上的呼应,只是长时间盯着对方,会使双方都感到局促不安。另外,要努力维持大脑的警觉,保持身体警觉则有助于使大脑处于兴奋状态。

倾听时,应该保持开放的心态,这是提升倾听技巧的指导方针之一。这样做不但使你能考虑到事情的各个方面,还能减少你与说话者之间的防御意识,而这种意识会极大阻碍你们之间的良好沟通。回应说话者时,即使你不同意他的观点,也应对其信息保持积极的态度。

c. 正确的态势语言。人的身体姿势会暗示出他对谈话的态度,自然开放性的姿态,代表着接受、兴趣与信任。根据达尔文的观察,交叉双臂是日常生活中最普遍的姿势之一,一般表现得优雅且富于感染力,让人看上去自信心十足。但这常常自然地转变为防卫姿势,当倾听意见的人采取这种姿势,大多是持保留的态度。向前倾的姿势是集中注意力、愿意听倾诉的表现。所以说二者是相容的。倾听时交叉双臂跷起二郎腿也许是很舒服,但往往让人感觉这是种封闭性的姿势,容易让人误以为不耐烦或高傲。

d. 对主题或说话者产生兴趣。这样做有助于倾听者以积极的态度进行倾听。倾听时,你的目标应当是从每个说话者那里获取知识,但如果你对他们不感兴趣,就很难集中注意力。因此,应当消除自己对主题或是说话者的偏见,使自己对其产生兴趣。倾听时,应该关注说话者提供的信息,而不是他们的外表、性格或是说话方式,不要因为这些因素而对他们加以定论,应该根据他们提供的论据来判断信息的价值。另外,也不要仅仅因为说话者的出色表达就立即对他们做出肯定的判断。出色的表达并不意味着说话者传递的信息有价值。因此,应该等到说话者完整地传递了信息之后,再做出判断。

e. 积极关注自己不熟悉的信息。要提升自己的倾听技巧,还应该学会积极关注自己不熟悉的信息。如果在倾听时遇到此类信息,就更需要高度集中注意力。因为如果不这样做,就有可能抓不住信息中的重点。当对方传递的是自己不熟悉的信息时,可以采取下列方法来改变自己。

不要因为信息复杂而气馁。

使自己对学习产生兴趣。

通过提问来确认说话者的观点。

f. 专注于说话者的主要观点。倾听时,一定要专注于说话者的主要观点,为了全面理解讲话者的言辞中包含的内容和情感,倾听者要集中精力努力捕捉信息的精髓。这样做能避免强烈情感让你感到混乱和沉闷,并且能集中精神理解讲话者所述观点中的重点。

g. 不要过早下结论。要提升自己的倾听技巧,倾听者在倾听时就不要过早下结论。当你不同意说话者的看法时,最自然的反应就是立即不再理会他所传递的信息。尽管你不需要同意说话者的所有观点,但是在下结论之前,还是应该听完他的话。只要听完了全部的信息,就可以彻底地检验并公正地评估说话者的观点、论据和论证过程。

h. 复述说话者所传递的信息。通过复述,倾听者可以确定自己是否完全理解了该信息。复述时,倾听者可以用自己的话向说话者概括信息的主要内容,这样能减少对信息的误解和错误的推测。

i. 不到必要时,不打断他人的谈话。善于听别人说话的人不会因为自己想强调一些细枝末节、想修正对方话中一些无关紧要的部分、想突然转变话题,或者想说完一句刚刚没说完的话,就随便打断对方。经常打断别人说话就表示我们不善于倾听,个性激进、礼貌不周,很难和人沟通,所以除了在不得不说的情况下,不应打断对方的谈话。

j. 尊重说话者的观点。每个人都有自己的观点,要鼓励别人说出自己的看法,而不能因为自己的主观意愿否定自己不同意的观点,如果无法接受说话者的观点,可能会错过很多学习的机会,而且无法和对方建立起融洽的关系。

此外,还要学会换位思考,要站在对方的角度去考虑他所说的话,以客观的心态去面对说话者,用心去感受说话者的心情,感受他的喜悦或悲伤,这也是做到最高层次倾听的体现。这样做可以避免因心理定式和偏见等产生的障碍。

(5)掌握闲谈的技巧。在交际场合中,闲谈可以帮助你与别人建立亲密的关系,缓和紧张气氛;还会帮助你树立一个平易近人的良好形象,让别人从你的闲谈中感受你的见多识广,了解彼此的性格和建立和睦的私人关系;同时,你自己也可以从闲聊的过程中知晓各种有益的商业信息,因为人们往往能在不经意的闲聊中获得有用的信息。闲聊能反映一个人的知识、修养、追求与爱好。善于与别人闲聊的人往往能得到别人的喜欢,获得更多的朋友,也让别人得到信息和感到幽默的快乐。

① 选择话题,注意话题的安全性。在闲谈的时候一定要选择安全的话题,例如谈一谈孩子、天气状况、文化动态、交通堵塞、特价、环境问题、社会或城市的毛病等话题,不要涉及他人的收入、小道消息、私生活等话题,要避开办公室的有关公事。另外,最好找到双方共同感兴趣的话题,不要一味只顾自己高兴,而冷落了他人的参与,这是不礼貌的,也是没有交际技巧的表现。

② 适时发问。在交谈中,适时发问可以使交谈按照某个目的继续进行,调整交谈的气氛。同时,我们必须在事先没有准备的情况下根据对方的身份、地位、场合、关系来决定你的提问,进而使问题问得更得体。精妙的提问能使你获得需要的信息、知识和利益,并且证明你十分重视对方的谈话,从而激起对方的兴趣,向你提供更多的信息。

③ 注意反应。闲谈中要注意察言观色,当你提出问题后,对方避而不答或转移话题,那就要换一个对方感兴趣的话题了。

④ 闲谈的语言要求。要注意礼貌对人,不要出语伤人,要注意机智幽默。闲谈中临场发挥的特点决定了双方都要注意高度的机智性和灵活性。适当的闲谈起着调节气氛的重要作用。在这一过程中,幽默的人往往容易受到人们的欢迎。

⑤ 不要随便打断对方的讲话。有的人有这样的毛病,总喜欢打断对方的交谈,这是不尊重对方的表现,应该是等对方把话说完,再进行发言。

⑥ 避免行话、术语。不论是在跨国交流还是在本国的交流中,一定要注意不要使用行话、术语和方言,很多术语一般人是不懂的,尤其是与不同文化背景的人交谈,更应该注意。

⑦ 不要胡乱幽默。在闲谈的时候,不要使用双方从来没有使用过的幽默,因为你认为可笑的事情,对于别人尤其是外国人,就不一定明白你讲的幽默的可笑之处,所以,当一方已经笑得前仰后合的时候,而另一方却不知道怎么回事,这种场合是很尴尬的。所以,

闲谈的时候,在谈话刚开始或只有仅仅几分钟的时候,最好不要讲难懂的幽默。

⑧ 不要与别人抬杠、争执。在交往中,和气生财,和气才能保证广交朋友,而不要与人发生无谓的争执,不要争强好胜,否则是不礼貌的。

⑨ 避免搬弄是非。在正式的商业场合中,一言一语都会成为影响商务交往的重要信息,不能搬弄是非与闲话,不要传播别人的信息,不要传播小道消息。朋友对你说的心里话,不要当作闲谈的资料去到处宣扬,这样做是不道德的。以后也不会有人跟你说真话了,你会因此失去很多朋友。

(6) 弥补言行失误。如果在与人交往中不注重礼仪,往往会因为举止言行的某一个失误而导致终生遗憾。那么,在言行出现失误的时候,该怎样弥补这一过失呢?

① 及时纠正。俗话说:"亡羊补牢,未为晚也!"每个人的言行不可能永远正确,当你一时失误时,应及时纠正,这才是明智之举。这种方法,在一定程度上避免了当面丢丑,不失为补救的有效手段。

纠 正 口 误

② 及时移植。及时移植就是把错话移植到他人头上。如说:"这是某些人的观点,我认为正确的说法应该是……"这就把自己已出口的某句错误纠正过来了。对方虽有某种感觉,但是无法认定是你说错了。

③ 及时引申。迅速将错误言辞引开、避免在错中纠缠,也就是接着那句错误的话之后说:"然而正确地说应是……"或者说:"我刚才那句话还应作如下补充……"这样就可将错话抹掉。

④ 借题发挥。借题发挥就是错话一经出口,在简单地致歉之后立即转移话题,有意借着错处加以发挥,以幽默风趣、机智灵活的话语改变场上的气氛,使听者随之进入新的情境中去。

求 职

有一个新毕业的大学生去某合资公司求职,一位负责接待的先生递过来名片。大学生神情紧张,匆匆一瞥,脱口说道:"藤野先生,您身为日本人,抛家别舍,来华创业,令人佩服。"那人微微一笑:"我姓滕,名野七,地道的中国人。"大学生面红耳赤,无地自容,片刻后,神志清醒,诚恳地说道:"对不起,您的名字使我想起了鲁迅先生的日本老师——藤野先生。他教给鲁迅许多为人治学的道理,让鲁迅受益终生。希望滕先生日后也能时常指教我。"滕先生面带惊奇,点头微笑,最终录用了他。

⑤ 将错就错。将错就错这种方法就是在错话出口之后,能巧妙地将错话续接下去,最后达到纠错的目的。其高妙之处在于,能够不动声色地改变说话的情境,使听者不由自主地转移原先的思路,不自觉地顺着自己的思维而思考。

 小故事

"已过磨合期"

某次婚宴上,来宾济济,争向新人祝福。一位先生激动地说道:"走过了恋爱的季节,就步入了婚姻的漫漫旅途。感情的世界时常需要润滑。你们现在就好比是一对旧机器……"其实他本想说"新机器",却脱口说错,令举座哗然。一对新人不满之意更是溢于言表,因为他们都曾各自离异,自然以为刚才之语隐含讥讽。那位先生的本意是要将一对新人比作新机器,希望他们能少些摩擦,多些谅解。但话既出口,若再改正过来,反而不美。他马上镇定下来,略一思索,不慌不忙地补充一句:"已过磨合期。"此言一出,举座称妙。这位先生继而又深情地说道:"新郎新娘,祝福你们永远沐浴在爱的春风里。"大厅内掌声雷动,一对新人早已笑若桃花。

这位来宾的将错就错令人叫绝。错话出口,索性顺着错处续接下去,反倒巧妙地改换了语境,使原本尴尬的失语化作了深情的祝福,同时又道出了新人之间情感历程的曲折与相知的深厚,颇有些"点石成金"之妙。

(7) 避免冷场发生。与人交谈,一个话题谈完了,如果两个人不善言谈,而另一个话题又没接上,那么,就有可能出现"冷场"的尴尬局面,别人会显出局促不安的神态,你也会无所适从,怎么办? 一般来说,冷场分为两种情况:一种是单向交流,听的人毫无兴趣,注意力分散;另一种是双向交流中,听者毫无反应,或仅以"嗯""噢"之类应付。不管是哪种情况出现的冷场,根本原因都在于听者不愿听说话人所说的话,仅仅出于纪律的约束或处世的礼貌而扮演了一个"接受"的角色。发言者既要发言,必须实施控制,避免冷场的发生。避免和控制的办法如下。

① 发言简短。单向交流中那种应景式讲话,越短越好。如某商场举行开业仪式,邀请了市内各方面的人士参加。总经理只说了两句话:"女士们,先生们:热忱欢迎各位光临! 现在我宣布:××商场正式开业!"

双向交流中,任何一方都不要滔滔不绝地"包场",要有意识地给对方留下发言的时间和机会。自己一轮讲不完,应待对方有所反应后再讲,不要一轮就讲得很长。

② 交换话题。单向交流的话题变换是暂时的,所变换的话题是为了吸引听者的注意力,调动他们的兴趣。这一目的达到后,仍要回到原有话题的轨道。比如,教师在讲课过程中发现学生精力分散,东张西望、打瞌睡、窃窃私语、在桌上乱画,可以暂停讲授,穿插几句应景、时髦、诙谐的话;或者简短地讲个与教学多少相关的典故、趣闻,学生的精力便会一下集中起来,之后,再继续教学。双向交流的话题变换是不定的,根据现场情况随时进

行。比如你与别人谈今日凌晨看的一场世界杯足球赛电视直播,可别人并不喜欢足球,也没有在半夜爬起来观看,对你所议显得毫无兴趣,出现冷场。这时,你就应及时将话题转到其他方面。

③ 中止交谈。任何人在交谈时都希望听者愿意接受。但若出现冷场,自己又采取了诸如简短发言、变换话题等控制手段,仍然不能扭转局面,那就应中止交谈。没有人接受的交谈是无意义的,既白白消耗自己的精力,又无端浪费别人的时间。

(8) 做到距离适当。交谈中,双方之间保持一定的距离是必要的,这样能使交谈轻松自如。交谈的距离应适当,以能听到对方声音为宜。根据美国人类学家的观点,人们在交往中身体的空间距离分以下四种。

① 亲密距离。又称私人距离,在 0.5m 以内,多用于情侣或夫妻之间,也可用于父母与子女之间或知心朋友之间。两位成年男子之间一般不采用此距离。

② 社交距离。社交距离一般在 0.5～1.5m,表现为伸手可以握到对方的手,但不易接触对方的身体,这一距离对讨论个人问题是很合适的。绝对不要把对方逼到墙边,否则他会觉得你要把他囚禁起来,因而会有压迫感。记得给别人留点转身的空间,这意味着他能自由转身离开。

③ 礼仪距离。礼仪距离一般在 1.5～3m,用于较正式的交往关系。该距离主要适用于向交往对象表示特有的敬重,可用于举行会议、仪式等。

④ 公众距离。又称大众距离或者"有距离的距离"。公众距离指大于 3m 的空间距离,一般适用于演讲者或听众,主要适用于与自己不相识的人共处。

小贴士

交谈的禁忌

2. 提问的语言艺术

在社交活动中,提问往往是交谈的起点,是把话题引向深入的方式之一。因此,会不会问,该怎么问,问什么,都直接影响着交际的效果。

(1) 提问的作用。中医讲究的望、闻、问、切四种疗法,在人际交流过程中,同样适用。提问者必须掌握察言观色的技巧,学会根据具体的环境特点和谈话者的不同特点进行有效的提问。提问有以下三个作用。

① 有利于把握回答者的需求。通过恰当的提问,提问者可以从回答者那里了解更充分的信息,从而对回答者的实际需求进行更准确的把握。

② 有利于保持沟通过程中双方的良好关系。当提问者针对回答者的需求进行提问时,回答者会感到自己是对方注意的中心,他(她)会在感到受关注、被尊重的同时,更积极地参与到谈话中来。

③ 有利于掌控沟通进程。主动提问可以使提问者更好地控制对话沟通的进度,以及今后与回答者进行沟通的总体方向。一些经验丰富的提问者总是能够利用有针对性的提问来逐步实现自己的询问目的和沟通目标,并且还可以通过巧妙的提问来保持友好的关系。

(2)提问的原则。

① 提问对象的辨识。提问应因人而异,即从对方的年龄、身份、职业、性格以及不同的民族文化背景出发,选择不同的提问方式和技巧。

② 提问场合的敏感性。提问要注意场合,比如厕所里一般不适合高谈阔论;办公室里,当对方很忙或正在处理一些急事时,不宜提琐碎无聊的问题;当对方伤心或失意时,不宜提太复杂、太生硬或者是可能引起对方不愉快的问题。注意场合,还要考虑对方的回答,比如一位中学生很想去游泳,但他父母不让去,如果当着他父母的面,你问他"去游泳吗?"这位中学生可能因为怕他父母会给你一个虚假的回答"不去",如果换个场合提问,其结果可能会说"去游泳"。

③ 提问目的的鲜明性。在提出疑问的时候,要带着鲜明的目的性。或者为了寻找答案,或者为了引导对方进一步说明问题,或者作为问题的假设和可能……这些都是提问的目的。鲜明的目的,能够让提问变得有效;然而,鲜明并不等于完全的直接,在某些情况下,旁敲侧击反倒会比直接询问更有效果。同时,还应注意一定要紧扣提问的目的,不能迷失于连环的询问中而失去根本。

④ 提问方式的多样性。在提问过程中,不要拘泥于一种提问方式,单一的提问与回答的形式会使沟通变得不自然、不活跃,会影响到回答者的思考模式。提问的方式要多样,要根据不同的沟通内容、不同的沟通目的、不同的环境,使用不同的提问方式。如提前给出问题,让回答者进行准备,有利于获得相对完整和系统的回答;在现场沟通中进行提问,则可以得到直接而相对真实的回答。连环式的提问具有引导作用;跳跃式的提问则可以开拓思维;设问式的提问可以给出以问为答;反问式的提问则具有权势的威压……

⑤ 提问语言的简明性。提问的语言不宜过长,要通俗、干净、利索,不要拖泥带水、含糊其辞,但应具有启发性和诱导性。提问中的语言必须能为对方所理解,同时要注意提问中不要提一些"是不是""对不对"等不需要动脑、脱口而出的问题,因为可能得不到正确的或者提问者想要的答案。

⑥ 提问难度的量力性。提出的问题要与沟通的内容相关,不要出现风马牛不相及的"提问",也不要出现重复的"错问",同时,提出问题的难度要具有量力性,必须考虑到沟通对象的年龄特征、知识水平和接受能力。一般来说,低难度的问题是针对较为具体的特殊的事例,中难度的问题则可以是一些抽象的带有一般规律性的问题,高难度的问题则是以开放式为特征,考量回答者的综合素质。在对群体提问时,难度应控制在中等水平,以大多数的回答者经过思考能够回答为前提,既不要过于简单,也不要过于艰难。

⑦ 提问留有余地的艺术。提问一定要留有余地,以免伤害别人。美国明尼苏达大学拉尔夫·尼科斯基博士对此作了四点概括:一是忌提明知对方不能或不愿作答的问题;二是用对方较适应的"交际传媒"提问,切不可故作高深、卖弄学识;三是不要随意搅扰对

方的思路;四是尽量避免你的发问或问题引起对方"对抗性选择",即要么避而不答,要么拂袖而去。

(3)提问的技巧。

① 直接提问法。提问者从正面直接提问,开诚布公、干脆利落、直截了当地讲明询问目的,开门见山地提出问题。

在运用正面提问法时要注意情感的铺垫,使对方心理上会舒缓一些,也能合作一些,同时防止提问过于直白,以免显得过分生硬,容易造成询问对象的排斥心理,难以获得有价值的信息和材料,而且还会给人一种笨嘴拙舌的感觉。

② 限定提问法。人们有一种共同的心理——认为说"不"比说"是"更容易和更安全。所以,一般在沟通过程中,提问者向回答者提问时,应尽量设法不让对方说出"不"字来。提问者在问题中给出两个或多个可供选择的答案,此时可采用限定提问法,即两个或多个答案都是肯定的。如与别人订约会,有经验的提问者从来不会问对方"我可以在今天下午来见您吗?"因为这只能在"是"或"不"中选择答案。如果将提问方式改为限定型,即改问:"您看我是今天下午 2 点来见您还是 3 点来?"当他说这句话时,提问的目的就已经达成了。

③ 迂回提问法。迂回提问是指从侧面入手,采用聊天攀谈的形式,然后逐步将问答引上正题。这种提问方式一般时间性不太强,谈话也不受特定场合与报道方式的限制。当沟通对象感到紧张拘束,或者思想有所顾虑不太愿意交谈,或者虽然愿意谈,却又一时不知该怎么谈的情况下,提问者可以采取侧面迂回的提问方式,逐渐将谈话引上正题。应当明确的是,旁敲侧击只是一种手段而不是目的。因此,聊天的内容应当是有目的、有选择的,表面上似乎和采访无关,实质上应该是有关联的。

④ 诱导提问法。当遇到询问对象了解许多信息,却因谦虚不太愿意说,或者由于性格内向不会说,或者要谈的事情需要一番回忆,或者对方想说又不便自己主动说等情况时,都可以采取诱导提问方法。采用启发诱导的方式,可以引导对方的思路,又可以诱发对方的情感,进一步引导对方明确沟通的范围和内容,渐渐打开对方的"话匣子",也可以激活对方的思路,引起对方的联想,从而有针对性地把沟通对象掌握的信息引导出来。

孟子的诱导提问

⑤ 追踪提问法。所谓"追踪提问法",是指提问者把握事物的矛盾法则,抓住重点,循着某种思路、某种逻辑进行连珠炮式的提问。这种提问既要按照事物的内在联系,把基本情况和事实真相了解清楚,又要抓住重点,深入挖掘,达到应有的深度。一般来说,提问者对于触及事物本质的关键性材料,以及对方谈话中的疑点,或者从对方谈话中发现的有价值的新情况、新线索,往往会抓住不放,打破砂锅问到底,直至水落石出。但是追问,既要问得对方开动脑筋,又要让对方越谈越有兴趣,态度、语气都要与谈话的气氛协调一致,不要把追问搞成逼问,更不要变成变相"审问"。

⑥ 假设提问法。假设提问法是指提问者通过假设的方式提出一些假设性的问题,是一种"试探而进"的提问方法。这种提问方法采用"如果""假如"一类的设问方式,不但可以了解采访对象的观点、看法和见解,而且能深入了解对方的内心世界。

假设提问法往往用来启发沟通对象的思路,引导对方谈出对某个问题、某种事情的真实想法,或者设身处地地为对方着想,积极帮助对方回忆某种情景,或者用来调节对方的情绪,促使对方谈出一些不太想说、不太好说的事情或想法,或者由提问者对人物或事物进行合乎规律的推断、预测,促使对方产生联想和想象,或者提问者已经有了一定的认识,再提出一些假设性问题,与沟通对象开展讨论,促使自己深化认识。

⑦ 激将提问法。激将提问法是指以比较尖锐的问题,适当地刺激对方一下,促使对方的心态由"要我说"变为"我要说",从而不能不说,甚至欲罢不能。运用激将提问法时,提问者要考虑自己的身份是否得当,刺激的强度是否适中,还要考虑谈话的气氛怎样。有些时候尖锐、刁钻、奇特甚至古怪的提问,是"兵行险招",成则大成,败则大败。例如某些西方政治家,也爱接待善于用"激将提问法"的记者,他们通过巧妙地回答记者的刁钻刻薄的提问,能够在公众面前显示自己的才能。

 小案例

采 访

⑧ 错问提问法。错问提问法是指"以误求正法",即指提问者故意提出错误的问题,以考察、试探、激发采访对象,以便了解真实的材料,探求事实真相。需要注意的是,运用错问提问法,可能会造成采访对象的某些误解。因此,在沟通结束时,提问者应当说明原因,消除误解,以免留下后遗症。

⑨ 插入提问法。插入提问法就是在沟通过程中,做必要而适当的插入。比如重复、强调采访对象说的某个重要问题或某句关键性的话;纠正对方的口误;对方没有讲全,需要及时补充的内容;对方没有谈到,需要及时提醒的内容;尚未听清、听懂的话;等等。在沟通过程中,插入提问法可以使沟通双方有效地抓住有价值的材料。

⑩ 协商提问法。协商提问法以征求对方意见的形式提问,诱导对方进行合作性的回答。在协商型提问的时候,一般已经是针对某个既定的事实进行确认,但是不使用强硬的语气,对于回答者会比较容易接受。在协商型提问中,即使有不同意见,也能使沟通双方保持融洽关系,双方仍可进一步洽谈下去。例如:"您看是否明天一起去厦门南普陀?"

⑪ 转借提问法。转借提问法是指提问者假借他人之口提出自己想提的问题。这种提问,不但可以借助第三者提出一些不宜于面对面提出的问题,而且可以显示出问题的客观性,增强提问的力度。回答者为了澄清事实,以正视听,也往往会表明自己的态度或提供相关的事实。

提问的方法丰富多样,提问者可以根据沟通中的具体情况,灵活地加以运用。同时,这些方法既相对独立,又互相联系。它们可以单独使用,也可以交替或交叉使用。在掌握了每种方法的要领后,就可以在沟通的过程中运用自如,获取最佳沟通效果。

3. 回答的语言艺术

(1) 回答的作用。回答问题是沟通过程中的重要环节之一,有效的回答建立在对提问者的观察、了解的基础之上,具有以下三个作用。

① 有效回答问题能够使提问者的疑问得到解答。当提问者提出问题时,或许期待关于沟通话题的更多内容,或许希望与回答者就某些问题展开辩论。回答者的角度就是要解答提问者的疑问,通过成功解答问题,可以增强回答者的讲话的说服力,使对方不但获得信息,而且心悦诚服。

② 有效回答问题能够使回答者获得进一步的展示。回答者在回答问题时,更使自己继续立于讲话者的角度,他(她)拥有提问者所不具备的优势,通过回答的系统性与连贯性,使回答者自身的能力与学识获得进一步的展示,获得沟通对象的认可。

③ 有利于减少与沟通者之间的误会。在与提问者沟通的过程中,很多回答者都经常遇到误解提问者意图的境况,不管造成这种问题的原因是什么,最终都会对整个沟通进程造成非常不利的影响。因此,回答者应该根据实际情况进一步了解,弄清提问者的真正意图,然后根据具体情况采取合适的方式进行解答,以减少沟通中的误会。

(2) 回答的原则。正如在讲话过程中要把握住要点一样,在问答过程中把握问答的要点同样重要。如果无法做到,说话者就会失去了说服听众、主导话题的重要机会。因此,在问答过程中,尤其是回答问题的过程中,要始终坚持三条原则,从而把握住话语的主动权。

① 始终保持回答者的信用。确保自己在回答每个问题时都能保持严肃认真、谦虚礼貌的态度,正确的态度会带来鲜明的回答内容与性格,从而使回答者保持自信。如果回答者在提问者的心目中失去信用,那么在整个沟通的过程中都将处于被动的局面。如果在解答问题的过程中情绪失控或者对听众心存戒备,都将导致回答者的主导地位受到质疑。

② 用回答来满足听众。面对众多的提问,回答者不必回答所有问题。不要在一个人身上花费太多时间。不过很可惜,大部分回答问题的人都希望能从所有听众那里看到满意和赞许的眼神,于是刻意地将时间花在一个问题上,从而失去了对其他人、其他问题的

解答。因此,回答者在面临很多个问题的时候,要学会用一种可以平衡所有对象的方式来解决问题,眼神不要停留在一处太长时间,保持对整个会场的关注。对提问题太多的人可以说:"你问了一个非常有深度的问题。可是因为我们有许多听众都有需要解答的问题,我回答问题的时间又非常有限,所以可不可以把机会让给别人?"这样既不失礼貌,又能使正常的进程得以继续。

③ 力求获得其他听众的支持。尊重提问者,让提问者获得持续的尊重,并给予回答者一定的时间和耐心。如果一次被问到过多的问题,比如,"我怎样才能解决人员不足、空间不足、老板也没有给予我足够的信任的问题?"回答者可以这样应答:"你问了 3 个非常好的问题,可是因为还有其他的听众要提问,就让我先回答一个吧,如果我们还有时间的话再来解决剩下的问题好吗?"以这种方式,即使你只回答了其中部分问题,仍然能够使听众满意。并且,听众将会对回答者产生敬意,因为没有让一个人独占了大家有限的时间。

如果回答者被问到一个偏离主题的问题,可以停顿一下,然后问:"在座的其他人还有类似的问题吗?"如果没有,就简要地回答一下这个问题,并且告诉提问者自己很愿意在讲话结束后留下来同他进一步探讨这个话题。这个办法在回答那些不怀好意的提问者时也很有效。

(3) 回答的三种方式。回答的方式技巧很多,我们介绍以下几种。

① 针对性回答。有时问题的字面意思和问话人的本意不是一回事,我们回答时,就不仅要注意问话的表面意义是什么,更要认清提问人的动机、态度、前提是什么,使回答具有针对性。例如,一次,某专科学校期末考试安排老师监考。有一名学生违反考试纪律夹带小抄,被监考老师抓住。其班主任前来求情。于是就有了这样一段对话:"他反正又没看到,你高抬贵手原谅他这一回吧。"监考老师回答:"国家明文规定,私自拥有或藏匿枪支,属于违法行为。如果有人私自藏匿枪支却并未杀人,算不算犯罪呢?"班主任哑口无言。无独有偶,一次,英国大戏剧家萧伯纳结识了一个肥头大耳的神父。神父仔细打量着瘦骨嶙峋的剧作家,揶揄地说道:"看着你的模样,真让人以为英国人都在挨饿。"萧伯纳马上接过话说道:"但是,看看你的模样,人们一下子就清楚了,这苦难的根源就在你们这种人身上!"

② 艺术性回答。这里所说的艺术性包括避答、错答、断答、诡答。

a. 避答。这种方式用于对付那些冒昧的提问者所提的问题。有时,某些问题自己不宜回答,但对方已经把问题提到面前了,保持沉默显然被动,就可以避而不答。日本影星中野良子来到上海,有人问她:"你准备什么时候结婚?"中野良子笑着说:"如果我结婚,就到中国度蜜月。"中野良子的婚期是个人隐私,中野良子自然不愿吐露。她虽然没有告诉婚期,却说结婚到中国度蜜月,既遮掩过去,又表现了她对中国人民的友谊。

b. 错答。这是一种机警的口语表达技巧,既可用于严肃的口语交际场合,也可以用于风趣的日常口语交际场合。它的主要特点是不正面回答问话,也不反唇相讥,而是用话岔开问话人所问的问题,做出与问话意见错位的回答。请看下面的例子:一个美丽的姑娘独自坐在酒吧间里,从她的装扮来看,她一定出身豪门。一位青年男子走过来献殷勤,"这儿有人坐吗?"他低声问。"到阿芙达旅馆去?"她大声地说。"不,不,你弄错了。我只是问这儿有其他人坐吗?""你说今夜就去?"她尖声叫,表现得比刚才更激动。许多顾客愤慨而轻蔑地看着这位青年男子。这位青年男子被她弄得狼狈极了,红着脸到另一张桌子上去了。

以上例子是很典型的错答,是用来排斥对方和躲闪真实意思的交际手段,用得很成功。运用错答的语言技巧,一是要注意对象和场合;二是使对方明白,既是回答又不是回答,潜在语是不欢迎对方的问话;三是有时要利用问话的含混意思,答话虽模棱两可,似是而非,但对方也无法理解。

c. 断答。就是截断对方的问话,在他还没有说出或者还没有说完某个意思时,即做出错答的口语交际技巧。它与错答相同之点在于答与问都存在人为的错位,即答非所问;它们的不同点是,错答是在听完话之后做的回答,断答是没有听完问话就抢着进行回答。为什么不等对方问清楚,就要抢先回答?有以下两种原因:一是等对方把问话全说出,就会泄露出某种秘密,难以收拾;二是待听全问话再回答,就会比较被动,不好应付。因此,考虑对方要问什么,在他的问话未说完时,就迅速按另外的思路回答,一是可以转移其他听众注意力;二是可以使问者领悟,改换话题,免于因说破而造成尴尬局面和其他不良后果。一对青年男女在一起工作,男方对女方产生了爱慕之情,急于要向女方表白心意;女方却不愿将友情向爱情方面发展,认为还是不要说破,保持一种纯真的朋友情谊为好。于是,出现了下面的断答。

男青年:我想问问你,你是不是喜欢……

女青年:我喜欢你给我借的那本公关书,我都看了两遍了。

男青年:你看不出来我喜欢……

女青年:我知道你也喜欢公共关系学,以后咱们一起交换学习心得?

男青年:你有没有……

女青年:有哇!互相切磋,向你学习,我早就有这个想法。

男青年:……

这位女青年三次断答,使得男青年明白了她的想法,于是,不再问了,这比让男青年直接问出来并让女青年当面予以拒绝,效果要好得多。

d. 诡答。这是与诡辩连在一起的回答。诡,怪的意思。诡答,即一种很奇怪的回答。在特殊的情况下,不能、不宜或不必照直回答时,应急中生智,用诡答技巧做出反常的回答,既增添了谈话的情趣,又应付了难题。清朝乾隆年间的进士纪晓岚在宫中当侍读学士时,要伴皇帝读书。一天,天色已亮,而乾隆皇帝还没来,纪晓岚就对同僚说:"老头子还没来?"恰巧乾隆皇帝跨门而入,听到他的话,就愠怒地责问:"老头子三个字作何解释?"纪晓岚急中生智,跪下道:"皇上万寿无疆叫作'老';皇上乃一国之君,顶天立地叫作'头';皇上系真龙天子,叫作'子'。"于是龙颜大悦。"老头子"本来是一种对老年人不尊敬的称呼。面对乾隆的责难并为了开脱自己的罪责,纪晓岚采用文字拆合法来偷换概念,居然把"老头子"变成了对皇帝的敬称。试想,如果纪晓岚不是运用"诡辩"来应付这样的难题,怎么能避免一场杀身之祸呢?

③ 智慧性回答。智慧性回答包括否定预设回答和认清语义并诱导回答两种。

a. 否定预设回答。预设是语句中隐含着使语句可理解、有意义的先决条件。在正常情况下，这种先决条件的存在是不言而喻的，如"鲁迅先生是哪一年去世的？"这个问话包含有预设：鲁迅先生已经去世。预设有真假之别，符合实际的预设是真预设，反之就是假预设。就问话而言，其预设的真假关系到对问话的不同回答。黑格尔在《哲学史讲演录》中谈到古希腊诡辩学派时曾讲过这么一个例子：有一位诡辩学派的哲学家问梅内德谟："你是否已经停止打你的父亲了？"这位哲学家提此问题的目的是要迫使从未打过自己父亲的哲学家陷入困境，因为无论梅内德谟做出"停止了"或"没有停止"的回答，其结果都是承认自己打过父亲的虚假的预设。可见，利用虚假预设可以设置语言陷阱。有些智力测试题提问陷阱的设置也是如此。1992年1月3日中央电视台《天地之间》节目中"乐百氏智慧迷宫"里有道智力测试题为："秦始皇为什么不爱吃胡萝卜？"选手们都答不上来。此问预设了"秦朝时有胡萝卜""秦始皇吃过胡萝卜"这两点，将思考点定在"为什么不爱"。其实秦朝时还没有胡萝卜。答案应是：秦朝还没有胡萝卜，秦始皇当然说不上爱吃胡萝卜了。

b. 认清语义并诱导回答。人们理解语言会受到已有经验的影响，自然而然地产生某种语义联想。如由"春天"会想到桃红柳绿、万紫千红；从"冬天"又会想到寒风凛冽、白雪皑皑；见"晚霞"能想到色彩的绚丽；看"群山"就能想到山势的起伏……既然普遍存在着语义联想，那么就可以利用语义联想来设置陷阱，诱导目标进入思维定式的困境。例如在一个没有星星、看不见月亮的时候，有一个盲人身着黑衣，步行在公路上。在他的后方，一辆坏了车前灯的汽车奔驰而来，奇怪的是，司机在未按喇叭的情况下，却安全地将车停在了盲人的身后。这是怎么回事呢？见到"星星"或"月亮"这些词语，我们一般都会联想到晚上。现在出现了"星星""月亮""黑""灯"等字眼，我们就很容易与"黑夜"联系起来了，而这正是本题的陷阱。它通过这些词语诱导你的思维走向"黑夜"，如果出现这种情况，你就会山穷水尽、百思亦难得其解了。答案应是："这是白天，毫不奇怪。"

语言诱导这种陷阱在智力测试提问中可以说随处可见。知道这种陷阱的特征，有些问题就很容易解答了。

4. 说服的语言艺术

（1）说服的基本条件。说服就是改变或者强化态度、信念或行为的过程。说服是以求得对方的理解和行为为目的的谈话活动，是使自己的想法变成他人的行动的过程。说服的过程是思想、观点的交锋，也是沟通的重要方面。说服是以人为对象，进而达到共同的认识。人们常说："人生，就是从来不间断的说服过程。"尤其是在商务领域，聚集着各种性格的人，为了达到共同的目标，大家必须同心协力，因此说服的场面更是俯拾皆是，可以说主要工作就是不间断地说服。只有善于说服的人才能够获得他人的尊重和信赖。要想取得良好的说服效果，必须具备如下条件。

① 说服者具有较高的信誉。说服进行的基础，是取得对方的信任。而信任，来自说服者的信誉。信誉包括两大因素：可信度与吸引力。可信度高、吸引力强的人，说服效果明显超过可信度低、吸引力弱的人。可信度由说服者的权威性、可靠性以及动机的纯正性组成，是说服者内在品格的体现。吸引力主要指说服者外在形象的塑造。说服者的年龄、职业、文化程度、专业技能、社会资历、社会背景等构成的权力、地位、声望就是权威性。俗

话说:"人微言轻,人贵言重。"一般来说,一个人的权威性越大,对别人的影响力也就越大。如果说服者在被说服者心目中形成了某种权威性形象,那么他说服别人转变态度的可能性也就越大。要提高说服者信誉,首先要提高说服者自身各方面的素质,使之具有合理的智能结构,具有高尚的道德修养,具备权威性和可靠性,说服才有分量、有威信,才能赢得听者的尊重和信赖。此外,还需重视外在形象的整饰,一个外貌、气质、穿着、打扮能给人好感的人,一个言谈、举止、口音等方面能与对方体现出共性的人,才具有吸引力。一个恰当的印象,会产生第一印象效应,帮助说服者成功说服他人。

② 对说服对象有相当的了解。古人云:"知彼知己,百战不殆。"在说服他人之前,必须了解要说服的对象,及时捕捉对方思想、态度方面流露出的点滴信息,摸清对方思想问题的症结所在,了解对方的心理需求,根据不同情况区别对待,因人而异,有针对性地开启对方的心扉,才能真正实现感情和心灵的共鸣,避免或减少盲目说服造成的错位反应。

首先,要了解对方的性格。苏洵在《谏论》中举了一个有趣的例子:有三个人,一个勇敢,一个胆量中等,一个胆小。将这三个人带到深沟边,对他们说:"跳过去便称得上勇敢,否则就是胆小鬼。"那个勇敢的必定毫不犹豫地一跃而过,另外两个则不会跳,如果你对他们说,跳过去就奖给两千两黄金,这时那个胆量中等的就敢跳了,而那个胆小的人却仍然不会跳。突然来了一头猛虎,咆哮着猛扑过来,这时不待你给他们任何许诺,他们三个人都会先你一步腾身而起,就像跨过平地一样。从这个例子我们可以看出,不同性格的人,接受他人意见的方式和敏感程度是不一样的,针对性地采取不同的方法去说服对方,更容易达到我们的目的。

其次,要了解对方的优点或爱好。有经验的推销员,一进入顾客家中,总会立刻找到客户感兴趣的话题进行交谈。例如,看到地毯,马上会说:"好漂亮的地毯,我也很喜欢这种样式……"通过各种话题创造进入主题的契机。因为从对方的长处或最感兴趣的事物入手,一方面,能让对方比较容易接受你的观点;另一方面,在对方所擅长的领域里更容易说服他。

最后,要了解对方的看法和态度。有一位歌星特别爱摆架子,一次要参加一个大型义演的现场节目,时间是晚上9点。可是到了晚上7点,这位歌星忽然打电话给唱片公司的总监,说她今天身体不舒服,喉咙很痛,要临时取消当天的演出,唱片公司的总监没有破口大骂,而用惋惜的口吻说:"唉!真可惜,这次演出最大牌的歌星才有机会亮相,如果你现在取消,公司里还有很多小牌歌星挤破头在等哩!可是如果换了人,电视台一定会不满。有那么多后起之秀想取而代之,你这样做恐怕不妥吧?"歌星听后小声地说:"那好吧!要不你晚上8点来接我,我想那时我身体应该会好一点吧。"这位唱片公司的总监很清楚这位歌星,根本就没什么毛病,只是喜欢摆摆架子,所以找准了对方拒绝的真实原因,进而有针对性地进行说服。

③ 能够把握住说服的最佳时机。说服还要能够抓住最佳时机。同样一番道理,彼时说可能不如此时说,现在说不如以后说。时机把握得好,对方才会愿意听,才会用心听,才能听得进。否则,说服过早,会被对方认为神经过敏或无中生有;说服过迟,已时过境迁,对方认为你是"事后诸葛亮",你即便有再好的口才、再好的意见,都不可能收到预期的效果。掌握时机,要将说服对象与时、境、理联系起来考虑,配合起来运用。可利用特定场

合,造成境、理相衬,进行深入说服;可利用景中道情、情中说理进行委婉说服;还可借助眼前事物,进行暗示说服等。

 小案例

爷爷的榜样作用

④ 必须营造良好的说服氛围。说服,总是在一定的语言环境中进行的。环境制约了语言,因此,说服效果的好坏,一定程度上也取决于环境。一个宽松、温和、优雅的环境较之肃穆、压抑、逼人的环境,其说服的效果自然会好得多;在一个自己熟悉的地点环境中施行说服,较之于陌生的环境,自然也会有利得多。营造一个恰当的说服氛围,不仅是必要的,而且是必需的。某啤酒生产厂得罪了一家餐馆的经理,对方就改换销售另一品牌。在直接和负责人谈判无效的情况下,销售人员天天晚上去这家餐馆里帮忙搬运货物,甚至包括竞争对手生产的啤酒。他总是说:"你是我的老顾客了,我要为你服务,即使你不销售我们公司生产的啤酒。"他的诚意终于打动了经理,最后争取到了独家销售权。可见充分体验对方的感受,会营造出融洽的感情,在此基础上再委婉地提出自己的观点,怎么可能不赢得对方的赞许呢?

(2) 说服的语言技巧。

① 换位思考,晓以利害。要站在对方的立场考虑问题,理解并同情对方的思想感情,从对方的角度说明问题,体验你的思想感情,进而使他改变自己的看法,达到理想的说服效果。1977 年 8 月,克罗地亚人劫持了美国环球公司从纽约拉瓜得亚机场到芝加哥奥赫本的一架班机,在劫持者与机组人员僵持不下之时,飞机兜了一个大圈,越过蒙特利尔、纽芬兰、伦敦,最终降落在巴黎市郊的戴高乐机场。在这里,法国警察打瘪了飞机轮胎。

飞机停了 3 天,劫机者同警方僵持不下,法国警方向劫机者发出最后通牒:"喂,伙计们! 你们能够做你们想做的任何事情,但美国警察已到了。如果你们放下武器同他们一块儿回美国去,你们将会判处不超过 2~4 年徒刑。这也可能意味着你们也许在 10 个月左右释放。"

法国警察停顿片刻,目的是让劫机者听进去这些话。接着又喊:"但是,如果我们不得不逮捕你们,按我们的法律,你们将被判死刑。那么你们愿意走哪条路呢?"劫机者被迫投降了。

本例中法国警察在劝说中帮助劫机者冷静地分析客观形势,明确向对方指出了两条道路:投降或者顽抗,投降的结果是 10 个月左右的徒刑,而顽抗的结果只可能是死刑。面对这两条迥异的道路,早已心慌意乱的劫机者识相地选择了弃械投降,符合自己的利益,从而做出正确的选择。

②　稳定情绪,再行说服。在生活中,有些人受到种种因素的刺激,往往容易感情用事,不经过慎重周全的考虑就莽撞地采取行动。鉴于这种情况,我们应该先设法让对方的情绪稳定下来,然后提出比贸然行事更合理、更有利的举措,这样就能使对方冷静地斟酌、衡量,并为了更大程度地维护自身利益而抛弃原来的草率决定。俄国十月革命以后,农民得到了解放,成千上万的农民来到莫斯科。由于他们对沙皇仇恨很深,因此坚决要求烧掉沙皇住过的房子。有人把这件事向列宁汇报了。列宁指示干部们对农民进行说服教育。第一次劝告,农民不听;第二次、第三次,仍然劝说无效。最后列宁决定亲自和农民谈话。

列宁对农民说:"烧房子可以。在烧房以前,让我讲几句,行不行?"

农民们说:"请列宁同志讲。"

列宁问道:"沙皇的房子是谁用血汗造的?"

农民说:"是我们自己造的。"

列宁又问:"我们自己造的房子,不让沙皇住,让我们农民代表住,好不好?"

农民说:"好!"

列宁再问:"那要不要烧掉呀?"

农民觉得列宁讲的道理很对,再也不坚持要烧掉沙皇住过的房子了。

这里,对沙皇的仇恨激发了农民焚烧皇宫的强烈愿望。在数次劝说无效的时候,列宁通过与农民对话使他们的情绪稍稍平定,然后提出让农民代表住沙皇的房子的建议,农民认识到这个方案不仅能发泄愤怒,而且可以给自己带来实际的好处,于是很快表示赞同,"烧房子"的决定也因此而"搁浅"。

③　位置互换,改变角色。让对方改变位置,变化角色进行说服是一种十分有效的方法。在美国,频繁的车祸使交通部门感到很头痛。他们用罚款和其他法律手段来劝肇事者注意安全,但收效甚微。后来,交通部门在专家们的建议下,采纳了一个新的办法。他们让那些违章司机换个"位置"——换上护士服,到医院去照料那些因交通事故住院的受害者。体验他们的痛苦,结果收到奇效,那些违章司机从医院出来后判若两人。他们不仅成为遵守驾驶规章制度的模范,而且成了交通法规的积极宣传者。在进行说服谈话中,利用这种方法也能收到奇效。

④　讲究方式,引起关注。在说服时,要选择能够引起对方关注和兴趣的方式表达意见,要运用富有吸引力的内容支撑你的观点,从而引导说服对象关注设定的话题,让对方充分了解说服的内容。第二次世界大战期间,国际金融家萨克斯(Sachs)想使罗斯福政府批准试制原子弹。第一次他使用了很多罗斯福听不懂的专业术语,全面介绍了原子弹可能产生的影响,但是罗斯福被冗长的谈话弄得很疲倦,他的反应是想推掉这件事;萨克斯第二次面对罗斯福时,改变了说话的方式,他对罗斯福说:"我想向您讲一段历史。早在拿破仑当权的时候,法国正准备对英国发动进攻,一个年轻的美国发明家富尔顿(Fulton)来到了这位法国皇帝面前,他建议建立一支由蒸汽机舰艇组成的舰队,拿破仑利用这支舰队无论在什么天气的情况下,都能在英国登陆。军舰没有帆能航行吗?这对于那个伟大的科西嘉人来说,简直是不可思议的。他把富尔顿赶了出去。根据英国历史学家阿克顿(Acton)爵士的意见,这是由于敌人缺乏见识而英国得到幸免的一个例子。如果当时拿

破仑稍稍多动一些脑筋,再慎重考虑一下,那么19世纪的历史进程也许会完全是另一个样子。"罗斯福听完萨克斯的话后,立即同意采取行动。由此可见,选择了能引起说服对象关注的内容和方式,就会取得不同的效果。

⑤ 以情动人,以理服人。在表达某种意见时,用诚挚而令人感动的语气说出来,别人的心容易被征服。要说服别人,有时激起对方的情感比激起对方的理性思考更为有效。有些孩子做错了事,往往任何斥责都听不入耳,但母亲动人肺腑的痛哭,反而会使其泯灭的良心复苏。如果在说服他人的时候,仅仅着眼于主题突出、例证充足、声音动听、姿态优美,而说出的话冷冰冰,肯定不能奏效。要想感动别人,就得先感动自己。要将真诚通过自己的情感、声音输入听者的心底。说服还要摆事实、讲道理来使人相信,使人赞同你的观点和主张。唐太宗为了扩大兵源,想把不在征调之列的中年男子都招入军中。丞相魏征知道后对他说:"把水淘干了,不是得不到鱼,但明年恐怕就不会有鱼了;把森林烧光了,不是猎不到野兽,但明年恐怕就无兽可猎了。如果中年男子都招入军中,生产怎么办?赋税哪里征?兵员不在多,关键在于是否训练有素,指挥有方,何必求多呢?"太宗无言以对,只好收回了成命。魏征借用两件与主要事件相类似的事例作比,既形象又深刻地阐明了不能把中年男子都调入军中的道理,入情入理地说服,让太宗心服口服。

5. 赞美的语言艺术

美国管理学家玛丽·凯(Mary Kay)说:"赞美是一种有效而且不可思议的力量。"的确如此,在社会交往中,绝大多数人都期望别人欣赏、赞美自己,希望自身的价值得到社会的肯定。公关人员恰当地运用赞美的方式,会激发人们的积极性,产生巨大的精神力量。

(1) 赞美的类型。赞美是社交语言中一种常见的言语交际形式。从不同角度,赞美可以作不同的分类。

① 从赞美的场合上分类,可以把赞美分为当众赞美和个别赞美。当众赞美是指面对特定的组织、团体、群体等,对某人或某事的赞美,如表彰会、庆功会、总结大会等。这种形式能充分调动全体人员的积极性,鼓动性强,宣传面广,影响面大,能产生一定的轰动效应,营造热烈、向上的气氛,但它受时间、场所限制,运用不好,容易流于形式和走过场。个别赞美是指在会下针对个别人谈话中予以表扬的形式。这种形式使用方便、自如灵活、针对性强,做思想工作比较细致,能解决一些具体问题,效果比较好,时间、地点不受限制。

② 从赞美的方式上分类,可以把赞美分为直接赞美和间接赞美。直接赞美是指直接面对好人或好事予以赞美,以告世人皆知,这是一种常用的表扬方式。在一个社会组织内,出现好人好事,单位领导或管理人员要及时予以表扬,或者通过大会场合,或者通过某种媒介,表扬先进,带动后进,能形成良好的风气。这种形式直截了当,不拐弯抹角,使人们听到后得到鼓励和好感。间接赞美是指通过第三者来赞美某人或某事的形式。使用这种形式,注意分寸,讲究策略,往往是当面不便直接开口,或者是找不到合适的时机去说,而借用对方传达自己赞美他人的话语。这样,使他人听到后感到心情舒畅。这种形式通过对方传达佳话,能消除隔阂、增强团结、融洽气氛,创造和维系良好的上下级关系和同志

关系。

③ 从赞美的用语上分类,可以把赞美分为直接赞美和反语赞美。直接赞美是指对好人好事用正面言语加以赞美的形式。这种赞美开门见山、直截了当、使用灵活、形式多样,应用范围广泛。反语赞美是指用反语来赞美某人或某事的形式。这种形式在特定的言语环境和背景下使用,幽默含蓄、别致风趣,比一般的赞美有更好的表达效果。例如某制药厂厂长,赞美一位药剂师大胆实验、大公无私的献身精神,说:"为了减少药物的副作用,在正式投产前,你长期泡在实验室里,对新药不择手段,抢吃抢喝,多吃多占,在自己身上反复实验,我这个厂长真是拿你没有办法。"这种反语赞美的形式,令人感到新奇巧妙,别有情趣。

(2) 赞美的语言艺术。一般来说,赞美是一种能引起对方好感的交往方式。赞同我们的人与不赞同我们的人相比,我们更喜爱前者,这符合人际交往的酬赏理论。

但令人遗憾的是:不少人把赞美当作取悦他人的简单公式,不分时间、地点、条件对他人一味地加以赞美,实际上,这一做法是很不足取的。因为我们知道:人借助语言进行交往,语言具有影响对方的心理反应,进而影响双方人际关系的效能,任何一种语言材料、语言风格、交往方式对人际关系产生何种影响,常因人、因时、因地而异。赞美这一交往方式也不例外,它的效能也具有相对性和条件性。

美国心理学家阿伦森曾举例说:假设工程师南希出色地设计了一套图纸。上司说:"南希,干得好!"毋庸置疑,听了这话,南希一定会增加对上司的好感。但如果南希草率地设计了一套图纸(她自己也知道图纸没设计好),这时,上司走过来用同样的声调说出同一句话,这句话还能使她产生好感吗?南希可能得出上司挖苦人、戏弄人、不诚实、不懂得好坏、勾引异性等结论,其中任何一项都会使南希对上司的喜爱有所减少。

因此,赞美的效果要受各种条件制约。能引起好感的赞美要借助以下条件。

① 热情真诚的赞美。每个人都珍视真心诚意,它是人际交往中最重要的尺度。能引起好感的赞美首先必须是发自内心、热情洋溢的,否则就是恭维。赞美和恭维的区别正如卡耐基所说:"很简单,一个是真诚的,另一个是不真诚的;一个出自内心,另一个出自牙缝;一个为天下人所欣赏,另一个为天下人所不齿。"大音乐家勃拉姆斯是个农民的儿子,生于汉堡的贫民窟,享受不到受教育的机会,更无从系统学习音乐,所以,对自己未来能否在音乐事业上取得成功缺乏信心。然而,在他第一次敲开舒曼家大门的时候,根本没有想到他一生的命运在这一刻决定了。当他取出他最早创作的一首C大调钢琴奏鸣曲草稿,手指无比灵巧地在琴键上滑动,弹完一曲站起来时,舒曼热情地张开双臂拥抱了他,兴奋地喊着:"天才啊!年轻人,天才……"正是这出自内心的由衷赞美,使勃拉姆斯的自卑消失得无影无踪,也赋予了他从事音乐艺术生涯的坚定信心。在那以后,他便如同换了一个人,不断地把心底里的才智和激情流泻到五线谱上,成为音乐史上的一位卓越的艺术家。正是这一句真诚的赞美,创造了一位音乐大师。

② 令人愉悦的赞美。赞美的言语应该是对方喜欢听的言语,能达到使人愉悦的目的,我们称它为愉悦性原则。在交际活动中,遵守愉悦性原则,就是要多说对方喜欢听的话语,不说对方讨厌的言辞。这样,往往能收到较好的表达效果。

小故事

关于朱元璋的一则笑话

朱元璋有两个过去一起长大的穷朋友。朱元璋后来做了皇帝,这两位朋友仍过着苦日子。一天,一位朋友从乡下赶到南京,拜见了朱元璋。他对朱元璋说:"我主万岁!当年微臣随驾扫荡庐州府,打破罐州城,汤元帅在逃,拿住豆将军,红孩儿当关,多亏菜将军。"朱元璋听到他讲得很动听,十分高兴,也隐约记起他所说的一些事情,立刻封他做了御林军总管。事情一传出,另一个朋友也去了南京,拜见朱元璋,也说了那件事:"我主万岁!从前,你我都替人家看牛,一天我们在芦苇荡里,把偷来的豆子放在瓦罐里煮着,还没煮熟,大家就抢着吃,把罐子打破了,撒了一地豆子,汤都泼在泥地里。你只顾从地下满把地抓豆子吃,却不小心连红草叶也送进嘴去。叶子哽在喉咙口,苦得你哭笑不得。还是我出的主意,叫你用青菜叶子带下肚子里去了……"朱元璋见他不顾体面,没等他说完,就命令:"推出去斩了!"从上例可见,第一位朋友将放牛娃偷吃豆子的趣事,赞美为叱咤疆场的赫赫战绩,巧妙比喻,高雅别致,说得动听,使人愉悦。第二位朋友明话直说,粗俗低劣,讲得不爱听,有伤皇帝尊严,自然当斩。

③ 具体明确的赞美。空泛、含混的赞美因没有明确的评价原因,常使人觉得不可接受,并怀疑你的辨别力和鉴赏力,甚至怀疑你的动机、意图,所以具体明确的赞美才能引起人们的好感。对他人总以"你工作得很好""你是一个出色的领导"来赞美,只能引起对方的反感。

④ 符合实际的赞美。在赞美别人时,应尽量符合实际,虽然有时可以略微夸张一些,但是应注意不可太过分。如某个人对某领域或某个方面提出了一些很好的意见,或者有了一点成果,你可以说:"你在这方面可真有研究。"甚至可以说:"你是这方面的专家。"可如果你说"你真不愧是个著名的专家""你真是这方面的泰斗"等,对方如果是个正派人就会感到不舒服,旁观者就会觉得你是在阿谀奉承,另有企图。

⑤ 让听者无意的赞美。赞美者不是有意说给被赞美者听的赞美叫无意的赞美。这种赞美会被人认为是出自内心,不带私人动机的。如《红楼梦》中一次贾宝玉针对史湘云、薛宝钗劝他要做官为宦、仕途经济的话,对史湘云和袭人赞美黛玉道:"林妹妹不说这样混账话,若说这话,我也和他生分了。"凑巧这时黛玉正好来到窗外,无意中听见这些话,使她"不觉又惊又喜,又悲又叹"。结果宝黛二人推心置腹,感情大增。

⑥ 不断增加的赞美。阿伦森研究表明:人们喜欢那些对自己不断增加更多赞美的人,并且与自始至终都赞美自己的人相比,人们更喜欢那些最初贬低自己,后来逐渐发展到赞美自己的人。因为相对来说,前者容易使人产生他可能是个对谁都说好的"和事佬"的感觉;但人们对后者会留下这样一种印象:说我不好,一定是经过考虑、分析的,可能有他一定的道理。从而认为对方可能更有判断力,进而更喜欢他。

⑦ 出人意料的赞美。若赞美的内容出乎对方意料,易引起好感。卡耐基在《人性的优点》中讲过他曾经历的一件事:一天,他去邮局寄挂号信,从事着年复一年的单调工作的邮局办事员显得很不耐烦,服务质量很差。当他给卡耐基的信件称重时,卡耐基对

他称赞道："真希望我也有你这样的头发。"闻听此言,办事员惊讶地看着卡耐基,接着脸上泛出微笑,热情周到地为卡耐基服务。显然这是因为他接受了出乎意料的赞美的缘故。

总之,赞美是人的一种心理需要,是对他人尊重的表现,是一剂理想的黏合剂,它给人以舒适感,使我们拥有更多的朋友。但"赞美引起好感"并不是绝对的、无条件的,它要受赞美动机、事实根据、交往环境诸因素的制约和影响。因此公关人员在与公众相处时,必须记住——"一味地赞美不足取"。

5.1.3　即兴演讲的技巧

随着人们交际范围的日益扩大和人们演讲水平的提高,即兴演讲已经更广泛地应用于答记者问、观后感、来宾介绍、欢迎致辞、婚事贺词、丧事悼念、宴会祝酒、赛场辩论、自由发言等场合。职业人士在公众场合即兴演讲的能力和水平也是其职业形象的反映。

1. 即兴演讲概述

即兴演讲是一种广义的演讲,是演讲者在无准备情况下临场构思起来"讲几句话",故被人称为"脱口而出的艺术"。在纷繁复杂的日常交际活动中,凡集会、讨论、访问、会谈、参观甚至致贺凭吊等,都要用到它。考察各种即兴演讲的发生,不外两种情况:一种是演讲者身临其境,有所见、有所感、有所想,产生强烈兴致而做的演讲,这是主动的即兴演讲。另一种是演讲者受邀请,遭"袭击"而被迫发表的演讲,这是被动的即兴演讲。

(1)即兴演讲的特点。较之一般的演讲,即兴演讲有其特殊性,这主要表现在四个方面。

第一,话题明确,针对性强。由于即兴讲话一般是对近期或眼前情况的"有感而发",这就使话题的内容在一定的范围内显示其鲜明的针对性。所以选题宜小,内容比较集中,议论求准、求精。

第二,态度明朗,直陈己见。即兴讲话是在有限时间内对现实话题所做的迅速的反应,所以一般是直截了当地表明自己的看法,褒贬分明,毫不含糊,很少绕弯子。

第三,有感染力,有说服力。即兴演讲注重临场发挥,但临场发挥并不是信口开河,要力求说在点子上,以内容的深刻精辟及其无懈可击的逻辑力量令听众信服,同时力求贴近生活实际,以饱满的热情感染听众。

第四,短小精悍,生动活泼。即兴讲话常以简明扼要显其力度,并以亲切生动的表述给听众留下深刻的印象。但短小并不是空洞无物,恰恰相反,它要言之有物,信息密度大,应当实现思想性、知识性和趣味性的统一,显示出一种"磁性"。

(2)即兴演讲的要求。即兴演讲要取得成功关键在于运用言语思考能力,在头脑中进行快速构思。其基本要求体现在以下几个方面。

① 要有明确的目的。由于场合、气氛、主题各不相同,当站起来说话时,要紧扣主题,并尽可能与场上的气氛和谐一致。在喜庆的场合,不要说丧气话;在庄严的场合,少讲玩笑话。最好围绕主题,有一说一,有二说二,切忌东拉西扯。

② 要有敏捷的思维。自己要讲的内容应迅速筛选，挑选与之有关的内容来讲，其他的"忍痛割爱"。对在场听众的反应也不可等闲视之，即便在讲的过程中也要通过"察言观色"体察听众的反应和场上的气氛，并对要讲的内容、语气、节奏等做出相应的调整。

③ 要快速组合材料。在中心和材料确定以后，先讲什么，后讲什么，要做到心中有数。一边讲，一边也要用语言去充实，使之条理清楚，内容充实。一般来说，是先有思维，后有语言，二者之间有那么一点点间隙，反应迅速就能心到口到，使讲话一气呵成。

④ 要讲出有见地的内容。即兴讲话要求讲话人反应迅速，不论是主动演讲，还是被动应付，都能就地随时产生出思想，找到话题、资料和语言，并有机地组合起来，在口头上如声应响地表达出来，所以即席发言者注意力要高度集中，其睿智常在此时迸发，深邃敏捷的思考能给听众以极大的启迪。即兴讲话虽然没有过多时间作充分准备，但不等于可以草率处之。其实，就是一两分钟的讲话，也应有新的见解，争取引人入胜。因此，在别人说话时要留心听，对别人的意见或观点要认真思考。到自己发言时，或补充发挥别人的观点，或独辟蹊径，提出新的观点。千万不要重复别人的讲话内容，这会导致听者反应冷淡，自己也自讨没趣。

要做到以上几点，演讲者在参加集会或活动之前，一是要小有准备，问问自己该讲些什么，事先打个腹稿，到时就能沉着镇定、侃侃而谈了。有时为避免发言的人把你准备好的内容"抢走"，你最好准备几个话题。二是平时注意积累各方面的知识。没有思想，缺少知识，要想做出很漂亮的即兴讲话，一鸣惊人，是不可能的。所以，要丰富自己的知识，博闻强记，这样无论什么场合都会有话可说。

（3）即兴演讲的语言特色。即兴演讲独特的时境状态和交际氛围，决定了它必然具有区别于备稿演讲的语言特色。这种语言特色主要应该有以下四点。

① 符合情境。众所周知，即兴演讲是演讲者在特定场合、有感而发的演讲。因此，激起兴致的情境，就成了产生即兴演讲的一个不可缺少的重要因素。这种客观情境，不仅能对演讲者的心理加以刺激，促使其"说欲"的产生和思维的进展，而且会对演讲者的语言产生影响，致使其口头表达呈现出鲜明的情境特色。例如："同学们，我们每天看到的都是白墙黑板灰泥地，我们应该去饱览一下那透着生命活力的绿色，去欣赏一下那蓝天下的红花绿柳、赭石褐土、青山白水，去领略一下大自然的风采，去谛听一下泠泠作响的激石泉水和嘤嘤成韵的百鸟争鸣！不然，高考的硝烟快要把我们烤焦了，单调的'作息时间表'快要把我们驯化成'机器人'了。明天，就是清明，山明水秀、地清天明，让我们到水光潋滟的崂山去度过令人心醉的两天——出发！"这是一个教师在参加春游的学生整队待发时即兴演讲的一段话。演讲者置身校园这个让人感到枯燥单调的现实环境，面对充满期待的年轻人，心中禁不住涌出了一股激情。这激情拓开了广阔的精神世界，在想象的情境中，他生动地描述了春天的大自然那美丽迷人的风采。应当说，正是这一段极富情境色彩的形象化语言，一下子激发了学生对大自然的热切向往和美好憧憬，产生了强烈的心灵感召力。

② 口语表达。演讲是一种口语表达活动。在备稿演讲中，演讲者就不能不注重它的口语色彩。同备稿演讲比，即兴演讲更具有鲜明的口语特色。实践经验表明，演讲者只有运用通俗明快、朴实自然的口语表情达意，才能在即兴演讲中创造一种观众喜闻乐见的现场气氛。例如："对一个人，不同的人有不同的感觉。我的下属看见我就觉得可怕。他们

想到的就不是魅力,而可能是恐惧。南方有句话,叫空谈误国,实干兴邦。我每天工作到午夜,不是我勤快,是事情逼到这份儿上了。我对干部说,我一天工作十几个小时,你们干8小时能干好？现在讲潇洒、讲休息,我就不信这话。我说不把干部们累死我不甘心,不过这两年先别累死,还得让他们干活呢。"这是一位市长听了记者称赞他给人"感觉非常好""很有魅力"之后的一段即兴讲话。由此可见,这位政府官员讲话既不带官腔,也不事雕琢。他善于运用浅显的词语、灵活的句式和变化的语气坦诚直言,给人以朴实亲切的感觉。正是这通俗易懂、切实感人的口语,体现了一个勤政为民的领导干部平易近人的作风和求真务实的精神。

③ 简洁鲜明。即兴演讲是在特定的场景中进行的。一个明智的演讲者,不会毫无顾忌地喋喋不休。因为这种饶舌,不仅会给人以啰唆之感,令人讨厌,而且由于准备不充分,说多了也难免出现口误。倒不如讲的少而精,讲的多些见解,表达效果反倒会好些。例如：

"你们好！此时,面对大家,我真的有些紧张。我在想,你们能接受我吗？"

"我是一名医学硕士研究生。传统观念里,人们常常把研究生和书呆子联系在一起。在这里,我要用自己的实际行动告诉大家：研究生同样有美的理想、美的追求,同样热爱美的生活。"

"作为一名未来的医生,我从未后悔过对救死扶伤这一崇高职业的选择；作为一名现代女性,我更珍视拥有充实多彩的人生。"

"在此,我要用我的实际行动来证明：春城的小姐都不是花瓶,而我们女硕士研究生也都不是书呆子。"

这是一位女研究生在礼仪小姐决赛场上的即兴演讲。演讲者走上台来,并不奢谈本次竞赛活动的重要意义,也不畅叙本人求学成功的曲折经历。短短几句话,中心明确,层次清晰。不仅陈述了自己现场的真实心境、参赛的独特动机,而且表达了自己崇高的职业理想、远大的人生追求,给听众以强烈的感染和深刻的启发。如此精粹的即兴演讲,突出体现了语言简洁的鲜明特色。

④ 幽默风趣。幽默感作为一种特定的审美态度,是演讲者人格魅力的生动体现。演讲心理学研究表明,在即兴演讲中,激发演讲者产生说欲的"兴",不仅可以成为幽默语言的心理触媒,而且能够增强语言幽默的现场效应。因此,演讲者应当根据现场实际需要,善于运用多种艺术手段,表现出语言的幽默特色,使即兴演讲充满情趣性和感染力。例如：

唱爱情流行歌曲？这我倒是没有精神准备。不过,假如我唱上一段"这就是爱,稀里糊涂……"岂不是对我一辈子严肃认真、执着专一爱情的亵渎吗？老伴听了,岂不要抗议吗？(掌声、笑声)假如我喊上一嗓子"悄悄蒙上我的眼睛,让我猜猜你是谁",不得把在座的少男少女们吓趴下吗？(掌声、笑声)假如我唱上一段"让我一次爱个够,给你我所有……"诸君岂不要将我送进疯人院吗……(掌声、笑声)对于这些爱情流行歌曲,我既无相适应的年轻与潇洒,也缺少那软绵绵甜丝丝的嗓音儿,是不能也,亦是不为也。为此,美好的爱情歌曲,还是留给风华正茂的年轻朋友们唱吧。

　　这是一位老同志在某市新闻界举办的新春联欢会上即兴演讲的一段话。面对观众"欢迎老汉唱段现代'爱情'流行歌曲"的热情呼喊，他不是用生硬粗俗的语调严词拒绝，而是以幽默风趣的话语婉言谢绝，既含蓄地表达了对某些"爱情"流行歌曲的批评意向，又巧妙地避免了自己顺应要求而勉为其难的尴尬。如此富有幽默的讲话，显然强化了联欢会的喜悦气氛，突出了即兴演讲语言幽默的特色。

　　（4）即兴演讲的成功要素。即兴演讲是事先无准备、临场现发挥的演讲，它要求演讲人既能快速构思，又能流利表达。怎样才能达到这样的境界，取得即兴演讲的成功呢？必须从以下三个方面入手。

　　① 储备材料。作为即兴演讲，临时构思必须有素材，现场表达必须有内容。倘若脑中空洞无物，即使嘴皮子再灵，也免不了犯"无米之炊"之难，受"思路枯竭"之苦。可见，储备材料是关键所在。材料不是天上掉下来的，而是从平时的学习（也包括向生活学习、向社会学习）中积累起来的。一个人的知识面越宽、阅历越广，他的素材就越丰富，思路也就越开阔。当然，"积累"必须以"观察""多思"为基础。如果看书走马观花、听广播看电视过而不留、生活现象熟视无睹、社会新闻充耳不闻，讲话构思还是免不了"搜索枯肠"。积累，就是把所察所思储存起来，积累的东西方方面面，但归结起来不外两大类：一是典型事例；二是理性思辨。前者使我们说话有"凭据"；后者使我们分析有"道理"。需要时，可顺手拈来，使其为某一论题服务。当你用一根思想的红线把材料的珍珠串起来时，一篇有理有据的"腹稿"就形成了。

　　② 构筑框架。材料有了，怎样迅速构筑起演讲的框架呢？请熟练掌握以下一些构架方式。

　　a. 开头部分。"好的开头往往是成功的一半。"即兴演讲一般时间都不会太长，精彩而有力的开头就显得更为重要。以下两种基本开头方式入题快、吸引人，可供采用，更多的精彩开头方式，本学习领域将有专节介绍。

　　一是直入。演讲开头直接进入论题，亮出观点。这样的开头干净利落，醒人耳目，而且无须费时费心去寻找其他的"引子"。使用这种方法切忌含含糊糊，要求观点明确、态度明朗。例如，列宁同志于1918年8月23日在《阿列克谢也夫民众文化馆群众大会上的讲话》是这样开头的："今天我们党召开群众大会来谈谈这样一个题目：我们共产党人为什么而奋斗。对于这个问题，可以作一个最简短的回答，为了停止帝国主义战争，为了社会主义。"

　　二是借境。这是指演讲者利用当时当地的环境特点来沉浸会议气氛、激发听众热情的一种演讲方法。这种方法灵活生动，富于情感。但描绘的环境特点必须与主题思想相吻合，切不可牵强附会，卖弄风骚。鲁迅先生曾在厦门中山中学作过一次演讲，他开头时说："今天我能够到你们这学校来，实在很荣幸。你们的学校，名叫中山中学，顾名思义，是为了纪念孙中山。中山先生致力国民革命40年，结果创造了'中华民国'。但是现在军阀跋扈，民生凋敝，只有'民国'的名目，没'民国'的实际。"鲁迅先生从自然环境中的学校名称讲起，一针见血地指出了名与实之间的巨大反差，从而激发出中山学校的师生们为完成中山先生未竟事业而奋斗的革命热情。

　　b. 主体部分。主体部分是用来展开演讲内容、充分阐释自己观点、见解的部分。它的构架方式多种多样,最基本的有以下几种方式。

一是并列式。把讲话的主体分为几个部分分别阐述,这几部分的关系是并列的。例如指导教师在"儿童口才培训班"结业汇报会上的讲话就采用了这种方式。

领导的支持坚定了我们搞儿童口才培训事业的决心——向领导致意。

家长的信赖与配合给予我们无穷的精神力量——向家长致谢。

小朋友们在培训班这个集体中刻苦练习、切磋琢磨,充分展示了自我——向小朋友祝贺。

希望大家随时随地练口才,将来做一个口才很棒的栋梁之材——静候小朋友进步的佳音。

二是连贯式。按事情发展经过和时空顺序来安排讲话的层次,各层次间的关系是连贯的。例如,以"家乡变奏曲"为题作即兴演讲,就可采用这种构架方式。

昨天,这里是一片荒凉;

今天,一片新绿在眼前;

明天,从这里走向辉煌。

三是递进式。把讲话主要内容分为几个层次,层次与层次之间是层层深入的关系。例如,对"商业贿赂"问题发表意见就可以这样构架。

"商业贿赂"的现状。

"商业贿赂"的实质与危害。

"商业贿赂"问题的根本治理。

四是正反式。主体部分是由正、反两方面的内容构成的,即一方面围绕着正面阐述;另一方面围绕着反面论述。例如,论证必须给企业"放权"的问题,可从以下两个方面入手。

企业没有自主权时,举步维艰;

企业有了自主权时,效益可观。

以上介绍的是几种最基本的组合方式,实际运用时,可综合交错使用。

c. 结尾部分。好的结尾犹如撞钟,响亮而有余音。以下几种方式可根据需要选择。

一是祈愿式。表达良好的祝愿(可用借境、作比等方法)。如:"祝中、尼(尼泊尔)两国人民的友谊像联结我们两国的喜马拉雅山那样巍峨永存。"

二是感召式。或抒发真挚、激越的情感,或展望光明美好的前景,或发出鼓动性的号召。如:"让我们用创造性的劳动去迎接新世纪的到来吧!"

三是理喻式。用寓意深刻的道理(可引用哲言警句等)启发听众去深思、探索。如:"'世有伯乐,然后有千里马'。人才辈出的时代首先应该是'伯乐'辈出的时代。"

四是总结式。用简洁的语句总结全篇、点明题意。如:"说一千道一万,归根结底还是这句话:扭转社会风气,要人人从'我'做起。"

切忌"泄劲"式的结尾。如:"我讲得不好,耽误大家时间了,请原谅。"

③ 完美展说。对即兴演讲来说,选材料、立框架,这一切都是在瞬间完成的,因而只是以一些片段的、轮廓式的、提纲大意的内部语言形式储存在头脑里。要把这样的内部语言转化为连贯的、具体的、有血有肉的外部语言,演讲者还必须具备一种"展说"能力,即把提纲大意"展"成一篇内容具体、前后连贯的演讲词的能力。怎样来"展说"呢?

首先,要把"框架"中的每一个层次都看作一个"意核"或一个"中心句",心中把握住几个意核的顺序及内在联系。然后,不慌不忙先从第一个意核开始,围绕着它,或举例、引用,或回忆、联想,或比兴、引申,或补充、发挥……把意核这个"中心句"扩展为"句群"。待这个意核充分发挥后,再进入第二个意核,也把它扩展为句群。这样仿效"扩展"下去,一篇内容具体、逻辑严密的即兴演讲就顺理成章地完成了。如果某个意核的含量太大,还可以把它分解为几个"小意核",按顺序把它们逐个展开。这种"扩句成群"的"展说"能力是即兴演讲的必备能力。很多人在心中打好了"腹稿"的前提下,说出来却前言不搭后语,就是因为缺乏这种"展说"能力。没有或缺乏这种能力,内部语言就很难顺利、迅速地转化为外部语言。因而,我们平时就应有意培养这种"展说"能力。

以上三个方面,前两步立足于"快速构思";第三步着眼于"流利表达"。既能快速构思,又能流利表达,你就是一位成功的演讲家了。

2. 即兴演讲开场艺术

即兴演讲是一种最能反映人思维敏捷程度和语言组织能力的口头表达方式。而在极短的时间里构思出一次成功的演讲,开场白就显得尤为重要。下面介绍的即兴演讲开场艺术对演讲者的快速构思是大有裨益的。

(1)自我介绍。自我介绍适合于演讲者与听众初次相交,后者对前者的身份、工作和生活经历不很熟悉的情况。演讲者介绍的情况应是听众想了解的或是与会议主题内容相关的。某乡党委书记,一到任就深入某村搞调研,正值村召开青年大会,进行形势教育,于是乡党委书记就作即兴讲话,他是这样开头的:"大家可能不太熟悉我,因为我到这里工作的时间不长。我姓余,当然我不希望今天的讲话对大家是多余的。我参加工作五年,一直在农村度过,打交道的对象主要是像你们一样的农村青年。我的老家距这里只有几十华里之远,在座的大多数同志可能到过那里,因为驰名中外的屈子祠就坐落在我家的门前。"接着,他便从屈子祠讲起,转入了爱国主义教育的正题。

(2)综合归纳。综合归纳是指演讲者对其他人已经发言的内容进行综合,分析其特点,进而表明自己的观点或态度的一种演讲方法。一位领导者应邀去参加一个"领导干部与市场经济"的研讨会,在听取大多数同志的发言之后,他这样开始他的讲话:"以上很多同志做了发言,有的从宏观的角度谈了领导干部怎样去适应市场经济;有的结合工作实际从微观的角度论证了领导干部在市场经济中如何去搞好服务。前者具有较强的理论性;后者具有较强的针对性和操作性。我认为都讲得很好,至少可以说明,在'领导干部与市场经济'这个新的课题中,确实有很多新问题值得我们去思考去探讨。今天我要讲的是……"

(3)提出问题。演讲者根据活动的主题思想有针对性地提出一些问题,进而进行解答。使用这种方法关键在于所提出的问题是否与主题思想相关,是否带有倾向性或争议性,解答问题时有明确的立场观点和充分的理由。在一次对高职学生进行就业观教育的会议上,一位演讲者是这样发言的:"为什么一些高校毕业生包括高职学生,总想着进企事业单位做管理性工作而不愿意去做一线的高级技工?为什么一些高职学生不发挥自己的专业特长去创业而甘愿闲居家中眼睁睁地盯着父母那几个血汗钱?我认为,这主要是我们的年轻人,包括一些年轻人的父母们还没有破除旧的就业观念。"

(4)故事启发。演讲者首先讲一个故事,然后从中启发性地提出问题,进而亮出自己的观点。使用这种方法应注意两个问题:一是讲的故事要短小精悍,并且具有趣味性或新闻性。二是这个故事的内容与会议主题相吻合,提出的问题应与会议的目的相吻合。在一次反腐倡廉的座谈会上,某与会者的发言是从一个古代故事讲起的。故事讲的是:"春秋时代,孙子带着兵书去觐见吴王,吴王看后要孙子演习他的带兵方法。于是孙子挑选若干宫女分为两队,并挑选吴王的两名宠妃为队长。演习中尽管孙子三令五申,宫女们仍不听指挥,结果孙子置吴王命令于不顾,认为'臣既已受命为将,将在外,君命有所不受',硬是将吴王的两名宠妃杀了。之后,宫女个个乖乖听话,无人抗命……"从这个故事,便引出了其发言的主题:要取得反腐的阶段性成果,关键在于不畏权势,敢于碰硬。

(5)借物寓意。借物寓意即在事物寓于象征的意义上借"兴"而发。有的演讲者在开场白中采用以物证事的方法,借用某种具体事物,达到暗示事理的目的。

在上海市"钻石表杯"业余书评授奖会上,在众人的即兴演讲中,《书讯报》主编贾伟同志的演讲独具一格,他的开场白尤为精彩。

今天,我参加'钻石表杯'业余书评授奖会,我想说的是一句话:钻石代表坚韧,手表意味着时间,时间显示效率。坚韧与效率的结合,这是一个人读书的成功所在,一个人的希望所在。

贾伟同志的开场白超脱了恭维话的俗套,以"钻石"象征"坚韧"、"手表"象征"时间"的修辞手法,给人的是力量、启迪与深思。语意深刻、言简意赅地提示了读书求知、读书成才的道理,令人回味无穷。

(6)话题转承。话题转承即在演讲主旨上借"兴"而发。演讲者巧借会议司仪的某个话题,转入演讲的主旨,提出自己的观点。

抗日战争时期,陈毅率领抗日游击队打日寇。有一次,部队在浙江开化县华埠镇休整,有一抗日组织请陈毅讲话,司仪主持会议时说:"今天请一位将军给大家讲话。"陈毅这样开场:"我姓陈,耳东陈的陈;名毅,毅力的毅。称我将军,我不敢当,现在我还不是将军。但称我将军也可以,我是受全国老百姓的委托去将日本鬼子的军。这一将,一直到把他们将死为止。"话音刚落,爆发出雷鸣般的掌声。陈毅同志这段十分精彩的开场白,在演讲主旨上作了发挥,洋洋洒洒,气势磅礴,为深化演讲主旨做了铺垫,有力地鼓舞了抗日群众的斗志。

(7)借题发挥。群众性演讲有特定的地点、特定的内容以及各不相同的气氛。演讲者即兴演讲的开头可以当场捕捉住这特殊的气氛,借题发挥,烘托气氛。

上海市新闻工作者协会主席,原《解放日报》总编辑王维同志,一次出席上海市的企业报新闻工作者协会成立大会,这次会议是在上钢三厂新建的俱乐部会议厅召开的。他即兴演讲的开头说:"我来参加会议,没有想到有这么好的会场,这个会场不要说是上海市的企业报记者协会成立大会,就是市记协成立大会也可以在这里召开。没想到有这么多企业报的记者、编辑参加这个大会,它说明企业报的同仁是热爱自己的组织、支持这个组织的。没有想到今天摆在主席台上的杜鹃花这么美丽,这标志着企业报记者协会也会像杜鹃花一样兴旺、发达……"他的演讲激起阵阵掌声。王维同志的开场白在会场、工作人员和鲜花上做文章,把三者巧妙地联系起来,提示了各个企业报雄厚的经济实力,表达了对各个企业报齐心协力的美好祝愿。

3. 即兴演讲出错补救

即兴演讲中语言出错是一种常见现象。我认为,解决这个问题的途径是,一方面,要通过长期的实践锻炼,不断提高自己即兴演讲的心理素质和表达水平,尽可能减少这种失误;另一方面,要掌握和运用一些必要的应变方法,以及时避免或消除因语言出错而可能造成的消极影响。

(1)将错就错。即兴演讲是在某种特定的现实场景中进行的,它的现场效果要受演讲者和听众两个方面的制约。无论是主观因素还是客观条件,一旦发生干扰,就可能造成演讲者无法预料的语言差错,而使自己陷入尴尬的境地。倘若出现这种情况,演讲就不妨将错就错,来一番即兴发挥,就会消除窘困,获得意想不到的现场效果。例如,一位节目主持人参加海南省狮子楼京剧团建团庆典,当她用充满激情的语言介绍京剧、剧团、来宾的时候,由于事先不了解情况,错把原本是花白头发的老汉——海南师范学院党委书记南新燕介绍成"小姐",面对"全场哗然"的意外,她先向被介绍人真诚地道歉,然后侃侃而谈。

您的名字实在是太有诗意了。我一见这三个字,立即想起了两句古诗:"旧时王谢堂前燕,飞入寻常百姓家。"这是一幅多么美丽的图画。今天,这里出现了类似的情景,京剧一度是流行在北方的戏曲,而现在,京剧从北到南,跨过琼州海峡,飞到了海南,而且在这里安家落户,这又是一幅多么美好的图画啊!

这位主持人的应变能力实在让人叹服。她在表示"对不起,我是望文生义了"的歉意之后,语意一转,就即兴发挥起来,由自己的语言失误引出活动的话题,并进行了富有诗意的生动描述。这一将错就错的补救方式,赢得了全场观众异乎寻常的热烈喝彩。

(2)巧妙辨析。实践表明,在即兴演讲中,演讲者有时会因为过于紧张或过于激动而造成一时的口误,在这种情况下,演讲者既不可能为了面子而置之不理,也不可能因为自尊而掩饰错误。"最好的办法是按正确的讲法再讲一遍"(邵守义语),也就是把错误改正过来。倘若能够根据现场的实际情况,有针对性地将正误对照起来巧作辨析,给听众的印象反而会更加深刻。例如,一位师范学校的班主任在新生入学后的第一次班会上即兴演讲,他说:

同学们,大家好!你们从四面八方来到这所师范学校,开始了新的学习生活,我相信同学们一定会刻苦学习,不断进步。将来希望每一位同学都能成为合格的小学教师。不,应当这样说——希望将来每一个同学都能成为合格的小学教师。因为这个希望是现实的,它表达的是我此刻的真实心情,而你们将来才会真正走上讲台,开始从事太阳底下最光辉的职业……

这位教师在即兴演讲中凭敏锐的语感发觉了一句话的语序错误,并在迅速改正过来之后进行了巧妙的辨析。这样,既表明了语言的毛病,又解释了改正的原因。不仅没有造成语言失误的尴尬,反而强化了表达的效果,实在是一种高明的补救方法。

（3）自圆其说。在即席讲话中,演讲者一旦察觉自己的语言错误,往往会因为心理紧张而产生思维障碍,以致无法讲下去。倘若出现这种情况,演讲者应立即针对自己的失误,进行一番合乎情理的阐释,只要能够自圆其说,也不失为一种化错为正的补救方法。例如,在一次婚礼上,主持人热情地邀请来宾讲话,一位职业中学的教师上台即兴致辞,他说:

今天,是职业中学的夏明先生和经贸公司的叶红小姐喜结良缘的好日子……也许有人以为我说错了,夏先生和叶小姐不是同在一个公司上班吗?是的,夏明从商了,但一个月前,他还是职中的一名优秀青年教师。在我们心目中,他永远是我们的好同事。我愿借此机会,代表职中全体教职工,向一对新人表示最真挚的祝福!

显然,这位来宾由于一时激动,把新郎现在供职的单位介绍错了。也许他从听众异样的表情上察觉了自己的口误,于是,稍稍停顿之后,巧妙地进行了阐释。听了此番入情入理的言辞,谁还会责备他语言上的差错?演讲者这一化错为正的表白,不仅可以自圆其说,而且增强了抒情的真切感,产生了独特的现场表达效果。

（4）随机应变。进行即兴演讲,有时会出现这样的情况:演讲者自己不知为什么,竟说出一句错话,而且马上意识到了。怎么办呢?倘若遇上这种失误,演讲者不妨采用调整语意、改换语气等接续方式予以补救。只要反应敏捷、应变及时,就可以收到不露痕迹的纠错效果。例如,一位公司经理在开业庆典上发表即兴演讲,他用以下方式强调纪律的重要性。

公司是统一的整体,它有严格的规章制度,这是铁的纪律,每一个员工都必须自觉遵守。上班迟到、早退、闲聊、乱逛、办事推诿、拖沓、消极、懈怠,都是违反纪律的行为。我们允许这种现象的存在——就等于允许有人拆公司的台,我们能够这样做吗?

这位经理的反应能力和应变能力是很强的。当他意识到自己把本来想说的"我们决不允许这些现象的存在"一句话中的"决不"二字漏掉之后,马上循着语言表达的逻辑思路,续补了一句揭示其后果的话,同时用一个反问句结束,增强了演讲的启发性和警示力。这样的续接补救,真可谓顺理成章,天衣无缝。

4. 即兴演讲成功要诀

（1）实例引导。即兴演讲的开始便先举例,有三个好处:第一,你可以从苦苦思索下一句需要讲什么中解脱出来。第二,可以消除开始的紧张,使你有机会把自己所讲的题材逐渐温热起来,渐渐进入演讲的情景。第三,可以立即获得听众的注意,因为,事件——实例是立刻摄取听众注意力的万无一失的方法。

听众凝神谛听你所举出的富有人情趣味的实例,可使你在最迫切需要时——演讲开始后的极短时刻里,对自己的能力重新获得肯定。沟通是一种双方面的过程,能抓住注意力的演讲者马上就会感知到这一点,当他注意到那种接纳的力量,并感受到那种期盼的目光如电流般在听众头上交射时,他就感受到有种挑战要他继续讲下去。讲演者与听众之间建立的和谐关系,是一切成功演说的关键所在,没有它,真正的沟通就不可能发生。这就是为什么要以实例开始演说的原因。尤其是在别人请你说上几句话时,举例最为管用。

(2)充满生机。演讲者若拿出力量和劲头来,外在的蓬勃生气便会对其内在的心理过程产生极有益的效果。身体的活动与心理的活动关系极为密切,身心交流,即可使演讲产生最佳效果,慷慨激昂、侃侃而谈,从而吸引听众的注意力。一旦使身体充起"电"来,充起蓬勃的生气来,正如威廉·詹姆士所说:我们就能很快地使心灵快速展开活动。

(3)联系现场。即兴演讲时,首先向主持人致意,说上两句,可以有个喘息的机会,然后最好直接发表与听众有密切关系的言论,因为听众只有对自己和自己正在做的事情感兴趣。有三个来源可供演讲者摘取意念,作为即兴演讲之用。

一是听众本身。为使演讲轻松易行,千万要记住这一点:谈论自己的听众,说说他们是谁,正在做什么,特别是他们对社会和人类做了什么贡献,使用一个明确的实例来证明。

二是场合。当然也可以谈一下这次聚会的缘由,是研讨会、表彰大会、年度聚会还是其他集会?

三是前面人的演讲。善于演讲者往往也善于倾听,在听的过程中受到提示和启发,以此激发自己的演讲灵感。对前面的演讲话题,后面的演讲者或者可以拾遗补漏,或者可以转换角度,甚至可以因某个词、某句话的启发,构思一篇精彩的演讲。例如某大学中文系一次毕业生茶话会上,第一个是系总支书记讲话,3分钟的即兴讲话主要是向毕业生们表示祝贺。第二个是彭教授的讲话,他讲话的主题是希望同学们继续努力学习,还引用了一段列宁的名言。第三个讲话的潘教授朗诵了高尔基的《海燕》片段,以此勉励同学们学习海燕的精神。第四个讲话的系主任希望同学们永远记住母校和老师们。紧接着,毕业生们欢迎王教授讲话。王教授一字一顿地说:"我最喜欢说被人说过的话。(笑声)第一,我要祝同学们胜利毕业!(笑声)第二,我希望同学们'学习、学习、再学习'!(笑声)第三,我希望同学们像海燕一样勇敢地搏击生活的风浪!(笑声)第四,我希望同学们不要忘记母校,不要忘记辛勤培育你们的老师们!(大笑、热烈掌声)"王教授通过对前面四人演讲的主题的简练概括,完成了一次机智、风趣且具有个性特点的演讲。

(4)围绕中心。即兴演讲不是即兴乱说,手中无稿并非心中无谱,不着边际地胡扯瞎说,既不合逻辑,也不会成功。因此,必须围绕一个主题来合理归纳自己的思想,而这个主题就是演讲者要说明的,演讲者所举的事例要与这个主题一致。同时再强调一次,若能抱着至诚来演讲,演讲者一定会发现自己所表现的主题的充沛活力和无穷效力是有准备演讲所不能企及的。

(5)必要准备。正如著名的演讲大师卡耐基所言:无任何准备的演讲只是信口开河,根本不是真正的演讲。因此,即席演讲虽不像一般演讲那样需要有充足的时间来进行准备,但也应在尽可能的条件下进行准备。

① 心理准备。在参加一个会议或活动之前,可以先设想一下:自己是否有可能需要

讲话？如果讲，讲什么？怎么讲？在心理上做好准备。有了这种心理准备，可避免突然被"点将"后的那种吃惊、慌乱、尴尬或恐惧心理，能够迅速实现角色转换，即由配角转向主角，由听者转向讲者，快速进入演讲状态。

② 材料准备。如果事先已经知道会议或活动的主题，可以简单地翻阅一下相关资料，临时扩大知识储备量以充实自己的大脑。这样，在被突然"点将"发言时，你就能对某一问题旁征博引，讲得头头是道，从而令听众对你刮目相看。

③ 酝酿腹稿。如果时间和情况都允许，演讲者还可以酝酿一下腹稿，形成一个大体框架，如迅速概括演讲的主题、组织工作演讲会结构等，明白自己要讲一个什么问题，如何讲清楚，先讲什么，后讲什么，如何结尾，把要讲的内容提要有条理、有层次地组织起来。值得注意的是，这个腹稿并不是一成不变的，随着演讲内容的逐步深入，可能在讲话过程中会随时改变或打乱原先的设计。

④ 临场准备。有时，演讲者也可能在毫无思想准备和心理准备的情况下被突然"点将"，这时就要尽量争取临场准备时间。临场准备的时间虽短暂，却为演讲者提供了宝贵的思考空间。由于临场准备是以拖延时间为目的的，主要有以下两种方式。

a. 动作拖延。利用某种动作来拖延时间，在施展动作的同时，让大脑快速进行工作，然后开始讲话。比如，端起茶杯喝口茶水、拉拉椅子、向听众点头或招手致意等。这些动作延迟的时间虽然很短，却给了演讲者一个喘息的机会，让大脑进行紧张快速的思考，同时调整了自己的心理状态。

b. 语言拖延。语言延宕就是先说些与主题关系不大的、无须深入思考且易于表达的题外话，以便大脑迅速组织材料。确立讲话的主旨、中心等，然后慢慢切入主题。这样，就可避免演讲中冷场的尴尬。比如在一次演讲当中，忽然有人向演讲者提问一个刁钻的问题，这位演讲者用语言延迟方法来解围："这位听众问了一个很好的问题，我想大家也一定像他一样，很想知道我对这个问题的看法。那我就给大家做一下解答……"这样，在说这段话的同时，演讲者就可以使自己的大脑迅速活动和思考，等这段话说完了，他的答案也就组织得差不多了。

5.2　能力开发

5.2.1　阅读思考

声音美的训练

请扫描二维码阅读文章，然后回答文章后的思考题。

5.2.2 案例分析

请扫描二维码阅读案例原文,然后回答案例后的讨论题。

5.2.3 训练项目

交谈场景训练

实训目标:掌握交谈的技巧。

实训学时:2 课时。

实训地点:教室。

实训背景:新学期开始,班上一位同学因为家境贫寒、生活拮据,产生自卑感,不愿和大家交往,性格有点孤僻。一次,班级组织大家春游,大家都踊跃报名,只有他一声不吭地待在寝室里。班主任让你找他谈谈,动员他参加这次集体活动。你打算和他从哪里谈起?

实训方法:

(1)选几位同学扮演这位有点自卑的同学,每人将自己最希望别人和你交谈的话题写在纸条上。

(2)其他同学扮演"你",通过 2 分钟的准备,上前搭话,进行交谈。

(3)然后打开纸条看看自己的搭话和对方此时想要听的话有多大的联系。

课后练习

1. 讨论在交谈中遇到以下三种情况该如何处理。

(1)对方不知不觉将话题扯远了。

(2)对方心血来潮,忽然想到了他得意的事。

(3)对方故意转变话题,不愿意再谈原来的事。

2. 请赞美你身边的同学。方法:请学员 1、2、3 报数,将相同数字的人分成一组,三组学员围圈席地而坐。请一位学员举手,他右边的第一位学员起立,其他人依次赞美他。用"我认为你……""我觉得你……"的说法,不要介入第三者。被赞美的人不能讲话,但要和赞美者作眼神交流;赞美者话不能太多,不能重复前面人的话,只赞美、不批评。全组学员都赞美过第一人后,换下一位。按顺时针方向依次进行。进行完后,讨论以下问题。

（1）被赞美的感觉是怎样的？

（2）赞美别人时你是怎样想的？

（3）你得到什么启示？

3．请一位朋友向你提问，你作直接快速的回答，提出问句时间不计在内，看答话用了多少时间。

（1）你的优点是什么？

（2）你的缺点是什么？

（3）你的爱好是什么？

（4）这个爱好是怎么形成的？

（5）这个爱好给你带来了什么好处？

（6）这个爱好为什么至今没有转移？

（7）你的烦恼是什么？

（8）你最珍惜的是什么？

（9）你最讨厌的是什么？

（10）你最崇尚什么？

（11）你最喜欢的格言是什么？

（12）你最大的乐趣是什么？

（13）你平时经常想的是什么？

（14）你做人的信条是什么？

（15）你最大的愿望是什么？

（16）你怎样评价自己？

（17）听到闲言碎语时你会如何对待？

（18）你是喜欢春天还是冬天？

（19）你是不是开始注意到金钱并非微不足道了？

（20）你现在是不是已打消了出国的念头？

训练提示：

第一，问句的角度要求避免单调和程式化，要富有变化。答语的观点要求旗帜鲜明、坦率从容，也可以含蓄风趣一点，有一些哲理色彩。

第二，简单明了，多用短语，尽可能一两句话就把自己的意思说得明明白白。多用直言句式直截了当地应对，不要模棱两可、不痛不痒，也要力求避免运用简单的肯定、否定（如"是"或"不是"）方式答对。

第三，少说空话、套话，内涵力求丰富充实，要敢于亮出自己的想法，不要遮遮掩掩，要显示出自己鲜明的个性。

第四，要留意复杂问句。所谓"复杂问句"，是指隐含某种假定前提的问句。如"你还想着去北戴河旅游吗？"隐含前提是"曾经或一直想着去北戴河旅游"。其实你可能从来就没有"想"过，所以要回答针对"想没想"，而不是"去不去"。对这类问句要留心前提，做出有针对性的回答。训练题中有些是复杂问句，如（18）、（19）和（20）。

4．与人交谈时，要带着发掘尽可能多的信息的目的去倾听，要准备提出一系列探究性问题以获取必要的信息。

例如可以提出以下问题。

（1）你是怎么发现那人的？

（2）还发生了什么？

（3）你为什么这样认为？

（4）结果怎样？

（5）你还会这么做吗？

（6）你觉得从这一经历中有何收获？

不要用你的问题打断对方。要倾听，你的问题才会贴切地与对方的讲话内容对应起来，询问时你要持积极、合作的态度。

假如我们花费比通常更多些的时间做这些练习，不也是挺有趣的事情吗？我们不仅将成为一个善听者，同时还将成为更有恒心的好学者。

5. 回想你上一次与某人的谈话，你使用或有意操纵了多少种非语言暗示来传达你的信息？挑出你记得的每一种。

（1）目光接触。

（2）面部表情。

（3）姿势。

（4）形体动作。

（5）穿着装束。

（6）环境。

（7）空间（与他人的距离）。

（8）态度。

很可能你所有的暗示都做到了，但是这里仅需挑出你在那次谈话中有意使用的那些。你是否根据不同场合作不同的暗示？你运用非语言暗示是否比语言暗示更自如？你认为哪一种暗示更好地传递了你的信息？

6. 交谈语言技巧自我测试。请回答以下问题以确定你与他人交流中的优缺点。1＝从不这样；2＝很少这样；3＝有时这样；4＝经常这样；5＝每次都这样。选择符合的项即得相应的分数。

（1）与人交谈时，我发言时间少于一半。

（2）交谈一开始我就能看出对方是轻松还是紧张。

（3）与人交谈时，我想办法让对方轻松下来。

（4）我有意识提些简单问题，使对方明白我正在听，对他的话题感兴趣。

（5）与人交谈时，我留意消除引起对方注意力分散的因素。

（6）我有耐心，对方发言时不打断人家。

（7）我的观点与对方不一样时，我努力理解他的观点。

（8）我不挑起争论，也不卷入争论中。

（9）即使我要纠正对方，我也不会批评他。

（10）对方发问时，我简要回答，不做过多的解释。

（11）我不会突然提出令对方难答的问题。

（12）与人交谈时,开始 30 秒我就把我的用意说清楚。

（13）对方不明白时,我会把我的意思重复或换句话说一次,再不然就总结一下。

（14）我每隔若干时间问问对方有何反应,以确保他听懂了我的意思。

（15）我发现对方不同意我的观点时,就停下来,问清楚他的观点。等他说完之后,我才就他的反对意见发表我的看法。

将以上各题的得分相加,得出总得分。

60～75 分,你与人交谈的技巧很好。

45～59 分,你的交谈技巧不错。

35～44 分,你与人交谈时表现一般。

35 分以下,你的交谈技巧较差。

通过以上测试找出自己语言交谈的薄弱环节,努力改进自己的谈话技巧,三个月后再进行测试,看有多大的提高。

7. 在一家经营咖啡和牛奶的茶室,刚开始营业员总是问顾客:"先生,喝咖啡吗?"或者是:"先生,喝牛奶吗?"其回答往往是否定的。后来,营业员经过培训换了一种问法,"先生,喝咖啡还是喝牛奶?"结果其销售额大增。

请分析一下这是为什么。

8. 某国总统有一次举行记者招待会。一位记者提出刁难的问题:"如果你女儿与人发生桃色事件,总统先生,你有什么感觉?"

这一问题突如其来,使总统感到惊讶和棘手。如果拒绝回答,将有损他的公众形象,同时也会引起猜测,如果直接否认这种事情的发生,也未免过于自信和武断,同样是不利的。于是,总统镇定下来,略加思索,巧妙地说:"……"

你知道这位总统对这位记者说了什么吗?

9. 与你的同桌(2 人一组),自拟情境进行说服训练。

10. 以某同学(或某个群体)为对象,练习恰当得体的赞美。

11. 你就要毕业了,将告别熟悉的校园、亲爱的老师和朝夕相处的同学。请你在告别会上作即兴演讲,表达对这一切的依依惜别之情。

12. 以环境保护、地球资源、勤工俭学等为题进行即兴演讲练习。

13. 学校准备采取竞选的方式产生新的一届学生会,你希望得到这个机会,那么请你做简短的竞选演说。假如你当选为学校学生会主席,那么,请你再向同学和老师们发表就职演说。

任务6

社交礼仪

在人与人的交往中,礼仪越周到越保险,运气越好。

——[美]托·卡莱尔

礼尚往来,往而不来,非礼也。来而不往,亦非礼也。人有礼则安,无礼则危。故曰:礼者不可不学也。夫礼者,自卑而尊人。虽负贩者,必有尊也,而况富贵乎?富贵而知好礼,则不骄不淫;贫贱而知好礼,则志不慑。

——《礼记·曲礼》

 学习目标

- 明确社交礼仪对塑造形象的作用。
- 掌握社交礼仪的规则。
- 掌握称呼、问候、介绍、握手等日常交际礼仪。
- 掌握宴饮的礼仪规范。
- 掌握旅行的礼仪规范。
- 掌握办公室的礼仪规范。

 案例导入

修养的作用

有一批应届毕业生22个人,实习时被导师带到北京的国家某部委实验室里参观。全体学生坐在会议室里等待部长的到来,这时有秘书给大家倒水,同学们表情木然地看着她忙活,其中一个还问了句:"有绿茶吗?天太热了。"秘书回答说:"抱歉,刚刚用完了。"林晖看着有点别扭,心里嘀咕:"人家给你水还挑三拣四。"轮到他时,他轻声说:"谢谢,大热天的,辛苦了。"秘书抬头看了他一眼,满含着惊奇,虽然这是很普通的客气话,却是她今天听到的唯一一句。

门开了,部长走进来和大家打招呼,不知怎么回事,静悄悄地,没有一个人回应。林晖左右看了看,犹犹豫豫地鼓了几下掌,同学们这才稀稀落落地跟着拍手,由于不齐,越发显得凌乱起来。部长挥了挥手:"欢迎同学们到这里来参观。平时这些事一般都是由办公室负责接待,因为我和你们的导师是老同学,非常要好,所以这次我亲自来给大家讲一些有关情况。我看同学们好像都没有带笔记本,这样吧,王秘书,请你去拿一些我们部里印的纪念手册,送给同学们作纪念。"接下来,更尴尬的事情发生了,大家都坐在那里,很随意地用一只手接过部长双手递过来的手册。部长脸色越来越难看,来到林晖面前时,已经快要没有耐心了。就在这时,林晖礼貌地站起来,身体微倾,双手握住手册,恭敬地说了一声:"谢谢您!"部长闻听此言,不觉眼前一亮,伸手拍了拍林晖的肩膀:"你叫什么名字?"林晖照实作答,部长微笑点头,回到自己的座位上。早已汗颜的导师看到此景,才微微松了一口气。

两个月后,毕业分配表上,林晖的去向栏里赫然写着国家某部委实验室。有几位颇感不满的同学找到导师:"林晖的学习成绩最多算是中等,凭什么选他而没选我们?"导师看了看这几张尚属稚嫩的脸,笑着说:"是人家点名来要的。其实你们的机会是完全一样的,你们的成绩甚至比林晖还要好,但是除了学习外,你们需要学的东西太多了,修养是第一课。"

人们常说礼仪是步入文明社会的"通行证",是进入文明社会的一把钥匙,是衡量人类社会文明程度和一个国家、一个民族进步、开化与兴旺的重要指标。随着社会生产力的不断发展,社会物质生活条件的逐步改善,社会文明程度的日益提高,人们对礼仪的要求也随之越来越高。一个人在社会中欲生存、发展,都必须以各种形式与其他人进行交往。因为没有交往就难以合作,没有合作就难以生存、发展。讲文明、懂礼貌,尊重他人,注重文明修养,讲究礼仪,塑造良好的个人形象,几乎是全社会成员的共同追求。

在职场上,要注意见面应酬、宴请赴宴、差旅出行、求职面试等职场交际礼仪。如见面应酬礼仪是与人交往时的最基本、最常用的礼节,它最能反映一个人及社会的礼仪水平,可以帮助我们顺利地通往交际的殿堂。人们见面后互致问候,不熟悉的人之间相互介绍,然后握手,互换名片,寒暄后才进入正题。这看似简单,却蕴含复杂的礼仪规则,表达着丰富的交际信息。掌握基本的见面应酬礼仪,能使现代人适应各种场合社交的礼仪要求,赢得交际对象的好感,塑造良好的社交形象。"案例导入"中的"林晖"正是以其完美的职业礼仪表现赢得了理想的职位,而同班的其他同学则因不注意见面礼仪,与就业机会失之交臂。

6.1　知识储备

6.1.1　社交礼仪与塑造形象

1. 社交礼仪有助于塑造个人形象

先让我们讲一个礼仪小故事,这个刊登在《故事会》杂志上的"三分钟典藏故事"颇值得回味。

 小故事

小节的象征

一位先生要雇一个没带任何介绍信的小伙子到他的办公室做事,先生的朋友挺奇怪。先生说:"其实,他带来了不止一封介绍信。你看,他在进门前先蹭掉脚上的泥土,进门后又先脱帽,随手关上了门,这说明他很懂礼貌,做事很仔细;当看到那位残疾老人时,他立即起身让座,这表明他心地善良,知道体贴别人;那本书是我故意放在地上的,所有的应试者都不屑一顾,只有他俯身捡起,放在桌上;当我和他交谈时,我发现他衣着整洁,头发梳得整整齐齐,指甲修得干干净净,谈吐温文尔雅,思维十分敏捷。怎么,难道你不认为这些小节是极好的介绍信吗?"

可见,讲究礼仪对个人的成功是至关重要的,因为它关系到个人的形象。个人形象是指一个人的相貌、身高、体形、服饰、语言、行为举止、气质风度以及文化素质等方面的综合。其中有先天构成要素,但更多要素需要我们通过后天不断地努力来加以改善和提高。礼仪在上述诸方面都有详尽的规范,因此学习礼仪、运用礼仪,无疑将有益于人们更好地、更规范地设计个人形象,维护个人形象,更好、更充分地展示个人的良好教养与优雅风度。

首先,遵守社交礼仪可以给人留下良好的第一印象。众所周知,人际交往中存在着"首因效应",即人们在日常生活中初次接触某人、某物、某事时所产生的即刻的印象,通常会在对该人、该物、该事的认知方面发挥明显的甚至是举足轻重的作用。对于人际交往而言,这种认知往往直接制约着交往双方的关系。心理学家研究表明,在第一次接触时成功与否形象占55%、声音占38%、内容占7%。可见,在现代社交中,可能前30秒、10秒,甚至3秒都能决定你工作、交际的成败。充分认识到这一点,我们就不难理解社交礼仪对树立良好的第一印象所起的重要作用,从而在学习和工作当中更好地运用社交礼仪。

其次,遵守社交礼仪可以充分展示个人良好的教养与优雅的风度。可以说礼仪即教养,而有道德才能高尚,有教养才能文明。也就是说,通过一个人对礼仪运用的程度,可以察知其教养的高低、文明的程度和道德的水准。学习礼仪、运用礼仪,能够展示出现代人良好的个人形象。个人形象说到底是由人的身材、长相、服饰打扮以及姿态、风度构成的,是一个人精神面貌和内在素质的外在表现。身材、长相是天生的,而服饰打扮以及姿态、风度却是可以通过后天培养的。一个人的外在美固然能引人注目,但只有将外在的美丽与内在美结合起来,个人的魅力才能长久不衰。社交礼仪不仅要求现代人注重仪容仪表,更强调现代人要培养良好的语言行为习惯,遵守社会公德以及法纪法规,符合社会规范。

最后,遵守社交礼仪可以更好地向交往对象表示尊敬、友好之意,赢得对方的好感。"礼仪"中"礼"字就是表示敬意、尊敬、崇敬之意,多用于对他人的尊重,体现着一个人对他人和社会的认知水平、尊重程度,是一个人的学识、修养和价值的外在表现。一个人只有在尊重他人的前提下,才会被他人尊重。人与人之间的和谐关系,也只有在这种互相尊重的过程中,才能逐步建立起来。这是礼仪的重点和核心,是对待他人的诸多做法中最重要

的一条。要做到敬人之心常存,处处不可失敬于人,不可伤害他人的尊严,更不能侮辱对方的人格。掌握了这一点,就等于掌握了礼仪的灵魂。

2. 社交礼仪有助于塑造组织形象

组织形象是指社会公众心目中对一个组织的总体评价,包括组织的价值观念、组织的行为准则和规范、组织的传统习惯和道德修养、组织的礼仪文化。组织形象是组织最宝贵的无形资产,塑造和树立良好的组织形象是组织生存和发展的根本。因此,名牌企业对自己的组织形象格外重视,如麦当劳的黄色大 M,员工整齐划一的服饰和操作流程;可口可乐使人过目不忘的 Coca-Cola 的标准字体、白色水线和红底色的图案,常变常新的代言人;"蓝色巨人"IBM 统一的服饰打扮……在一个成熟的买方市场中,消费者决不会为一两个耀眼的广告、一两句动听的广告语而进行购买。在一个成熟的买方市场中,企业卖的或生产的是什么? 是组织形象。礼仪是组织形象的核心内容之一,而礼仪必须通过人来展现。所以,现代人的个人形象与组织形象不可避免地紧密地联系在一起。组织员工是组织形象的代表,他们是组织形象的主要塑造者,是组织连接消费者的"桥梁"。在职场上,社交礼仪不再仅仅是个人素质的外在表现,更是组织文化内涵的体现。大凡国际化的大组织,对礼仪都有着极高的要求,原因就在于组织希望通过形式规范的礼仪表现出组织的整体素质,从而获得良好的公众评价。因此,社交礼仪能展示组织的文明程度、管理风格和道德水准,塑造组织形象。

良好的组织形象是任何组织都刻意追求的目标,组织形象的塑造处处都需要礼仪。比如,你想和某一单位联系业务,当你拨打对方办公室电话竟无人接听或铃响五六声之后才有人接听时,你会对该单位产生一种印象——工作效率不高、制度不健全或员工素质差等。反之,当你一拨通电话,听到对方和蔼可亲的问候、得体的称谓、礼貌的语言、简洁干练的回答、热情的接待,你立即会有一种亲切之感。

组织形象常常是在不经意间体现并塑造出来的。整洁幽雅的环境,宽敞明亮、井然有序的办公室,独具个性、富有哲理的价值观,色彩柔和的服饰,彬彬有礼的员工,富有特色的广告等,都会给公众留下深刻的印象。礼仪则是通过组织员工的仪容仪表、言谈举止、礼貌礼节、仪式及活动过程表现出来的,它是塑造组织形象的基础工程。任何不讲究礼仪的组织,都不可能获得良好的社会形象。

组织通过各种规范化的礼仪,还可以激发员工对组织的自豪感,增强组织的凝聚力和向心力。如日本松下公司创作了自己的"松下之歌""松下社训",每天早晨八点,遍布各地的松下组织员工一起高唱松下歌曲,使每一名员工都以自己是松下的员工而感到自豪。目前,我国的许多组织通过统一组织标识、统一组织服装、统一色彩等,塑造组织统一的社会形象,也使组织的员工自觉地维护组织的形象;还有许多组织通过开业庆典、周年纪念、表彰大会等仪式,激发员工对本组织的了解、爱戴,加深感情,增强组织的凝聚力和向心力。可见,社交礼仪在塑造组织形象中的作用是巨大的。

3. 社交礼仪有助于塑造职业形象

职业形象是行业或组织的精神及文化理念与从业人员个体形象的有机融合,是个性化和规范化的统一。不同的行业和组织都有各自不同的文化和理念,这就要求其从业人员的个人形象必须服从于组织形象,其个性的凸显必须在符合企业要求的前提之下。因此,职业形象必须是个体形象与组织形象的完美结合,不同行业的从业人员,其个体形象必须符合某类特定职业角色的要求。每一个现代人,都应该树立起与之相适应的职业理想、职业道德、职业信念,都应该具备与行业要求相吻合的职业素质、职业气质和职业仪表。

著名的形象顾问法兰克(Frank)曾经说过:"你在职场中的威信,有一半来自别人如何看待你。"面对竞争激烈的现代商业社会,现代人想要在职场中脱颖而出,必须与各种各样的人打交道,这就必须学会与人相处。社交礼仪的本质就是按照规范与人交往。你的服饰打扮不符合要求,别人会拒绝与你为伍;你的举止谈吐粗俗,别人将对你敬而远之;你不尊重他人的宗教习俗,它会令你功败垂成。而良好的礼仪可以更好地向对方展示自己的长处和优势,它往往决定了机会能否降临。为他人服务不是件简单而容易的事情。要赢得社会的认同和尊重,就必须不断地学习,提高自己的素质,树立良好的职业形象,这些非常重要。

小故事

职业形象的典范——张秉贵

张秉贵1955年11月到百货大楼站柜台,三十多年的时间里接待顾客400万人,没有跟顾客红过一次脸、吵过一次嘴,没有怠慢过任何一个人。他把为人民服务的信念与本职工作密切联系起来,他认为:"站柜台不单是经济工作,也是政治工作;不单是买与卖的关系,还是相互服务的关系。""一个营业员服务态度不好,外地人会说你那个城市服务态度不好,港澳同胞会感到祖国不温暖,外国人会说中华人民共和国不文明。我们真是工作平凡,岗位光荣,责任重大!"

从为国家争光、为人民服务的政治信念出发,他练就了"一抓准"和"一口清"的过硬本领,通过眼神、语言、动作、表情、步伐、姿态等调动各个器官的功能,几乎成了那个时代商业领域的服务规范,商业服务业的简单操作,被他升华为艺术境界。

在北京,传统的"燕京八景"名扬天下,而张秉贵售货艺术被人们誉为"第九景"。张秉贵不仅技术过硬,而且注重仪表,天天服装整洁,容光焕发。他认为:"站柜台就得有个干净利落的精神劲儿,顾客见了才会高兴地买我们的东西。特别是我们卖食品的,如果不干不净,顾客就先倒了胃口,谁还会再买我们的东西啊!"他坚持每周理发,每天刮胡子、换衬衣、擦皮鞋。

张秉贵一进柜台,就像战士进入阵地。普通售货员一般早晨精神饱满,服务态度较好;下午人疲倦了,不太爱说话了,也懒得动弹,对顾客就容易冷漠。张秉贵却不然,从清晨开门接待第一个顾客,到晚上送走最后一个顾客,自始至终都能春风满面、笑容可掬。他到了退休年龄,体力明显不济,一上柜台还是表现得生龙活虎,下班后,他却往往步履蹒跚。同志们说他是"上班三步并作一步走,下班一步变为三步迈"。

看张秉贵工作,也成了许多人的享受。有一位挂着拐杖的老人,经常来欣赏他卖货。

这位老人对他说："我是因病休息的人,每天来看看您站柜台的精神劲儿,我的病也仿佛好了许多。"一位音乐家看他售货后说："你的动作优美,富有节奏感,如果配上音乐,是非常动人的旋律。"

4．社交礼仪有助于塑造国家形象

一个国家的实力由软实力和硬实力构成。硬实力是指国家的 GDP、科技实力、军事实力等；软实力就是指文化、文明礼仪以及修养水平等精神要素。有专家认为,可以将软实力表述为一国的文化、价值观念、社会制度、发展模式的国际影响力与感召力。如果软实力做得好,国家的文化就容易被别人吸收,文化辐射力就强,国家的政策也就容易被别人理解,对外交往遇到的障碍就相对少得多。随着改革开放的深入以及中国国力的提高,世界对中国的关注也加大了,可以说整个世界都在分析和关注中国。所以,当我们的公民走出国门的时候,我们的公司走出国门的时候,就要严格遵循道德和文明礼仪规范,因为这涉及整个中国的形象问题。

一个国家的公民道德素质和文明礼仪涉及国家对外的信用,影响整个民族、整个国家的对外形象。随着我国融入世界经济经贸大循环,对外开放进一步扩大,这就意味着我国与世界各国的交往日益增多,各类人员涉外服务也随之增加。我们的一言一行、一举一动,无不代表了国家的形象。"中国"——"玉"在其中,我们要对得起这个名字。

6.1.2　见面礼仪

见面是社交的开始,了解和掌握见面时的礼节,可以帮助我们顺利地通往交往的殿堂。本节所介绍的称呼、问候、介绍、握手等礼仪都是最常见的见面礼节。

1．称呼的礼仪

在社会交往中,交际双方见面时,如何称呼对方,这直接关系到双方之间的亲疏、了解程度、尊重与否及个人修养等。一个得体的称呼,会令彼此如沐春风,为以后的交往打下良好的基础。否则,不恰当或错误的称呼,可能会令对方心里不悦,影响到彼此的关系乃至交际的成功。一个得体的称呼可谓交际的"敲门砖"！

小故事

叶永烈采访陈伯达

著名传记作家叶永烈在着手写陈伯达传记时,必须采访陈伯达,采访时究竟怎样称呼陈伯达,叶永烈颇费了一番心思。采访的前一天晚上,叶永烈辗转反侧：明天见到了陈伯达到底该叫他什么呢？叫他陈伯达同志不合适,因为陈伯达是在监狱服刑的犯人；叫他老陈也不行,因为陈伯达已经是八十四岁的老人了,而自己才四十多岁。究竟应怎样称呼他呢？突然,叶永烈灵机一动,称呼他"陈老",这是再恰当不过的称呼了。

果然,第二天采访时,叶永烈一声"陈老"的亲切得体的称呼,令陈伯达听了感动万分,眼里闪烁着泪花。

(1)称呼的原则。

① 礼貌原则。合乎礼节的称呼,是向他人表达尊重的一种方式。在人际交往中,称呼对方要用尊称。现在常用的有:您——您好、您慢走;贵——贵姓、贵公司、贵方、贵校;大——尊姓大名、大作(文章、著作);老——王老、李老、您老辛苦了;高——高寿、高见等;芳——芳名、芳龄。

② 尊重原则。一般来说,汉族人有崇大、崇老、崇高的心态,如对同龄人,一般称呼对方为哥、姐;对既可称"叔叔"又可称"伯伯"的长者,以称"伯伯"为宜;对副校长、副处长、副厂长等,也可在姓后直接以正职相称。

③ 恰当原则。许多青年人往往对人喜欢称"师傅",虽然亲热有余,但文雅不足,且普适性较差。对理发师、厨师、司机称师傅恰如其分,但对医生、教师、军人、干部、商务工作者称师傅就不合适了,如把小姑娘称为"师傅"则要挨骂了!所以,要视交际对象、场合、双方关系等选择恰当的称呼。

(2)通常的称呼。

① 称呼姓名。一般的同事、同学关系,平辈的朋友、熟人,均可彼此之间以姓名相称。例如,"王小平""赵大亮""刘军"。长辈对晚辈也可以如此称呼,但晚辈对长辈却不可这样做。为了表示亲切,可以在被称呼者的姓前分别加上"老""大""小"字相称,而免称其名。例如,对年长于己者,可称"老张""大李";对年幼于己者,可称"小吴""小周"。但这种称呼多在职业人士间常见,不适合在校学生。对同性别的朋友、熟人,若关系极为亲密,可以不称其姓,而直呼其名,如"春光""俊杰"。对于异性一般则不可这样做,因为只有其家人或配偶才这样称呼。

② 称呼职务。在工作中,以交往对象的职务相称,以示身份有别、敬意有加,这是一种最常见的称呼方法。具体做法:可以仅称呼职务,如"局长""经理""主任"等;也可以在职务前加上姓氏,如"王总经理""李市长""张主任"等;还可以在职务之前加上姓名,这仅适用于极其正式的场合,如"×××主席""×××省长""×××书记"等。

③ 称呼职称。对有职称者,尤其是有高级、中级职称者,可以在工作中直接以其职称相称。可以只称呼职称,例如,"教授""研究员""工程师"等;可以在职称前加上姓氏,例如,"张教授""王研究员""刘工程师",当然有时可以简化,如将"刘工程师"简化为"刘工",但使用简称应以不发生误会、歧义为限;可以在职称前加上姓名,它适用于十分正式的场合。例如,"王久川教授""周蕾主任医师""孙小刚主任编辑"等。

④ 称呼学位。在工作中,以学位作为称呼,可增加被称呼者的权威性,有助于增强现场的学术氛围。可以在学位前加上姓氏,如"张博士";可以在学位前加上姓名,如"张明博士"。称呼学位一般仅限于拥有博士学位者,对学士学位、硕士学位拥有者不作此项称呼。

⑤ 称呼职业。称呼职业即直接以被称呼者的职业作为称呼。例如,将教员称为"老师",将教练员称为"教练"或"指导",将专业辩护人员称为"律师",将财务人员称为"会计",将医生称为"大夫"或"医生"等。一般情况下在此类称呼前,均可加上姓氏或

姓名。

⑥ 称呼亲属。亲属即本人直接或间接拥有血缘关系者。在日常生活中,对亲属的称呼业已约定俗成,人所共知。面对外人,对亲属可根据不同情况采取谦称或敬称。对本人的亲属应采用谦称。称辈分或年龄高于自己的亲属,可以在其称呼前加"家"字,如"家父""家叔"。称辈分或年龄低于自己的亲属,可在其称呼前加"舍"字,如"舍弟""舍侄"。称自己的子女,则可在其称呼前加"小"字,如"小儿""小女""小婿"。对他人的亲属,应采用敬称。对其长辈,宜在称呼前加"尊"字,如"尊母""尊兄"。对其平辈或晚辈,宜在称呼之前加"贤"字,如"贤妹""贤侄"。若在其亲属的称呼前加"令"字,一般可不分辈分与长幼,如"令堂""令爱""令郎"。

⑦ 涉外称呼。在涉外交往中,一般对男子称先生,对女子称夫人、女士或小姐。已婚女子称夫人,未婚女子称小姐;对婚姻状况不明的女子称"小姐"或"女士"。在西方国家,凡是举行宗教结婚仪式的人,都习惯在无名指上戴一枚戒指,男子戴在左手,女子戴在右手,所以对外宾的称呼可以此而定。以上是根据性别和婚姻状况来称呼,使用起来具有普遍性。

(3) 称呼的禁忌。

① 使用错误的称呼。常见的错误称呼有两种:一种是误读,一般表现为念错被称呼者的姓名。比如"郇""查""盖"这些姓氏就极易弄错。要避免犯此错误,就一定要做好先期准备,必要时不耻下问、虚心请教。另一种是误会,主要指对被称呼者的年纪、辈分、婚否以及与其他人的关系做出了错误判断。比如,将未婚妇女称为"夫人",就属于误会。

② 使用不当的行业称呼。学生喜欢互称为"同学";军人经常互称为"战友";工人可以称为"师傅";道士、和尚可以称为"出家人",这并无可厚非。但以此去称呼"界外"人士,并不表示亲近,没准对方不领情,反而产生被贬低的感觉。

③ 使用庸俗低级的称呼。在人际交往中,有些称呼在正式场合切勿使用。例如,"兄弟""朋友""哥们儿""姐们儿""死党""铁哥们儿"等一类的称呼,就显得庸俗低级、档次不高。它们听起来很肉麻,而且带有明显的黑社会的风格。逢人便称"老板",也显得不伦不类。

④ 使用绰号作为称呼。对关系一般者,切勿自作主张给对方起绰号,更不能随意以道听途说来的对方的绰号去称呼对方。至于一些对对方具有侮辱性质的绰号,例如,"北佬""阿乡""鬼子""鬼妹""拐子""秃子""罗锅""四眼""肥肥""傻大个""柴火妞""北极熊""麻秆儿"等,则更应当免开尊口。另外,还要注意,不要随便拿别人的姓名乱开玩笑。要尊重一个人,必须首先学会去尊重他的姓名。

⑤ 学会记住别人的名字。美国交际学家戴尔·卡耐基(Dale Carnegie)说:"一个人的姓名是他自己最熟悉、最甜美、最妙不可言的声音。在交际中,最明显、最简单、最重要、最能得到好感的方法,就是记住人家的名字。"记住并准确地叫出对方的姓名,会使人感到亲切自然、一见如故。否则,即使有过交往的朋友也会生疏起来。作为服务行业的从业人员,应养成牢记顾客名字的习惯,在服务顾客的过程中,无疑占据了有利地位。

2. 问候的礼仪

在人际交往中,当互相见面或被他人介绍时,应起身站立,热情认真地向对方问候,打个招呼,这是最普通的礼节。问候时应注意以下问题。

(1) 男士尊重女士。如果你在途中遇见相识的女士,倘若她不打招呼,你就不要去打扰她。她是不是主动向你打招呼,全由她去决定。你只可向她答礼,除非你和她非常熟悉。男士主动先向女士打招呼,有时会给女士带来不便或尴尬。

(2) 不用莽撞的问候方式。如果你在公共场所遇见了久违的好朋友,请不要太激动。在街上,突然冲向对方,甚至冲撞了行人;在会场上,猛然从座位上跳起来并穿过整个大厅;在人群里,冷不丁高呼朋友的名字,让旁人吓一跳,并为之行侧目礼等,都是很失礼的。

(3) 不苛求"熟视无睹"的相识者。有时会碰见相识者对你"熟视无睹",而感到不高兴,其实这大可不必。请不要把不经心的视而不见与故意的轻蔑混为一谈。这很可能是对方正在沉思,或者眼睛近视,也可能因为你的外貌有了改变。例如,有位女士对自己所从事的专业很有研究和造诣,是行业中公认的专家。但她的同事对她一直很有意见,认为她骄傲,不理人,摆架子。其实她的"视而不见",是因为她习惯在行走和空闲时独自一人沉思。

(4) 适时、适地打招呼。如果参加一个国际性的或者是跨省市、跨行业的会议,在一天内几次遇见同一个熟人,每次都说"您好",似乎太单调了,而可以根据时间、场合,适地、适时地用不同的方式打招呼。

(5) 与相遇的人打招呼。有时因出差、开会、旅游等,在旅馆居住或在商店购物时,都应该同遇见的服务员或售货员打招呼。只要是经常同自己打交道的,不论地位高低、贫富不同,都要注意见面打招呼。

3. 介绍的礼仪

介绍是社交活动最常见也是最重要的礼节之一,它是初次见面的陌生的双方开始交往的起点。介绍在人与人之间起桥梁与沟通作用,几句话就可以缩短人与人之间的距离,为进一步交往开个好头。

(1) 自我介绍。在不同场合,遇见对方不认识自己,而自己又有意与其认识,当场没有他人从中介绍,往往需要自我介绍。自我介绍要注意以下方面。

① 把握自我介绍的时机。在交际场合,自我介绍的时机包括:与不相识者相处一室;不相识者对自己很有兴趣;他人请求自己作自我介绍;在聚会上与身边的陌生人共处;打算介入陌生人组成的交际圈;求助的对象对自己不甚了解,或一无所知;前往陌生单位,进行业务联系时;在旅途中与他人不期而遇而又有必要与人接触;初次登门拜访不相识的人。

② 选择自我介绍的方式。自我介绍的方式主要有:第一,应酬式的自我介绍。这种自我介绍的方式最简洁,往往只包括姓名一项即可,如:"您好!我叫王平。"它适合于一些公共场合和一般性的社交场合,如途中邂逅、宴会现场、舞会、通电话时,它的对

象主要是一般接触的交往人。第二,工作式的自我介绍。工作式的自我介绍的内容,包括本人姓名、供职的单位以及部门、担负职务或从事的具体工作等。比如说:"我叫唐婷,是大地广告公司的客户经理。"第三,交流式的自我介绍。也叫社交式自我介绍或沟通式自我介绍,是一种刻意寻求交往对象进一步交流沟通,希望对方认识自己、了解自己、与自己建立联系的自我介绍。适用于社交活动中,大体包括本人的姓名、工作、籍贯、学历、兴趣以及与交往对象的某些熟人的关系等。如:"我的名字叫陈友,是招商银行的理财顾问,说起来我跟您还是校友呢。"第四,礼仪式的自我介绍。这是一种表示对交往对象友好、尊敬的自我介绍。适用于讲座、报告、演出、庆典、仪式等正规的场合。内容包括姓名、单位、职务等。自我介绍时,还应多加入一些适当的谦辞、敬语,以示自己尊敬交往对象。如:"女士们、先生们,大家好!我叫宋河,是精英文化公司的常务副总。值此之际,谨代表本公司热烈欢迎各位来宾莅临指导,谢谢大家的支持。"第五,问答式的自我介绍。针对对方提出的问题,做出自己的回答。这种方式适用于应试、应聘和公务交往,在一般交际应酬场合也时有所见。例如,对方发问:"这位先生贵姓?"回答:"免贵姓张,弓长张。"

③ 掌握自我介绍的分寸。首先,语言要力求简洁。要节省时间,通常以半分钟左右为佳,如无特殊情况最好不要长于1分钟。为了提高效率,在做自我介绍时,可利用名片、介绍信等资料加以辅助。其次,态度要友好自信。态度要保持自然、友善、亲切、随和,整体上讲要落落大方、笑容可掬。要充满信心和勇气,敢于正视对方的双眼,显得胸有成竹、从容不迫。语气自然,语速正常,语言清晰。最后,内容要追求真实。进行自我介绍时所表达的各项内容,一定要实事求是、真实可信。过分谦虚,一味贬低自己去讨好别人,或者自吹自擂、夸大其词,都是不足取的。

(2) 他人介绍。他人介绍即社交中的第三者介绍。在他人介绍中,为他人做介绍的人一般有社交活动中的东道主、社交场合中的长者、家庭聚会中的女主人、公务交往活动中的公关人员(礼宾人员、接待人员、文秘人员)等。他人介绍要注意以下方面。

① 他人介绍的时机。他人介绍的时机包括:在家中或办公地点接待彼此不相识的客人;与家人外出,路遇家人不相识的同事或朋友;陪同亲友,前去拜会亲友不认识的人;陪同上司、来宾时,遇见了其不相识者,而对方又跟自己打了招呼;打算推介某人加入某一交际圈;收到为他人做介绍的邀请等。

② 他人介绍的顺序。一般来说,在被介绍的两个人中,应让女士、长者、位尊者拥有"优先知晓权",例如:介绍年长者与年幼者认识时,应先介绍年幼者,后介绍年长者;介绍长辈与晚辈认识时,应先介绍晚辈,后介绍长辈;介绍老师与学生认识时,应先介绍学生,后介绍老师;介绍女士与男士认识时,应先介绍男士,后介绍女士;介绍已婚者与未婚者认识时,应先介绍未婚者,后介绍已婚者;介绍同事、朋友与家人认识时,应先介绍家人,后介绍同事、朋友;介绍来宾与主人认识时,应先介绍主人,后介绍来宾。

在集体介绍时要注意:第一,少数服从多数。当被介绍者双方地位、身份大致相似时,应先介绍人数较少的一方。第二,强调地位、身份。若被介绍者双方地位、身份存在差异,虽人数较少或只一人,也应将其放在尊贵的位置,最后加以介绍。第三,单向介绍。在演讲、报告、比赛、会议、会见时,往往只需要将主角介绍给广大参加者。第四,人数多的一方的介绍。若一方人数较多,可采取笼统的方式进行介绍。如"这是我的家人""这是我的同学"。第五,人数较多各方的介绍。若被介绍的不止两方,则需要对被介绍的各方进行位次排列。排列的方法:a. 以其负责人身份为准;b. 以其单位规模为准;c. 以单位名称的英文字母顺序为准;d. 以抵达时间的先后顺序为准;e. 以座次顺序为准;f. 以距介绍者的远近为准。

③ 他人介绍的细节。细节决定成败,在介绍中还要注意以下细节,只有这样才能取得良好的交际效果。

第一,介绍者在介绍被介绍者之前,一定要征求一下被介绍双方的意见,切勿开口即讲,显得很唐突,让被介绍者感到措手不及。

第二,被介绍者在介绍者询问自己是否有意认识某人时,一般不应拒绝,而应欣然应允。实在不愿意时,则应说明理由。

第三,介绍人和被介绍人都应起立,以示尊重和礼貌;待介绍人介绍完毕,被介绍双方应微笑点头示意或握手致意。

第四,在宴会、会议桌、谈判桌上,视情况介绍人和被介绍人可不必起立,被介绍双方可点头微笑致意;如果被介绍双方相隔较远,中间又有障碍物,则可举起右手致意,点头微笑致意。

第五,介绍完毕,被介绍双方应依照合乎礼仪的顺序握手,并且彼此问候对方。问候语有"你好,很高兴认识你""久仰大名""幸会幸会",必要时还可以进一步做自我介绍。此外,介绍时不要开玩笑,不要使用易生歧义的简称,特别是在首次介绍时要准确地使用全称。

4. 握手的礼仪

当今,握手已成为世界上最为普遍的一种礼节,其应用的范围远远超过了鞠躬、拥抱、接吻等。在日常交际中,我们必须注意握手的基本礼节。

小贴士

握手的由来

史前时期,人类的祖先以打猎为生,世界对他们来说是充满着危险的。因此,当陌生人相遇时,如果双方都怀着善意,便伸出一只手来,手心向前,向对方表示自己手中没有石头或武器,走近之后,两人互相摸摸右手,以示友好。这样沿袭下来,便成为今天人们表示友好的握手。

关于握手礼来源的另一种说法是:中世纪时,骑士们都穿着盔甲,全身披挂后,除两只眼睛外,其余都包裹在盔铁甲里,随时准备冲向敌人。如果表示友好,互相走近时就应脱去右手的甲胄,伸出右手,表示没有武器,互相握手,这是和平的象征。

(1) 握手的次序。根据礼仪规范,握手时双方伸手的先后次序,一般应当遵守"尊者先伸手"的原则。由尊者首先伸出手来,位卑者只能在此后予以响应,而绝不可贸然抢先伸手,不然就是违反礼仪的举动。其基本规则如下:

① 男女之间握手。男女之间握手,男士要等女士先伸出手后才握手。如果女士不伸手或无握手之意,男士向对方点头致意或微微鞠躬致意。男女初次见面,女方可以不和男士握手,只是点头致意即可。男女握手时,要脱帽和脱右手手套,如果匆匆忙忙来不及脱,要道歉。女士除非对长辈,一般可不必脱手套。

② 宾客之间握手。宾客之间握手,主人有向客人先伸出手的义务。在宴会、宾馆或机场接待宾客,当客人抵达时,不论对方是男士还是女士,女主人都应该主动先伸出手。男士因是主人,尽管对方是女宾,也可先伸出手,以表示对客人的热情欢迎。而在客人告辞时,则应由客人首先伸出手来与主人相握,在此表示的是"再见"之意。

③ 长幼之间握手。长幼之间握手,年幼的一般要等年长的先伸手。和长辈及年长的人握手,不论男女,都要起立趋前握手,并要脱下手套,以示尊敬。

④ 上下级之间握手。上下级之间握手,下级要等上级先伸出手。但涉及主宾关系时,可不考虑上下级关系,做主人的应先伸手。

⑤ 一个人与多人握手。若是一个人需要与多人握手,则握手时亦应讲究先后次序,由尊而卑,即先年长者后年幼者,先长辈后晚辈,先老师后学生,先女士后男士,先已婚者后未婚者,先上级后下级,先职位、身份高者后职位、身份低者。

值得注意的是,在公务场合,握手时伸手的先后次序主要取决于职位、身份。而在社交、休闲场合,则主要取决于年龄、性别、婚否。

(2) 握手的方式。握手的标准方式,是行礼时行至距握手对象约 1 米处,双腿立正,上身略向前倾,伸出右手,四指并拢,拇指张开与对方相握。握手时应用力适度,上下稍许晃动三四次,随后松开手来,恢复原状。具体应注意以下几点。

① 神态。与人握手时神态应专注、热情、友好、自然。在通常情况下,与人握手时,应面含微笑,目视对方双眼,并且口头问候。在握手时切勿显得自己三心二意、敷衍了事、漫不经心、傲慢冷淡。如果在此时迟迟不握他人早已伸出的手,或是一边握手,一边东张西望,目中无人,甚至忙于跟其他人打招呼,都是极不应该的。

② 力度。握手时用力应适度,不轻不重,恰到好处。如果手指轻轻一碰,刚刚触及就离开,或是懒洋洋地去相握,缺少应有的力度,会给人勉强应付、不得已而为之的感觉。一般来说,手握得紧是表示热情,男人之间可以握得较紧,甚至另一只手也加上,握住对方的手大幅度上下摆动,或者在手相握时,左手又握住对方胳膊肘、小臂甚至肩膀,以表示热烈。但是注意既不能握得太使劲,使人感到疼痛;也不能显得过于柔弱,不像个男子汉。对女性或陌生人,轻握是很不礼貌的,尤其是男性与女性握手应热情、大方、用力适度。

③ 时间。通常是握紧后打过招呼即松开。但如亲密朋友意外相遇、敬慕已久而初次见面、至爱亲朋依依惜别、衷心感谢难以表达等场合,握手时间就长一点,甚至紧握不放,话语不休。在公共场合,如列队迎接外宾时,握手的时间一般较短。握手的时间应根据与对方的亲密程度而定。

(3) 握手的禁忌。在交际中,握手虽然司空见惯,看似寻常,但是由于它可被用来传递多种信息,因此在行握手礼时应努力做到合乎规范,并且注意下面几点。

① 不要用左手与他人握手,尤其是在与阿拉伯人、印度人打交道时要牢记此点,因为在他们看来左手是不洁的。

② 不要在握手时争先恐后,而应当遵守秩序,依次而行。特别要记住,与基督教信徒交往时,要避免两人握手时与另外两人相握的手形成交叉状,这类似十字架,在基督教信徒眼中是很不吉利的。

③ 不要戴着手套握手,在社交场合女士的晚礼服手套除外。

④ 不要在握手时戴着墨镜,只有患有眼疾或眼部有缺陷者才能例外。

⑤ 不要在握手时将另外一只手插在衣袋里。

⑥ 不要在握手时另外一只手依旧拿着香烟、报刊、公文包、行李等东西而不肯放下。

⑦ 不要在握手时面无表情,不置一词,好似根本无视对方的存在,而纯粹是为了应付。

⑧ 不要在握手时长篇大论,点头哈腰,滥用热情,显得过分客套,让对方不自在,不舒服。

⑨ 不要在握手时把对方的手拉过来、推过去,或者上下左右抖个没完。

⑩ 不要在与人握手之后,立即擦拭自己的手掌,好像与对方握一下手就会使自己受到感染似的。

小贴士

握手方式与性格

(1) 控制式。即用掌心向下或向左下的姿势握住对方的手。这种人想表达自己的优势、主动、傲慢或支配地位。一般具有说话干净利落、办事果断、高度自信的特点。凡事一经自己决定,就很难改变观点,作风不大民主。

(2) 谦恭式。即用掌心向上或向左上的手势与对方握手。这种人往往性格软弱,处于被动、劣势地位,处世比较谦和、平易近人,不固执,对对方比较尊重、敬仰,甚至有几分畏惧。

(3) 对等式。即握手时两人伸出的手心都不约而同地向着对方握在一起。这种人比较友好,也可能是很遵守游戏规则的平等的竞争对手。

(4) 双握式。即在右手相握的同时,再用左手加握对方的手背、前臂、上臂或肩部。加握部位越高,其热情友好的程度也显得越高。这种人热情真挚、诚实可靠、信赖别人。

(5) 捏手指式。即只捏住对方的几个手指或手指尖部。女性与男性握手时,为了表示自己的矜持与稳重,常采取这种方式。如果是同性别的人之间这样握手,就显得有几分冷淡和生疏。若换成显贵人物,则其意在显示自己的"尊贵"。

(6) 拉臂式。即将对方的手拉到自己的身边相握。这种人往往过分谦恭,在他人面前唯唯诺诺、轻视自我、缺乏主见与敢作敢为的精神。

(7) 死鱼式。即握手时伸出一只无任何力度、质感,不显示任何积极信息的手。这种人的性格不是生性懦弱,就是对人冷漠无情,待人接物消极傲慢。

(4) 握手的技巧。

① 主动与每个人握手。在商务场合,如谈判开始之前,双方都要互相介绍认识一下。这时候,你最好表现得积极一些、主动一些,表示你很高兴与他们认识。你可以主动地与他们每一个人握手表示你对对方的尊重,只有在你尊重别人时,也才会受到别人的尊重。

② 有话想让对方出来讲,握手时不要松开。有时你找对方谈一些事,不巧的是里边还有其他人在,你想与对方单独谈,耐心等了很久仍没有机会,你可以想办法让对方出来说。但你不能明白告诉对方"我有点事,咱们到外边说",这显然是不礼貌的,你得想办法让对方起身相送。在你起身告辞时,对方站起来,你就边与对方交谈,边向外走。如果对方无意起身,你就走近他,很礼貌地与他握手,出于礼貌对方会站起身走出自己的座位,然后你边说边往外走,中间不能停。因为当你还有话要说时,对方是很不好意思不送你的。说话时,眼睛也要看着对方,不要只顾走。走到门口对方要与你告辞,你主动伸手与他握手,握手之后不要马上松开,要多握一会儿,并告诉对方:"你看我还有件事……"你说得缓慢些,对方也就意识到了,就会主动走出来。

③ 握手时赞扬对方。握手时的寒暄话是非常重要的。在你与对方握手的时候,可以对对方表示一下关心和问候,或赞扬对方两句。握手时双方的距离很近,对方的衣着服饰可以尽收眼底,如果你用心观察,肯定会有某一方面值得你赞扬。而每个人又都有自己特别注重修饰的地方,有人特别爱惜自己的发式,每天修理头发,使自己神采奕奕;有人特别注意领带,不惜高价买一条,或用一枚精制的领带夹子点缀一下,使自己容光焕发;有的穿了一件新西装,质地优良、做工讲究;有的穿一件衬衣,色彩和谐明快,使人显得年轻漂亮。见面握手时不能对这些熟视无睹,要加以赞美。双方会因此而显得亲近,你则显得格外大方、热情、细心,因而会给人留下一个好印象。

(5) 常见的其他见面礼节。在国内外交往中,除了握手外,以下见面礼也颇为常见。

① 点头礼。点头礼适用于路遇熟人,或在会场、剧院、歌厅、舞厅等不宜与人交谈之处,或在同一场合碰上自己多次见面者,或遇上多人又无法一一问候之时。行礼的做法是:头部向下轻轻一点,同时面带笑容,不宜反复点头不止,也不必点头的幅度过大。

② 举手礼。行举手礼的场合与行点头礼的场合大致相似,它最适合向距离较远的熟人打招呼。其做法是右臂向前方伸直,右手掌心向着对方,其他四指并齐、拇指分开,轻轻向左右摆动一两下。不要将手上下摆动,也不要在手摆动时用手背朝向对方。

③ 脱帽礼。戴着帽子的人,在进入他人居所、路遇熟人、与人交谈并握手或行其他见面礼时、进入娱乐场所、升挂国旗、演奏国歌等一些情况下,应自觉主动地摘下自己的帽子,并置于适当之处,这就是所谓脱帽礼。女士在社交场合可以不脱帽子。

④ 注目礼。具体做法是:起身立正、抬头挺胸,双手自然下垂或贴放于身体两侧,笑容庄重严肃,双目正视于被行礼对象,或随之缓缓移动。一般在升国旗、游行检阅、剪彩揭幕、开业挂牌等情况下,使用注目礼。

⑤ 拱手礼。拱手礼是我国民间传统的会面礼,今天也常使用,如在过年时举行团拜活动、向长辈祝寿、向友人恭喜(结婚、生子、晋升、乔迁)、向亲朋好友表示无比感谢,以及与海外华人初次见面时表示久仰大名等。行礼时应起身站立,上身挺直,两臂前伸,双手在胸前高举抱拳,自上而下或者自内向外,有节奏地晃动两三下。

⑥ 鞠躬礼。在日本、韩国、朝鲜等国,鞠躬礼十分普遍。目前在我国主要适用于向他人表示感谢、领奖或讲演之后、演员谢幕、举行婚礼或参加追悼活动。行礼时应脱帽立正,双目凝视受礼者,然后上身弯腰前倾。男士双手应贴放于身体两侧裤线处,女士的双手则应下垂搭放于腹前。下弯的幅度越大,所表示的敬重程度就越大。

⑦ 合十礼。在东南亚、南亚信奉佛教的地区以及我国傣族聚居区,合十礼最为普遍。行合十礼时双掌十指在胸前相对合,五个手指并拢向上,掌尖和鼻尖基本持平,手掌向外侧倾斜,双腿立直站立,上身微欠低头,可以口颂祝词或问候对方,亦可面带微笑,但不准手舞足蹈、反复点头。一般而论,行此礼时,合十的双手举得越高,越体现出对对方的尊重,但原则上不可高于额头。

⑧ 拥抱礼。在西方,特别是在欧美国家,拥抱礼是十分常见的见面礼与道别礼。在人们表示慰问、祝贺、欣喜时,拥抱礼也十分常用。正规的拥抱礼,讲究两人正面面对站立,各自举起右臂,将右手搭在对方左肩后面;左臂下垂,左手扶住对方右腰后侧。首先各向对方左侧拥抱;其次各向对方右侧拥抱;最后再一次各向对方左侧拥抱,一共拥抱3次。在普通场合行礼,不必如此讲究,次数也不必要求如此严格。

⑨ 亲吻礼。亲吻礼也是西方国家常用的见面礼,有时它会与拥抱礼同时使用。行礼时,通常忌讳发出亲吻的声音,而且不应将唾液弄到对方脸上。在行礼时,双方关系不同,亲吻的部位也有所不同。长辈吻晚辈,应当吻额头;晚辈吻长辈,应当吻下颌或吻面颊;同辈之间,同性应当贴面颊,异性应当吻面颊。接吻,即吻嘴唇,仅限于夫妻与恋人之间,而不宜滥用,不宜当众进行。

⑩ 吻手礼。吻手礼主要流行于欧美国家。它的做法是:男士行至已婚妇女面前,首先垂手立正致意,然后以右手或双手捧起女士的右手,俯首以自己微闭的嘴唇,去象征性地轻吻一下其手背或是手指。行吻手礼的地点,应在室内为佳。吻手礼的受礼者,只能是妇女,而且应是已婚妇女。行吻手礼时,如果咂咂作响或把唾液留在女士的手背上,是十分无礼的,应该双唇轻沾对方的手,不出声响。

5. 馈赠的礼仪

中华民族素来重交情,古代就有"礼尚往来"之说。人们在交往过程中有时会通过赠送礼物,来表达对交往对象的尊重、敬意、友谊、纪念、祝贺、感谢、慰问、哀悼等情感与意愿。成功的馈赠行为,不仅能够恰到好处地向受赠者表达自己的友好、敬重或其他某种特殊的情感,还能让对方产生快感,并留下深刻的印象。但若是不会选择合适的礼品,不懂馈赠的礼仪,就会造成耗费了一定精力和物力送出的礼物,不仅没给贵宾带来快乐,反而引起贵宾的不满。

(1) 馈赠礼物的标准。

① 情感性。馈赠礼物要重视其情感意义。礼物作为友好的象征物,其意义并不在礼物本身,而在于通过礼物所传达的友好情意,这是馈赠礼物的基本思想,所谓"千里送鹅毛,礼轻情义重"。情义是无价的,情义是无法用金钱来衡量的。"烽火连三月,家书抵万金。"同样说明"情"的价值,丝毫也不夸张。著名作家萧乾当年访问一位美籍华人朋友,特意捎去几颗生枣核。他深深知道:朋友身在异国他乡,年纪越大,思乡越切。送去几颗故乡故土的生枣核,让它在异国他乡生根、开花、结果。果然那位美籍朋友一见到那几颗生枣核,勾起了缕缕乡情,他把枣核托在手掌,仿佛它比珍珠玛瑙还贵重。因此选择礼物时,勿忘一个"情"字,应挑选价廉物美、具有一定纪念意义,或具有某些艺术价值,或为受礼人所喜爱的小艺术品,如纪念品、书籍、画册等。

选择礼物的价值要"得体"。并非价值越昂贵的礼物所表达送礼者的情意越深厚。送礼要与受礼者的经济状况相适合,中国人历来有"礼尚往来"的习俗,若受礼者的经济能力有限,当接到一份过于贵重的礼物时,其心理负担一定会大于受礼时的喜悦,尤其当你有求于对方的时候,昂贵的厚礼会让人有以礼代贿的嫌疑,不但加重了对方接受这份礼物的心理压力,也失去了平衡交流的意义。

② 独创性。送人礼物,与做其他许多事情一样,最忌讳"老生常谈""千人一面"。选择礼物,应当精心构思、匠心独运、富于创意,力求使之新、奇、特,这就是礼物的独创性。赠送具有独创性的礼物给人,往往可以令其耳目一新,既兴奋又感动,赠送者在对方心目中往往也会因此而"升值"。

③ 时尚性。赠送礼物应折射时代风尚。当今人们追求生活的高尚品位,什么样的礼物够档次,多半取决于礼物是否符合时代风尚。改革开放以来,随着人们生活水准的提高和思想观念的转变,人们相互馈赠礼物也发生了质的变化和飞跃,从经济实用的物质型礼物向高雅、新潮的精神型礼物转化。"精神礼物"已成为当今人际交往中的一道亮丽的风景线。它包括:智力型,如报纸、杂志、图书、计算机软件等;娱乐型,如唱片、激光影碟、体育比赛门票、晚会展览会入场券等;祝贺型,如鲜花、节日贺卡等。

④ 适俗性。挑选礼物时,特别在为交往不深或外地区人士和外国人挑选礼物时,应当有意识地使赠品与对方所在地的风俗习惯一致,在任何情况下,都要坚决避免把对方认为属于伤风败俗的物品作为礼物相赠,这样才表明尊重交往对象。如在我国大部分地区,老年人忌讳发音为"终"的钟;恋人们反感于发音为"散"的伞。阿拉伯地区严禁饮酒。在西方药品不宜送人。因此在涉外交往中,要根据不同国家、地区的习惯与个人的爱好做些必要的选择,赠礼问俗是我们不能忽视的,这也是一个重要标准。1972 年,尼克松总统准备访华,急于寻求能代表国家的礼物。美国保业姆公司闻讯后,趁此良机,向尼克松总统献上公司生产的一尊精致的天鹅群瓷器珍品,因为瓷器的英文 china,也具有"中国"的意思,尼克松一见,大喜过望,于是把这尊具有双重意义而且具有很高艺术价值的瓷器珍品带到了中国。

(2) 馈赠礼品的场合。在交往中,人们在不同的场合下选送不同的礼品。

① 表示谢意敬意。当我们接受他人或某个组织的帮助之后应当表示感谢。如某位医生妙手回春治愈你多年的顽症、某个组织为你排忧解难等。此时为表示感谢和敬意,可考虑送锦旗,并将称颂之语书写在锦旗上。

② 祝贺庆典活动。当友人或其他组织适逢庆典纪念之时,如某公司成立二十周年纪念,为表示祝贺,可送贺匾、书画或题词,既高雅别致又具有欣赏保存价值。

③ 公共关系礼品。开展公共关系活动中所送的礼品要与公共关系活动的目标一致,并且送礼的内容与送礼的组织形象是相符的。例如,上海大众汽车公司赠给客人的桑塔纳车模型,上海大中华橡胶厂精心设计研制的轮胎外形的钢皮卷尺等。

④ 祝贺开张开业。社会组织开张开业之际,都是宣传自身、扩大影响的好机会,一般来讲,都是要借机大肆宣传一番的。因而适逢有关组织开张开业之际,应送上一份贺礼,以示助兴和祝愿。一般选送鲜花贺篮为多,在花篮的绸带上写上祝贺之语和赠送单位或个人的名称。

⑤ 适逢重大节日。春节、元旦等节庆日都是送礼的旺季，组织可向公众、组织内部的员工等，适时地送上一份小小的礼物，对他们给予组织工作的关心和支持表示感谢，并希望继续得到他们的帮助。亲朋好友之间也可通过节日联络感情。此时也可选择适宜的礼品相赠。

⑥ 探视住院病人。公司的客人、员工生病或亲友患病住院，均应前去探视，并带上礼品。目前探视病人的礼品也不断地从"讲实惠"到"重情调"。以往送营养品、保健品，如今变为用多种水果包装起来的果篮、一束束鲜花。有一位教授住院，学生送他一束鲜花，夹在鲜花中的一张犹如名片大小的礼卡上写着这样的话语，"尊敬的导师：花香带来温馨的祝福，愿您静心养病，早日康复。您的弟子赠。"字里行间，充满了关切之情和师生之意。

⑦ 应邀家中做客。我们经常会应邀到别人家中做客或者出席私人家宴。为了礼尚往来，出于礼貌，应带些小礼品。如土特产、小艺术品、纪念品、水果以及鲜花等。有小孩的可送糖果、玩具之类。

⑧ 遭受不测事件。世上难有一帆风顺之事；一个家庭或组织遇上不测事件之时，及时地送上一份礼物表示关心，更能体现送礼者的情谊。比如：对方遇上火灾、地震等灾难，马上去函或去电表示慰问，也可送上钱款相助。

（3）馈赠礼品的礼仪。

① 精心包装。送给他人礼品，尤其是在正式场合赠送于人的礼品，在相赠之前，一般都应当认真进行包装。可用专门的纸张包裹礼品或把礼品放入特制的盒子、瓶子里等。礼品包装就像穿了一件外衣，这样才能显得正式、高档，而且会使受赠者感到自己备受重视。

② 表现大方。现场赠送礼品时，要神态大方自然，举止大方，表现适当。千万不要像做了"亏心事"，小里小气，手足无措。一般在与对方会面之后，将礼品赠送给对方，届时应起身站立，走近受赠者，双手将礼品递给对方。礼品通常应当递到对方手中，不宜放下后由对方自取。如礼品过大，可由他人帮助递交，但赠送者本人最好还是要参与其事，并援之以手。若同时向多人赠送礼品，最好先长辈后晚辈、先女士后男士、先上级后下级，按照次序，依次有条不紊地进行。

③ 认真说明。当面亲自赠送礼品时要辅以适当的、认真的说明。一是可以说明因何送礼，如若是生日礼物，可说"祝你生日快乐"；二是说明自己的态度，送礼时不要自我贬低，说什么"没有准备，临时才买来的""没有什么好东西，凑合着用吧"，而应当实事求是地说明自己的态度，比如"这是我为你精心挑选的""相信你一定会喜欢"等；三是说明礼品的寓意，在送礼时，介绍礼品的寓意，多讲几句吉祥话，是必不可少的；四是说明礼品的用途，对较为新颖的礼品可以说明礼品的用途、用法。

（4）接受馈赠的礼仪。

① 受礼坦然。一般情况下，对于对方真心赠送的礼物不能拒收，因此没完没了地说"受之有愧""我不能收下这样贵重的礼物"这类话是多余的，有时还会使人产生不愉快的感觉。即使礼物不称心，也不能表露在脸上。接受礼物时要用双手，并说上几句感谢的话语。千万不要虚情假意、推推躲躲、反复推辞，硬逼对方留下自用；或是心口不一，嘴上说"不要，不要"，手却早早伸了过去。

② 当面拆封。如果条件许可,在接受他人相赠的礼品后,应当尽可能地当着对方的面,将礼品包装当场拆封。这种做法在国际社会是非常普遍的。在启封时,动作要井然有序、舒缓得当,不要乱扯、乱撕。拆封后不要忘记用适当的动作和语言,显示自己对礼品的欣赏之意,如将他人所送鲜花捧在身前闻闻花香,然后插入花瓶,并置放在醒目之处。

③ 拒礼有方。有时候,出于种种原因,不能接受他人相赠的礼品。在拒绝时,要讲究方式、方法,处处依礼而行,要给对方留有退路,使其有台阶可下,切忌令人难堪。可以使用委婉的、不失礼貌的语言,向赠送者暗示自己难以接受对方的好意,如当对方向自己赠送一部手机时,可以告知"我已经有一部了"。可以直截了当向赠送者说明自己难以接受礼品的原因。在公务交往中,拒绝礼品时此法最为适用,如拒绝他人所赠的大额贵重礼品时,可以说:"依照有关规定,你送我的这件东西,必须登记上缴。"

（5）赠花的礼仪。鲜花是美好、吉祥、友谊和幸福的象征。我国早在汉代就有"折柳送别话依依"的诗句,可见在当时已有交际赠花之习俗。当今社交中无论是欢迎、送别、婚寿庆祝,还是节庆、开业、慰问、吊唁及国际交往中,人们经常赠之以鲜花,言志明心。但由于各地风俗习惯不同,花的含义也不同,送花时必须注意得体,要做到以下几点。

① 了解"花卉语"。当我们以花为媒来传递友谊时,要注意运用正确的"花卉语",以免出现尴尬。以下是常见的花卉的寓意。

荷花——纯洁、淡泊和无邪	常春藤——结婚、白头偕老
月季——幸福、光荣	水仙——尊敬、自尊
红玫瑰——爱情	牡丹——拘谨、害羞
白菊——真实	牵牛花——爱情
百合——圣洁、幸福、百年好合	紫丁香——初恋
野百合——幸福即将来临	野丁香——谦逊、美好
红罂粟——安慰、慰藉	黄郁金香——爱的绝望
红蔷薇——求爱、爱情	红郁金香——宣布爱恋
杜鹃——节制、盼望	蓝色郁金香——诚实
康乃馨——健康长寿	樱花——心灵的美
红茶花——天生丽质	并蒂莲——夫妻恩爱
山茶花——美好的品德	万年青——长寿、友谊长存
勿忘草——永志不忘、真挚和贞操	红豆——相思
剑兰——步步高升	兰花——优雅
松柏——坚强	仙人掌——热心
橄榄枝——和平	竹子——正直、虚心
梅花——刚毅、坚贞不屈	美人蕉——坚实
文竹——祝贺长寿	……

在不同的国家和地区,同一种花也许会有不同的寓意,如在一些国家,菊花和康乃馨被认为是厄运的象征。垂柳在美国表示"悲哀",但在法国,柳则是"仁勇"的象征。实际

上，同一种类型的花卉，因其不同的颜色，也有不同甚至截然相反的寓意，如红色的郁金香是"爱的表示"，蓝色的郁金香象征"诚实"，而黄色的郁金香则象征"无望的恋爱"。因此要恰当地运用好"花卉语"。

② 不同场合的赠花。向恋人赠玫瑰花的花语是"我真心爱你"；蔷薇花象征"我向你求爱，小天使"；桂花表示"我执意爱你"。这类花卉赠给恋人，可起到心有灵犀一点通的作用。若将这类花卉赠之其他对象，则会交际不成，反而引火烧身。

婚礼赠花可以送一束美丽鲜艳的由红玫瑰、吉祥草、文竹等花组成的花束。红玫瑰象征爱情美好，吉祥草祝朋友吉祥如意、生活美满，文竹绿叶葱葱，祝朋友爱情永葆青春。此外，并蒂莲表示"恩爱如初，幸福长存"，百合花象征"百年好合"。这些与红色郁金香等花都是婚礼的理想花卉。

慰问病人，送一束黄月季，表示"早日康复"；送一束芝兰，象征"正气清运，贵体早康"；送一束松、柏、梅花，可以鼓励他与病魔做斗争"坚贞不屈"，表达了"胜利属于你"。

庆贺生日赠花，送给年轻一点的人可以是火红的石榴花、鲜红的月季花、美丽的象牙花，祝其前程如火样红烈，青春如红花鲜艳等；对于年老者，赠之以万年青、寿星草、龟背竹等，以示祝福老人健康长寿，快乐幸福。

③ 赠花的注意事项。正式场合，如组织开张、纪念、庆典等，大多可送花篮；迎宾、欢送、演出中送给演员，大多送花环、花束；宴请、招待会等送胸花；参加追悼会时送花圈以示哀悼。

送花一般不能送单一的白色花，因为会被人认为不吉利；送玫瑰花时应送单数，不要送双数，但12除外；不要将红玫瑰送给未成年的小姑娘，不要将浓香型的鲜花送给病人。送一束花时最好用彩色透明纸将花包装好，再系一根与鲜花颜色相匹配的彩带，这样既便于携带，又能使花显得更漂亮。

6. 接待的礼仪

（1）接待前的准备。

① 接待前的心理准备。首先，要待客诚恳。公关人员在接待客人时，要以自己最大的诚心、热情和耐心去面对一切问题。无论是预约的客人还是没有预约的，无论是通情达理的客人还是脾气暴躁的，都要让对方感到自己是受欢迎的、得到重视的。接待客人时要有一种"欢迎光临""感谢惠顾"的心理。其次，要善于合作。当看到同事招待客人比较忙碌时，要主动帮助同事做一些力所能及的事情。最后，即使不是负责接待工作的部门员工，见到来客时也要态度诚恳，尽量帮忙，因为同是一家公司的员工，这样做能传递一种协作精神、一种真诚的友谊、一种企业的氛围，让客人感受到这是一个团结合作、奋发向上、有集体荣誉感的团队，有助于提升企业形象。

② 接待前的物质准备。首先是环境准备。为了使接待活动给来宾留下美好印象，要充分布置好活动地点及周边的环境。接待环境应该清洁、整齐、明亮、美观、无异味。可以在前台、走廊、会客室等地放置一些花束或绿色植物，使客人产生好感。其次是办公用品准备。让客人站着是不礼貌的，所以，前厅要准备沙发或座椅，样式要线条简洁流畅，摆放

要整齐舒适。会客室里桌椅要摆放整齐,桌面清洁。茶具、茶叶、饮料应该事先准备好,茶杯要干净,不可有污渍、缺口。会议室墙上可以挂一些雅致的壁画,让人一进门就觉得清静雅致,身心愉悦。最后是了解来宾的基本情况。公关人员在接待来宾之前,要准确地掌握对方的基本情况。对于对方主宾的基本信息,如姓名、性别、年龄、籍贯、民族、单位、职务,以及文化程度、宗教信仰、生活习惯、家庭状况等都一清二楚。对来宾的具体人数、性别概况、组团情况也要给予一定的关注。对于来宾正式抵达的时间,如具体日期、具体时间,以及相关的航次、车次、地点等,接待人员必须充分掌握。

③ 规划接待流程。一般性的接待活动,特别是需要举行专门仪式的接待活动,都必须事先规划接待流程,以保证接待事务循序而行、井井有条。

a. 确定接待规格。接待人员要在接待之前确定接待规格,这关系到由哪位管理人员出面接待、陪同,以及接待用餐、用车、活动安排等一系列接待活动的规格。接待规格主要取决于接待方主陪人的身份。高规格接待,就是主陪人比主宾的职务高的接待方式;对等规格接待,就是主陪人与主宾的职务相当的接待方式;低规格接待,就是主陪人比主宾的职务低的接待方式。

b. 拟订日程安排。为了让所有有关人员都准确地知道自己在此次接待活动中的任务,可制作两份表格,印发给各有关人员。一是人员安排表。包括时间、地点、事项、主要人员、陪同人员。二是日程安排表。包括日期、活动时间、地点、内容、陪同人员等。

④ 注意细节。在接待宾客的具体活动中,接待人员既要事事从大局着眼,又要处处从小事着手,关注具体的细节问题。

在准备中,要时时关注天气的变化情况,掌握当地的天气变化规律,针对可能产生天气变化的情况,拟订应急方案。同时,还要注意交通状况,树立“安全第一”的观念。

(2) 接待的礼仪。

① 迎候礼仪。迎接宾客,要体现出主人应有的主动和热情。对于远道而来的客人,要派专人提前到机场、码头或车站去等候迎接。在人声嘈杂的迎候地点迎接素不相识的客人时,为了方便客人识别,可试用以下方法。

a. 使用接站牌。接站牌上可以写上“热烈欢迎某某同志”或者“某单位接待处”。

b. 悬挂欢迎条幅。在迎接重要客人或众多客人时,这种方法最适合。

c. 佩戴身份胸卡。迎宾人员佩戴供客人确认身份的标志性胸卡,其内容主要为本人姓名、工作单位、所在部门及现任职务等。

② 见面礼仪。在接待宾客时,要注意正确使用日常见面礼仪。接待人员要品貌端正,举止大方,服饰要整洁、端正、得体、高雅。当宾客到达后,要主动迎上去,热情地与对方握手,并有礼貌地询问和确认对方的身份,如:“您好,请问您是从某某公司来的吗?”对方认可后,接待人员应作自我介绍,如:“您好,我是某某公司的秘书,我叫张某某。”然后把迎客方的成员按一定顺序一一介绍给客人。如果客人递送名片时,应双手接住,认真仔细地看一看,然后很郑重地把名片放入名片夹中,或放进上衣上部口袋中。

③ 乘车礼仪。对方如有行李,接待方应主动帮客人把行李提到车上。上车时,最好让客人从右侧门上,主人从左侧门上。安排座位要符合规范。轿车的座次尊卑一般是右高左低,前高后低。在公务接待中,轿车前排副驾驶座通常为“随员座”,唯独在主人亲自

驾驶时,主宾应坐在副驾驶座上,与主人"平起平坐"。

④ 引导礼仪。当客人到达公司时,要引导客人进入会客室。引导要注意以下一些礼仪,在走廊上时,引导人员应走在访客左前方2～3步,当访客走在走廊正中央时,接待人员要走在走廊的一旁,偶尔向后望,确认访客跟上了,当转弯时,接待人员要说"请往这边走"。

在上楼梯时,接待人员先说一声"在某某楼层",然后引领访客到楼上。一般来说,高的位置代表尊贵。上楼时应该让访客先走,下楼时让客人后行,在上下楼梯时,不应并排行走,而应当右侧上行,左侧下行。

上电梯时,接待人员要先按电梯按钮,让客人先进。若客人不止一人时,接待人员可先进电梯,一手按住"开"按钮,对客人礼貌地说"请进!"到达目的地后,接待人员要一手按"开"按钮,一手做请出的动作,并说道:"到了,您先请!"客人走出电梯后,接待人员应立即走出电梯,在客人前面引导方向。到达会客室开门时,接待人员要把住门把手,站在门旁让客人先进。

⑤ 座次礼仪。客人进入会客室后,接待人员要请客人入座。招待客人入座时,要讲究座次礼仪。请参考本章"拓展阅读"的相关内容。

⑥ 端茶倒水礼仪。当客人入座后,接待人员要主动及时地给客人斟茶。以茶待客是最具中国特色、最受中国人欢迎的待客方式。若来访的客人较多,上茶的顺序一定要慎重。合乎礼仪的做法是先为客人上茶,后为主人上茶;先为主宾上茶,后为次宾上茶;先为女士上茶,后为男士上茶;先为长辈上茶,后为晚辈上茶。

标准的上茶步骤:双手端着茶盘进入客厅,首先将茶盘放在邻近客人的茶几上或备用桌上,然后右手拿着茶杯的杯托,左手附在杯托附近,从客人的左后侧双手将茶杯递上去,并置于客人右前方。茶杯放置到位后,杯耳应朝向右侧。有时,为了提醒客人注意,可在为之上茶的同时,轻声告之:"请您用茶。"若对方向自己道谢,不要忘记答以"不客气"。如果自己的上茶打扰了客人,则应对其道一声"对不起"。

⑦ 送客礼仪。当接待人员与来访者交谈完毕或领导与来访客人会见结束时,接待人员一般都应礼貌地送别客人。"出迎三步,身送七步"是接待宾客最基本的礼仪。接待宾客要善始善终,所以,送别客人是必不可少的环节之一。接待工作是否圆满,很大程度上体现在送别来宾这一环节上。

送别来宾时,有很多方面要注意。首先,不要在客人面前看表,否则会给客人带来下"逐客令"的感觉,所以,在会客的时候,接待人员不应该总是看时间。其次,当客人提出告辞时,要等客人起身后再站起来相送,切忌没等客人起身,自己先于客人起立相送。更不能嘴里说再见,而手中却还忙着自己的事,甚至连眼神也没有转到客人身上。最后,当客人起身告辞时,应马上站起来,主动为客人取下衣帽,与客人握手告别,同时选择最合适的言辞送别,如"希望下次再来"等礼貌用语。尤其对初次来访的客人更是应热情、周到、细致。

a. 送别本地客人。对本地客人,一般陪同送至单位楼下或大门口。客人带有较多或较重东西时,送客时要主动帮客人提重物。出办公室时,要轻轻关门,不可将门"砰"地关上,这样极不礼貌。在门口告别时,接待人员要与客人握手,帮客人拉开车门,待其上车后轻轻关上车门,挥手道别,目送客人离开。要以恭敬真诚的态度,笑容可掬地送客,不要急于返回,应挥手致意,待客人移出视线后,才可结束告别仪式。

b. 送别外地客人。首先,要确定时间。对于远道而来的客人,负责送别来宾的接待人员必须重视,一定要提前与对方商定双方会合的时间和地点。对于送别的具体时间,双方不仅要事先商定,而且通常要讲究主随客便。接待人员在安排有关送别活动的时间表时,要留有一定的时间幅度。要在执行上留有适当的余地,即送别人员在执行送别任务时,应当提前到场、最后离场,并且在特殊情况发生时见机行事。其次,要充分准备。具体从事来宾接待工作时,接待人员必须高度重视送别工作,并悉心以对。在送别时,接待人员要注意以下两点:一是限制送别的规模。目前要求简化接待礼仪,所以,有必要对送别规模加以限制。在组织活动时,应突出实效、体现热情,但在实际操作上则应务实从简,在参加人数、主人身份、车辆档次与数量上严格限制,不搞前呼后拥、人海战术。二是在力所能及的情况下,送别来宾所使用的交通工具应由主办方负责提供。对于主办方来说,一定要保证交通工具的数量能够满足要求,以备不时之需。最后,要热情话别。为客人送行,应使对方感受到自己的热情、诚恳、礼貌和修养。接待方应提前为客人订返程的车票、船票或机票。一般情况下,公务接待人员应专程陪同来宾乘车前往车站、码头或机场,亲自为来宾送行。有必要时,可在贵宾室与来宾稍叙友谊,或举行专门的欢送仪式。在宾客临上火车、轮船或飞机之前,送行人员应按一定顺序同来宾一一握手话别,祝愿客人旅途平安并欢迎再次光临。火车、轮船开动之时或飞机起飞之后,送行人员应向宾客挥手致意,直至它们在视野中消失。

7. 拜访的礼仪

拜访是公务、商务等社会活动中一件经常性的工作,是最常见的社交形式。同时,也是联络感情、增进友谊的一种有效方法。要使拜访做得更得体、更有效,即更好地实现拜访的目的,就要重视和学习拜访的礼仪。

(1) 约好时间。拜访前,应事先联络妥当,尽可能事先告知,最好是和对方约定一个时间,以免扑空或打乱对方的日程安排,即使是电话拜访也不例外,不告而访是非常失礼的。如果双方有约,应准时赴约,不能轻易失约或迟到。但如果因故不得不迟到或取消访问,一定要立即设法在事前通知对方,并表示歉意。拜访应选择适当的时间,选择一个对方方便的时间。做客拜访一般可在平时晚饭后或假日的下午,要避免在吃饭和休息的时间登门造访。

(2) 做好准备。

① 明确拜访目的。无论是初次拜访还是再次拜访,事先都要明确拜访的主要目的。

② 准备有关资料。商务拜访,比如客户拜访,要准备的资料就包括公司及业界的资料、相关产品资料、客户的相关信息资料、销售资料及方案、针对可能出现的情况事先拟订的解决方案或应对方案、一些小礼品等。此外,名片、电话号码簿等也要事先准备好。

③ 设计拜访流程。要针对拜访环节准备好最稳妥、最得体的称呼和开场白,选择好话题材料,确定话题范围等。

④ 电话预约确认。出发前应致电被拜访者,再次确认本次拜访人员、时间和地点等事宜。

⑤ 注意礼仪细节。到达前，最好先稍事整理服装仪容。如果是重要的拜访对象，要事先关掉手机，体现对拜访对象的尊敬、对访问事宜的重视。

（3）上门有礼。到达拜访地点后，如果对方因故不能马上接待，可以在对方接待人员的安排下在会客厅、会议室或在前台安静地等候。如果等待时间过久，可以向有关人员说明，并另定时间，不要显出不耐烦的样子。有抽烟习惯的人，要注意观察该场所是否有禁止吸烟的警示。即使没有，也要问问工作人员是否介意抽烟。如果接待人员没有说"请随便看看"之类的话，就不要随便东张西望，到处窥探，那是非常不礼貌的。到达被访人所在地时，一定要事先轻轻敲门，进屋后等主人安排后坐下。后来的客人到达时，先到的客人应站起来，等待介绍或点头示意。对室内的人，无论认识与否，都应主动打招呼。如果与对方是第一次见面，应主动递上名片或作自我介绍。对熟人可握手问候。如果你还带了其他人来，也要介绍给主人。进门后，应把随身带来的外套、雨具等物品搁放到对方接待人员指定的地方，不可任意乱放。接茶水时，应从座位上欠身，双手捧接，并表示感谢。吸烟者应在主人敬烟或征得主人同意后，方可吸烟。和主人交谈时，应注意掌握时间。有要事必须要与主人商量或向对方请教时，应尽快表明来意，不要不着边际，浪费时间。

（4）礼貌告辞。拜访结束时彬彬有礼地告辞，可给对方留下良好的印象，同时也给下次的拜访创造良好氛围和机会。所以，及时告辞、礼貌告辞这一环节相当重要。拜访时间长短应根据拜访目的和主人意愿而定，通常宜短不宜长，适可而止。当接待者有结束会见的表示时，应立即起身告辞。告辞时要同主人和其他客人一一告别。如果主人出门相送，应请主人留步并道谢，热情说声再见。中途因特殊情况不得不离开时，无论主人在场与否，都要主动告别，不能不辞而别。

（5）拜访过程应注意的礼仪。

① 准时到达。让被拜访者无故等候无论因何原因都是严重失礼的事情。如果是对方要晚点到，可安静等待，充分利用剩余的时间，检查准备工作。

② 控制时间。谈话时开门见山，不要海阔天空，浪费时间。最好在约定时间内完成访谈，如果客户表现出有其他要事的样子，千万不要再拖延，如未完成工作，可约定下次拜访时间。

③ 注意言谈举止。要以优雅得体的言谈举止体现素质、涵养和职业精神，赢得对方的好感和敬重。即便与接待者的意见相左，也不要争论不休。要注意观察接待者的举止神情，当对方有不耐烦或为难的表现时，应转换话题或口气。总之，要避免出现不愉快或尴尬的场面。

④ 处理好"握手"与"拥抱"的关系。必须事先搞清对方人员的真实身份，根据主次或亲疏的关系，处理好见面时的礼仪关系。

⑤ 尊重对方习惯。由于被拜访者的国别、民族、年龄、性别以及爱好、兴趣、习惯各有不同，事先要了解清楚，并给予充分的尊重。

⑥ 讲究服饰。服饰事关拜访者自身的职业形象和所代表的机构形象，也能体现出对被拜访者的尊重。所以，拜访前对服饰的选择和斟酌马虎不得。

⑦ 及时致谢。对拜访过程中接待者提供的帮助要及时适当地致以谢意。

⑧ 事后致谢。若是重要约会，拜访之后给对方寄一封谢函或留一条短信，会加深对

方的好感。

8. 电话的礼仪

电话是人们开展社交活动不可缺少的工具,在日常生活和工作交往中,都要利用电话与别人取得联系和交谈。据美国《电话综述》(*Telephone Review*)说,一个人一生平均有8760小时在打电话。在视频电话还没普及之前,人们通过电话给人的印象完全靠声音和使用电话时的习惯,要想有"带着微笑的声音"或者通过电话赢得信任,就必须掌握使用电话的礼节与技巧。

(1)电话语言要求。目前大部分电话能传输的信号是声音,但这一信号载体却包含着许多信息。说话人想做什么,要做什么,是高兴还是悲伤,还有对另一方的信任感、尊重感,彼此都可以清晰地得知。这些都取决于电话的语言与声调。因此,电话语言要求礼貌、简洁和明了,以便准确地传递信息。

① 态度礼貌友善。当我们使用电话交谈时,不能简单地将对方视作一个"声音",而应看作面对一个正在交谈的人。尤其是对办公人员来说,我们面对的是组织的一名公众,如果是初次交往,那么,这样一次电话接触便是你给公众的第一次"亮相",应十分慎重。因此,在使用电话时,多用肯定语,少用否定语,酌情使用模糊用语;多用些致歉语和请托语,少用些傲慢语、生硬语。礼貌的语言、柔和的声音,往往会给对方留下亲切之感。正如日本一位研究传播的权威所说:"不管是在公司还是在家庭里,凭一个人在电话里的讲话方式,就可以基本判断出其'教养'的水准。"

② 传递信息简洁。电话用语要言简意赅,将自己所要讲的事用最简洁、明了的语言表达出来。因为通话的一方尽管有诸如紧张、失望而表情异常的体态语言,但通话的另一方不知道,他只能依据他听到的声音来做出判断。在通话时最忌讳发话人吞吞吐吐,含混不清,东拉西扯,正确的做法是:问候完毕对方,即开宗明义,直言主题,少讲空话,不说废话。

③ 控制语速语调。通话时语气温和,语调、语速适中,这种有魅力的声音容易使对方产生愉悦感。如果说话过程语速太快,则对方会听不清楚,显得应付了事;太慢,则对方会不耐烦,显得懒散拖沓;语调太高,则对方听得刺耳,感到刚而不柔;太低,则对方会听得不清楚,感到有气无力。一般来说,保持正常的语速、语调就可以了,即使是长途电话,也无须大喊大叫,把受话器放在离嘴两三寸的地方,正对着它讲就行了。另外,通电话时,周围如有嘈杂的声音,会使对方觉得自己未受到尊重而不快,这时应向对方解释,以保证双方心情舒畅地传递信息。

④ 使用礼貌用语。在电话交际中应使用礼貌用语,尤其是"你好""请""谢谢""对不起""再见"等礼貌用语应该常用。

(2)接电话。

① 迅速接听。接电话首先应做到迅速接,力争在铃响三次之前就拿起话筒,这是避免让打电话的人产生不良印象的一种礼貌。电话铃响过三遍后才做出反应,会使对方焦急不安或不愉快。正如日本著名社会心理学家铃木健二所说:"打电话本身就是一种业务。这种业务的最大特点是无时无刻不在体现每个人的特性。""在现代化大生产的公司

里，职员的使命之一，是一听到电话铃声就立即去接。”接电话时，也应首先自报单位、姓名，然后确认对方，如：“您好！这是××公司营销部。”如果对方没有马上进入正题，可以主动请教：“请问您找哪位通话？”

② 积极反馈。作为受话人，通话过程中，要仔细聆听对方的讲话，并及时作答，给对方以积极的反馈。通话中听不清楚或意思不明白时，要马上告诉对方。在电话中接到对方邀请或会议通知时，应热情致谢。

③ 热情代转。如果对方请你代转电话，应弄明白对方是谁，要找什么人，以便与接电话人联系。此时，请告知对方“稍等片刻”，并迅速找人。如果不放下话筒喊距离较远的人，可用手轻捂话筒或按保留按钮，然后喊接话人。如果因其他原因决定将电话转到别的部门，应客气地告知对方。例如：“真对不起，这件事是由财务部处理，如果您愿意，我帮您转过去好吗？”

④ 做好记录。如果要接电话的人不在，应为其做好电话记录，记录完毕，最好向对方复述一遍，以免遗漏或记错。可利用电话记录卡片做好电话记录。电话记录卡片如图 6-1 所示。

给 ________________

日期 ________________ 时间 ________________

你不在办公室时 先生

________________ 公司的________________ 女士

小姐

电话________________

○手机 ○请打电话回去

○要求来访 ○还会打电话来

○是否紧急 ○回你的电话

留言 ________________

____

图 6-1 电话记录卡片

(3) 打电话。

① 时间适宜。打电话的时间应尽量避开上午 7 点前、晚上 10 点以后的时间，还应避开晚饭时间。有午休习惯的人，也请不要用电话打扰他。电话交谈所持续的时间也不宜过长，把事情说清楚就可以了，一般以 3～5 分钟为宜。因为在办公室打电话，要照顾到其他电话的进、出，不可过久占线，更不可将办公室的电话或公用电话当作聊天的工具，这是惹人讨厌的行为。著名相声表演艺术家马季曾说过一段相声，名叫《打电话》，讽刺的就是这种人。

② 有所准备。通话之前应该核对对方公司或单位的电话号码、公司或单位的名称及接话人姓名。写出通话要点及询问要点，准备好在应答中使用的备忘纸和笔，以及必要的资料和文件。估计一下对方情况，决定通话时间。

③ 注意礼节。接通电话后，应主动友好地自报家门和核实一下对方的身份。应先说

明自己是谁,除非通话的对方与你很熟悉,否则就该同时报出你的公司及部门名称,然后提一下对方的名称。打电话要坚持用"您好"开头、"请"字在中、"谢谢"收尾,态度要温文尔雅。若你找的人不在,可以请接电话的人转告,如:"对不起,麻烦您转告×××⋯⋯"然后将你所要转告的话告诉对方。最后别忘了向对方道一声谢,并且问清对方的姓名。切不可"咔嚓"一声就把电话挂了,这样做是不礼貌的,即使你不要求对方转告,也应该说一声:"谢谢,打扰了。"电话结束时,要道谢和说声再见,这是通话结束的信号,也是对对方的尊重。注意声音要愉快,听筒要轻放。一般来说,应是打电话的人先放下电话,接电话的人再放下电话。但是,假如是与上级、长辈、客户等通话,无论你是通话人还是发话人,都最好让对方先挂断。

(4) 使用手机的礼仪。无论是在社交场所还是在工作场合,放肆地使用手机,已经成为礼仪的最大威胁之一。在国外,如澳大利亚电信的各营业厅就采取了向顾客提供《手机礼节》宣传册的方式,宣传手机礼仪。在使用手机的时候应该注意以下礼仪。

① 置放到位。在一切公共场合,手机在没有使用时,都要放在合乎礼仪的常规位置。不要在没有使用的时候放在手里或是挂在上衣口袋外。放手机的常规位置有:一是随身携带的公文包里,这种位置最正规;二是上衣的内袋里;有时候,可以将手机暂放腰带上,也可以放在不起眼的地方,如手边、背后、手袋里,但不要放在桌子上,特别是不要对着对面正在聊天的客户。

② 注意场合。在会议中或和别人洽谈的时候,最好的方式还是把手机关掉,起码也要调到振动状态。这样既显示出对别人的尊重,又不会打断发言者的思路。而那种在会场上铃声不断,像是业务很忙,使大家的目光都转向他的人,实际给人的印象只能是缺少教养。注意手机使用礼仪的人,不会在公共场合或座机电话接听中、开车中、飞机上、剧场里、图书馆和医院里接打手机,就是在公交车上大声地接打电话也是有失礼仪的。公共场合特别是楼梯、电梯、路口、人行道等地方,不可以旁若无人地使用手机,应该把自己的声音尽可能地压低一下,而绝不能大声说话,同时不要妨碍他人通行。在一些场合,如在看电影时或在剧院打手机是极其不合适的,如果一定要回话,采用静音的方式发送手机短信是比较适合的。

③ 考虑对方。给对方打手机时,尤其当知道对方是身居要职十分繁忙时,首先想到的是,这个时间他(她)方便接听吗?并且要有对方不方便接听的准备。在给对方打手机时,注意从听筒里听到的回音来鉴别对方所处的环境。如果很静,应想到对方在会议上,有时大的会场能感到一种空阔的回声;当听到噪声时对方就很可能在室外,开车时的隆隆声也是可以听出来的。有了初步的鉴别,对能否顺利通话就有了准备。但不论在什么情况下,是否通话还是由对方来定为好,所以"现在通话方便吗?"通常是拨打手机的第一句问话。其实,在没有事先约定和不熟悉对方的前提下,我们很难知道对方什么时候方便接听电话,所以,在有其他联络方式时,还是尽量不打对方手机好些。

在餐桌上,关掉手机或是把手机调到震动状态还是必要的,避免正吃到兴头上的时候,被一阵烦人的铃声打断。不要在别人注视自己的时候查看短信。一边和别人说话,一边查看手机短信,是对别人的不尊重。当与朋友面对面聊天时,不要正对着朋友拨打手机,避免发射时高频的电流对他产生辐射,让对方心中不愉快。使用手机时必须牢记"安全至上",否则不但害人,还会害己。注意不要在驾驶汽车时使用手机,以防止发生车祸;不要在病房、油库等地方使用手机,免得它们发出的信号有碍治疗,或引发火灾、爆炸;不要在飞机飞行期间使用手机,否则极可能使飞机"迷失方向",造成严重后果。

另外,现在有不少人,特别是年轻人喜欢使用彩铃。有些彩铃很搞笑或很怪异,与千篇一律的铃声比较起来,确实有独特之处。但是彩铃是给打电话的人听的,如果我们需要经常用手机联系业务,最好不要用怪异或格调低下的彩铃,以免影响自己和单位的形象。

9. 网络沟通的礼仪

(1) 收发电子邮件礼仪。电子邮件即通常说的 E-mail。它是一种重要的通信方式,因其方便快捷,费用低廉,深受人们喜爱,使用者越来越多,尤其是国际通信交流和大量信息交流更是优势明显。对待电子邮件,应像对待其他通信工具一样讲究礼仪。

① 书写规范。虽然是电子邮件,但是写信的内容与格式应与平常书信一样,称呼、敬语不可少,签名则仅以打字代替即可。写电子邮件语言要简略、不要重复、不要闲聊,写完后要检查一下有无错误。因为发出去的邮件很可能被对方打印出来研读或是贴在公告牌上。写完后还要核定所用字体和字号大小,太小的字号不仅收件人读起来费力,也显得粗心和不够礼貌。写邮件时最好在主题栏写明主题,以便让收件人一看就知道来信的主旨。

② 发送讲究。电子邮件的发送有如下讲究:最好不要将正文栏空白只发送附件,除非是因为各种原因出错后重发的邮件,否则不仅不礼貌,还容易被收件人当作垃圾邮件处理掉。重要的电子邮件可以发送两次,以确保能发送成功。发送完毕后,可通过电话等询问对方是否收到邮件,通知收件人及时阅读。应尽快回复来信,如果暂时没有时间,就先简短回复,告诉对方自己已经收到其邮件,有时间会详细说明。

③ 注意安全。电子邮件是计算机病毒重要的传染源和感染病毒的主要渠道。收发电子邮件都要注意远离计算机病毒。发送电子邮件时要注意尽可能不使邮件携带计算机病毒。因此如果没有反病毒软件实时监控,发送邮件前务必要用杀毒程序杀毒,以免不小心把有病毒的信件寄给对方。如果没有把握不妨用帖文的方式代替附加文档。

接收电子邮件时的安全问题更为重要,来历不明的信件必须谨慎处理,若不确定则最好删除。目前一般计算机都安装有监控邮件病毒的反病毒软件,如金山毒霸的金山网镖、KV3000 的病毒王等进行实时监控。由于监控软件考虑安全性较多,因此,许多正常邮件也会给出可能有病毒的提醒,需要及时判断处理,有时宁可损失信息也要果断删除一些可能含有病毒的不明邮件,以免计算机感染病毒。对于没有正文仅有附件的不明邮件,除非与发件人熟悉或事先约定好了,原则上都不应该打开邮件,对正文中提示的邮件地址不熟悉一般不要轻易打开,因为这往往是陷阱,许多国际电话费骗子就把诱饵放在这里。在删除了怀疑的病毒邮件后,要及时清空邮件回收箱,否则,病毒还会在计算机硬盘中,没有从物理硬盘上将其删除掉。

此外,要注意定期及时清理邮件收件箱、发件箱、回收箱,空出有限的邮箱容量空间。及时将一些有用的电子邮件地址记下来并存入通信簿也是很必要的。

(2)使用微信礼仪。微信是一个为智能手机提供即时通信服务的免费应用程序,支持跨通信运营商、跨操作系统平台通过网络快速发送免费(需消耗少量网络流量)语音短信、视频、图片和文字,同时,也可以使用通过共享媒体内容的资料和基于位置的"摇一摇""朋友圈""公众平台""语音记事本"等服务插件。微信的功能服务具体有以下四个方面。

一是聊天:支持发送语音短信、视频、图片(包括表情)和文字,是一种聊天软件,支持多人群聊。

二是添加好友:微信支持查找微信号、查看手机通讯录和分享微信号添加好友、扫描二维码添加好友等方式。

三是实时对讲机功能:用户可以通过语音聊天室和一群人语音对讲,但与在群里不同的是,这个聊天室的消息几乎是实时的,并且不会留下任何记录,在手机屏幕关闭的情况下也仍可进行实时聊天。

四是其他功能:朋友圈、语音提醒、通讯录安全助手、QQ邮箱提醒、私信助手、微信摇一摇、语音记事本、游戏中心等。

微信以其信息发布便捷、传播速度快、影响面广、互动性强等特点,在极短的时间里迅速发展成为目前国内社交用户群体最多的软件。为了正确使用微信,提高人际沟通效果,树立良好的个人形象,需要我们学会以下微信沟通技巧。

① 微信设置。这包括微信头像设置、微信命名和微信签名三个方面。

a. 微信头像设置。在网络时代,微信不仅是和他人联络感情、获取消息的窗口,也是很多商务人士与同事、领导和客户沟通的桥梁。微信头像是一个人工作、生活、性格、心态、审美和爱好的缩影。因此,选择一个得体、适合自己的微信头像至关重要。如果想要向别人表达比较职业化的形象,选择的头像应该专业化,一方面展现自己的职业特点,另一方面向别人传达自己的专业性和可信赖性。微信头像的色彩不要太多,图片的背景图案最好为纯色,以突出重点。在选择了专业化的头像以后,不可频繁更换头像,以免给客户留下不严谨、情绪变化无常的印象。

b. 微信命名。微信命名要注意四点:一是不得包含违法信息,不能出现违反国家法律规定的内容,如宣扬恐怖主义、毒品交易、色情低俗等信息。例如,不能使用包含毒品名称或色情暗示词汇的昵称。二是要尊重知识产权,避免使用未经授权的商标、版权作品等命名。比如,不能随意盗用知名品牌的名称或标志作为自己的微信昵称。三是保持积极向上的形象,微信名使用积极、健康、阳光的词汇,有助于给他人留下良好的第一印象,更容易获得他人的关注和好感。比如"阳光小达人""快乐分享家"这类昵称。四是避免产生歧义和误解,以免在社交互动中造成不必要的麻烦。例如一些多音字组成的词汇如果容易引发歧义,最好斟酌使用。

c. 微信签名。你想告诉对方的有关信息在微信签名里体现,因此要备注一些有价值的信息。

『小贴士』

"加微信"的礼仪

② 微信的注意事项。在与人沟通中,发微信要注意以下方面。

a. 注意发送时间。发消息时要注意:非工作时间不要发、休息时间不要发(提示消息会打扰别人休息),如果对方在国外,还要注意时差问题。

b. 注意直接说事。不用问"在吗"。如果要问"在吗"。在说了"在吗"之后,要把事情顺便说出来,这样可以让对方决定回答在不在。

c. 注意慎打语音或视频电话。不熟悉的人,不要打语音电话或视频通话,如果确实有必要打,打之前要先问问对方是不是方便。

d. 注意慎用截图。如果是发送需要编辑的文件信息给别人,最好以文字的方式发给对方,不要发截图或发语音。

e. 注意不要不做说明。直接转发帖子给别人或转到微信群里,需要说一下你转发的目的。如果要发文件给对方,先问一下对方想通过微信还是电子邮件接收。因为文件有可能占用对方的手机内存,对方之后再把文件从手机转存到计算机,会增添麻烦。

f. 注意优先选择文字,慎发语音。无论是给领导、下属,还是给同事发微信,优先选择文字,因为在职场活动中,很多场合都不适合发出声音,如开会时,大家都选择手机振动或静音,发语音就非常不合时宜,有时甚至会因为发音不标准或不清晰而让人产生歧义或误解。因此原则上不发语音,特别是工作微信和60秒长语音。

g. 注意对等沟通。对方发来的微信采用文字形式,不能为图省事而进行语音回复,这本身就是沟通上的不平等,会使人感觉缺乏修养。

h. 注意用表情符号。表情符号作为一种"非语言的表达方式",在一定情境下比文字更简练、更形象、更传神、更富有表达力,但因为表情符号并未设定明确含义,每个人的用法都可能不同,在不同情境下含义也可能不同,由于文化环境的差异,同一个表情符号会有不同的理解,因此作为下级,在回复上级时仅仅使用表情符号是不妥的。

i. 未及时回复微信,注意表明歉意。在沟通过程的对等上,微信和短信不同。发短信只要对方手机开机就能正常收到信息,微信则需要在手机上网的前提下才能正常发挥功能,所以要事先检查微信是否正常运行,以确保及时回复他人信息,因故未及时回复的要表明歉意。

j. 工作微信注意排版和说明意图。工作微信内容要有条理,有思路,要编辑好,字数较多时,需要分段并加标点符号。通常一条信息表达一件事情,多件事情就发多条信息。工作微信还要注意说明意图。如果发通知,可以加上"收到请回复";如果是向领导请示工作,最后可以说"请领导批示";如果发的只是一个提醒,可以告诉对方FYI(即for your information的首字母缩写,意思是让他了解一下,并不需要回复)。

③ 收微信的注意事项。在与人沟通中,收微信要注意以下方面。

a. 注意及时回复。如果在收到对方微信后不能马上给出答案,可以告诉别人:"我要再想想"或者"有时间再看"。

b. 注意重要的人物置顶。通过置顶可以把最重要的群和人永远放在最上面,这样不容易遗漏重要信息。

c. 注意语音类微信的处理。如果接收到语音类的工作微信,即使你不方便接听,你可以回复:"现在不方便接听语音,如有急事,可以发送文字。"或者你可以选用微信的"语音转文字"功能,先大体了解信息内容。

d. 注意工作信息及时回应。如果收到工作信息,但暂时没有时间处理的话,建议可以先回复:"已收到,现在手头有其他工作。"或"在外出或者开会中,晚点回复你。"让对方知道你已经收到信息,不用一直焦急等待。

e. 注意"提醒"功能的使用。在工作时收到消息,不想立刻处理,又怕以后忘了,或者收到文件只保存却忘了看,都可以用"提醒"功能。

④ 用微信群的注意事项。在微信沟通中,要注意使用微信群的以下事项。

a. 注意"拉群"的礼仪。"拉群"之前一定要征求被拉对象的意见。同时,如果想邀请某人进群,应事先征得对方同意。群主应向群成员介绍群功能,如果是人数不多的工作群,最好介绍一下群成员。介绍顺序是将晚辈介绍给长辈,将下级介绍给上级,将男士介绍给女士。

b. 注意微信群昵称和微信群名称的命名。针对群的主题来修改自己的群昵称。命名一个清晰明了的群名称,以此明确建群目的及沟通内容。

c. 注意掌握微信群常用礼仪。这包括:群红包不要只抢不发,不要强行要求别人发红包;不是所有群的红包都可以抢,抢之前先看清楚是否是群发红包;能私聊的不群聊,群交流如果是两个人对话较多,不要在群里持续交流,可以加好友私聊,避免扰众;不要乱发表情包。群聊切忌连续发送不雅表情包,注意微信群是交流信息的地方,不是个人情绪的发泄地;公司项目群最好一群一主题,讨论结束后下载文件、备份聊天记录便可解散群。如果需要在微信群分享文件、图片、视频等资料,应确保其来源合法合规,并且不会侵犯他人权益。同时,注意文件大小和格式,避免给其他成员下载和查看带来不便。要尊重版权,不随意使用未经授权的版权作品,如音乐、影视片段等。

小贴士

微信群"七不发"

6.1.3　餐饮礼仪

1. 赴宴的礼仪

宾客参加宴会，无论是作为组织的代表，还是以私人身份出席，从入宴到告辞都应注重礼节规范。这既是个人素质与修养的表现，也是对主人的尊重。

（1）认真准备。接到邀请，能否出席应尽早答复对方，以便主人做出安排。安排邀请后不要随意改动，万一遇到特殊情况不能出席时，尤其是作为主宾，要尽早向主人解释、道歉，甚至亲自登门表示歉意。应邀出席一项活动之前，要核实宴请的主人，活动举办的时间、地点，是否邀请配偶以及主人对服饰的要求。

出席宴会前，一般应梳洗打扮。女士要化妆，男士应梳理头发并剃须。衣着要求整洁、大方、美观。这将给宴会增添隆重热烈的气氛。

若参加家庭宴会，可给女主人准备一定的礼品，在宴会开始前送给主人。礼品价值不一定很高，但要有意义。

（2）按时抵达。按时出席宴会是最基本的礼貌。出席宴请活动，抵达时间的迟早、逗留时间的长短，在一定程度上反映出对主人的尊重程度，应根据活动的性质和当地习俗掌握。迟到、早退、逗留时间过短被视为失礼或有意冷落。身份高者可略晚些到达，一般客人宜略早些到达。出席宴会要根据各地习惯，正点或晚一两分钟抵达；我国则是正点或提前一两分钟抵达。出席酒会可以在请柬注明的时间内到达。抵达宴会活动地点，先到衣帽间脱下大衣和帽子，然后前往迎宾处，主动向主人问候。如果是庆祝活动，应表示祝贺，对在场其他人均应点头示意，互致问候。

（3）礼貌入座。应邀出席宴会活动，应听从主人安排。若是宴会，进入宴会厅之前，先掌握自己的桌次和座位。入座时注意桌上座位卡是否写有自己的名字，不可随意入座。如邻座是长者或女士，应主动协助帮助他们先坐下。入座后坐姿要端正，不可用手托腮或将双臂肘放在桌上。坐时应把双脚踏在本人座位下，不可随意伸出影响他人。不可玩弄桌上的酒杯、盘碗、刀叉、筷子等餐具，不要用餐巾纸擦餐具，以免使人认为餐具不洁。

在社交场合，无论天气如何炎热，不可当众解开纽扣，脱下衣服。小型便宴时，若主人请宾客宽衣，男宾可脱下外衣搭在椅背上。

（4）注意交谈。坐定后，如已有茶，可轻轻饮用。无论作为主人、陪客或宾客都应自动与同桌的人交谈，特别是左邻右座，不可只与几位熟人或一两人交谈。若不相识，可先作自我介绍。谈话要掌握时机，要视交谈对象而定。不可只顾自己一人夸夸其谈，或谈些荒诞离奇的事而引人不悦。交谈时宜选择轻松、愉快的话题并遵守交谈礼仪，不要高声大笑或窃窃私语，不谈论隐私及过于严肃的话题。交谈时务必用餐巾拭嘴，以免食物残留唇边，影响雅观。商务宴请中一些安全的话题以及应避开的话题如表 6-1 所示。

表 6-1　商务宴请中一些安全的话题以及应避开的话题

安全的话题	应避开的话题
天气	自己的健康状况
交通	他人的健康状况
体育	物品的价格、收入
无争议的新闻,如奥斯卡奖	个人的不幸
旅游	有争议的兴趣爱好
环境问题	低级笑话
对会址或城市的赞美	小道消息
共同的经历	宗教
书籍	争议性很大的问题,如堕胎或焚烧国旗
文学、艺术	有关私生活的细节

(5) 文雅进餐。出席宴会,并不是一件轻松的事情。在觥筹交错之际,我们的"吃相"正向人们昭示着自己的修养与品格。古往今来,餐桌都是社会交际的重要场所,因而餐桌礼仪历来为人们所重视。在餐桌上最要紧的是要检点自己的"吃相"。有人总结了如下口诀:取菜文雅,注意礼让;文明用筷,举箸得当;闭嘴细嚼,不发声响;嚼食不语,唇不留痕;骨与秽物,切莫乱扔;禁烟少酒,用餐文明;使用公筷,讲究卫生;席间交谈,增进感情。

宴会开始时,一般是主人先致祝酒词。此时应停止谈话,不可吃东西,注意倾听。致辞完毕,主人招呼后,即可开始进餐。

用餐前应先将餐巾打开铺在腿上。用餐完毕叠好放在盘子右侧,不可放在椅子上,亦不可叠得方方正正而被误认为未使用过。餐巾只能擦嘴,用时一手捏住一面的上端,另一手相助。餐巾不能用于擦面、擦汗。服务员送的香巾是用来擦面的,擦完后要放回原盛器内。

古语说:"主不请,客不尝。"上菜后,待主人说"请",再动手夹菜。取菜要适量,不要显得过于贪婪。如主人向客人敬酒,应起立回应,喝过酒后再开始吃菜。吃东西时应小口小口地吃,咀嚼要闭嘴不要发出声来,吧唧嘴会令人讨厌,也不要一边咽食一边说话。喝汤时,汤匙应由身边向外舀出,喝汤不要吸,也不要左手拿匙、右手拿筷"双管齐下"。进餐过程中,嘴里的骨头和鱼刺应用筷子夹放在垫盘上,吃剩的菜、用过的勺,也应放在垫盘内,就餐的整个过程中,都要注意礼让、注意关照邻座的宾客,不要见到自己喜欢吃的就"埋头苦干",不理别人。男士不要戴着帽子进餐。为了避免酒后失礼,饮酒应留有余地。也不要边吃边饮边抽烟。

若遇本人不能吃或不爱吃的菜品,当服务员或主人夹菜时,不可打手势,不可拒绝,可取少量放入盘中,并表示"谢谢,够了"。对不合口味的菜,勿显出难堪的表情。己方作为主人宴请时,席上不必说过分谦虚的话。对来华时间过长的人,不必说这是中国的名酒名菜。在给宾客夹菜时,要用公用餐具,切不可用自己的餐具。

冷餐酒会,服务员上菜时,不可抢着去取,待送至本人面前时再取。周围的人未取到第一份时,自己不可急于去取第二份。勿围在菜台旁,取完即离开,以便让别人取食。

吃食物要讲究文雅,要微闭着嘴咀嚼,不可发出声响。要将食物送进口中,不可伸口去迎食物。食物过热时，可稍凉后再吃，切勿用嘴吹。鱼刺、骨头、菜渣等不可直接往外吐，要用餐巾掩嘴，用筷子取出，或轻吐在叉匙上，放在碟中。嘴里有食物时不可谈话。尽量不要剔牙，更不可边走动边剔牙。吃剩的菜、用过的餐具等应放在碟中，勿放置桌上。

（6）学会敬酒。敬酒也叫祝酒，是现代商务宴会必不可少的程序，是向对方表达敬意的良好方式。如果时间把握合适，祝酒词说得恰到好处，敬酒可以给整个聚餐带来一种良好的气氛。

① 斟酒。敬酒之前需要斟酒。按照规范来说：除主人和服务人员外，其他宾客一般不要自行给别人斟酒，如果主人亲自斟酒，应该用本次宴会上最好的酒斟，宾客要端起酒杯致谢，必要的时候起身站立。如果是大型的商务用餐，都应该是服务人员来斟酒。斟酒一般要从位高者开始。如果你不想喝了，可把手挡在酒杯上，说声"谢谢，不用了"。中餐里，别人斟酒的时候，也可以回敬以"叩指礼"。特别是自己的身份比主人高的时候。即以右手拇指、食指、中指捏在一起，指尖向下，轻叩几下桌面表示对斟酒的感谢。酒倒多少才合适呢？白酒和啤酒可以斟满，而其他洋酒就不用斟满。

② 敬酒的时机。敬酒应该在特定的时间进行，并以不影响来宾用餐为首要考虑。敬酒分为正式敬酒和普通敬酒。正式敬酒，一般是在宾主入席后、用餐前就可以开始。而普通敬酒，只要注意不在对方咀嚼食物的时候，认为对方可能愿意接受你的敬酒就可以。而且，如果向同一个人敬酒，应该等身份比自己高的人敬过之后再敬。

③ 敬酒的顺序。敬酒按什么顺序呢？一般情况下应按年龄大小、职位高低、宾主身份为序，敬酒前一定要充分考虑好敬酒的顺序，分明主次，避免出现尴尬的情况。即使你分不清或职位、身份高低不明确，也要按统一的顺序敬酒，比如先从自己身边按顺时针方向开始敬酒，或是从左到右、从右到左进行敬酒等。

④ 敬酒的举止。无论是主人还是来宾，如果是在自己的座位上向集体敬酒，就要求首先站起身来，面含微笑，手拿酒杯，面朝大家。当主人向集体敬酒、说祝酒词的时候，所有人应该一律停止用餐或喝酒。主人提议干杯的时候，所有人都要端起酒杯站起来，互相碰一碰。按国际通行的做法，敬酒不一定要喝干。但即使平时滴酒不沾的人，也要拿起酒抿上一口装装样子，以示对主人的尊重。除了主人向集体敬酒，来宾也可以向集体敬酒。来宾的祝酒词可以说得更简短，甚至一两句话都可以。比如："各位，为了以后我们的合作愉快，干杯！"平时涉及礼仪规范内容更多的还是普通敬酒。普通敬酒就是在主人正式敬酒之后，各个来宾和主人之间或者来宾之间可以互相敬酒，同时说一两句简单的祝酒词或劝酒词。别人向你敬酒的时候，要手举酒杯到双眼高度，在对方说祝酒词或"干杯"之后再喝，喝完后，手拿酒杯和对方对视一下，这一过程才结束。

对我国来说，敬酒的时候还要特别注意。敬酒无论是敬的一方还是接受的一方，都要注意因地制宜、入乡随俗。我们大部分地区特别是东北、内蒙古等北方地区，敬酒的时候往往讲究"端起即干"。在他们看来，这种方式才能表达诚意、敬意。所以，在具体的应对上就应注意，自己酒量欠佳应该事先诚恳地说明，不要看似豪爽地端着酒去敬对方，而对方一口干了，你却只是"意思意思"，往往会引起对方的不快。另外，对于敬酒的人来说，如果对方确实酒量不济，没有必要去强求。喝酒的最高境界，应该是"喝好"而不是"喝倒"。

在中餐里，还有一个讲究。即主人亲自向你敬酒干杯后，要回敬主人，和他再干一杯。

回敬的时候,要右手拿着杯子,左手托底,和对方同时喝。干杯的时候,可以象征性地和对方轻碰一下酒杯,不要用力过猛,非听到响声不可。出于敬重,可以使自己的酒杯低于对方酒杯。如果和对方相距较远可以以酒杯杯底轻碰桌面表示碰杯。

和中餐不同的是,西餐用来敬酒、干杯的酒,一般都用香槟。而且,只是敬酒不劝酒,只敬酒而不真正碰杯。还不可以越过自己身边的人和相距较远者敬酒干杯,尤其是交叉干杯。

⑤ 拒酒的礼仪。宴会上,特别是在中式宴会上,要适当拒酒,这不仅是自我保护的需要,也是营造良好、健康气氛的需要,可以有效避免过量喝酒引起的失态,甚至彼此间的不愉快。但是,无论是因为生活习惯、健康还是工作需要等原因而不能喝酒,都不能直接给予拒绝,因为这样会让敬酒者陷于尴尬的境地,所以这就需要礼貌、大方的拒酒技巧。一是客观、诚恳地申明不能喝酒的原因;二是主动以其他饮料代酒;三是委托同事、部下代喝酒。千万不要在别人给自己斟酒的时候,躲躲藏藏,显得特别小气。乱推酒瓶、敲击杯口、倒扣酒杯、偷偷倒掉,或者把自己的酒倒到别人的杯中,尤其是将自己喝了一点的酒倒进别人杯中,都是不礼貌的表现。

⑥ 敬酒的误区。主要包括:第一,不要强人所难,灌他人酒。平时嗜酒如命,必须有所收敛。不胜酒力的,不一定要喝酒,喝水、喝饮料也行,关键有这个想法就可以了。第二,西餐里,如果你是重要的客人或是主宾,要回敬主人一杯。你可以在主人敬酒时立即回敬。一般情况下,别人给你敬酒的时候,不要同时给对方敬酒。第三,没必要非得碰杯,尤其是使用玻璃器皿的时候。第四,主人应该是第一个敬酒的人,不要越俎代庖。第五,不要敲杯子以吸引大家的注意。

(7) 告辞致谢。正式宴会一般吃水果后宴会即结束,此时,一般先由主人向主宾示意,请其做好离席的准备,然后从座位上站起,这是请全体起立的信号。一般以女主人的行动为准,女主人先邀请女主宾离席退出宴会厅。告辞时应礼貌地向主人道谢。通常是男宾先向男主人告辞,女宾先向女主人告辞,然后交叉,再与其他人告辞。

席间一般不应提前退席。若确实有事需提前退席,应向主人打招呼后轻轻离去,也可事前打招呼到时离去。退席时要有礼貌。退席理由应当尽量不使主人难堪和心中不悦。从宴会结束到告辞前不可有任何不耐烦的表示。

对主人的致谢,除了在宴会结束告辞时表达谢意之外,若正式宴会,还可在2~3天内以印有"致谢"或"P.R"字样的名片或便函表示感谢。有时私人宴请也须致谢。名片可寄送或亲自送达。首先致谢女主人,但不必说过谦的话。

2. 宴会的组织

宴会对宾客而言是一种礼遇,必须按规定、按有关礼节礼仪要求组织。

(1) 确定宴会的目的与形式。宴会的目的一般很明确,如节庆日聚会、工作交流、贵宾来访等。根据目的决定邀请什么人、邀请多少人,并列出客人名单。宴请主宾身份应该对等,多边活动还要考虑政治因素、政治关系等。宴请形式很大程度上取决于当地的习惯做法。

(2) 确定宴请时间和地点。宴会的时间和地点,应当根据宴请的目的和主宾的情况而定。一般来说,宴会时间不应与宾客工作、生活安排发生冲突,通常安排在晚上 6—8 点。同时还应注意宴请时间上要尽量避开对方的禁忌日。例如,欧美人忌讳"13",日本人忌讳"4""9"。在安排宴会时应避开以上数字。宴请的地点,应依照交通、宴请规格、主宾喜好等情况而定。

(3)邀请。当宴请对象、时间和地点确定后,应提前 1~2 周制作、分发请柬,以便被邀请的宾客有充分的时间安排自己的行程。即使是便宴,也应提前用电话准确地通知。

(4)确定宴会规格。宴会规格对礼仪效果的影响是十分明显的。宴会规格一般应考虑宴会出席者的最高身份、人数、目的、主人情况等因素。规格过低,会显得失礼;规格过高,则无必要。确定规格后,应与饭店(酒店、宾馆)共同列出菜单。在列出菜单时,应考虑宾客的口味、禁忌、健康等因素。对于个别宾客需要特别照顾的,应尽早做好安排。

(5)席位安排。宴请往往采用圆桌布置菜肴、酒水。采用一张以上圆桌安排宴请时,排列圆桌的尊卑位次有两种情况:一种是由两桌组成的小型宴会,当两桌横排时,其桌次以右为尊,以左为卑。这里所讲的右与左,是由面对正门的位置来确定的。这种做法又叫"面门定位",如图 6-2 所示。

当两桌竖排时,其桌次则讲究以远为上,以近为下。这里所谓的远近,是以距正门的远近而言的,如图 6-3 所示。此法也称"以远为上"。

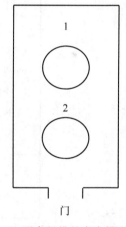

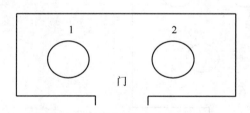

图 6-2 两桌横排的桌次排列方法　　图 6-3 两桌竖排的桌次排列方法

另一种是三桌或三桌以上所组成的宴会。通常它又叫多桌宴会。在桌次的安排上除了要遵循"面门定位""以右为尊""以远为上"这三条规则外,还应兼顾其他各桌距离主桌,即第一桌的远近。通常距主桌越近,桌次越高;距主桌越远,桌次越低,如图 6-4 和图 6-5 所示。

然后需引起注意的是席位安排。在进行宴请时,每张餐桌上的具体位次也有主次尊卑之别。排列位次的方法是主人大都应当面对正门而坐,并在主桌就座;举行多桌宴请时,各桌最好有一位主人的代表,其位置可视情况确定,一般与主人同向,有时也可面对主桌主人;各桌之上位次尊卑,应根据其距离该桌主人的远近而定,以近为上,以远为下;各桌之上距离该桌主人相同的位次,讲究以右为尊,即以该桌主人面向为准,其右为尊,其左为卑。

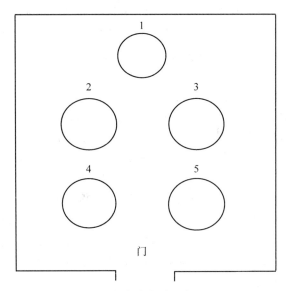

图 6-4　多桌桌次排列方法(1)

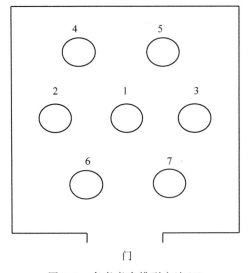

图 6-5　多桌桌次排列方法(2)

　　另外,每张桌上所安排的用餐人数应限于 10 人之内,并宜为双数。

　　圆桌上位次的具体排列又可分为两种情况:一种是每桌一个主位的位次排列方法,主宾在其右侧就座,如图 6-6 所示。

　　另一种是每桌按两个主位的位次排列。其特点是主人夫妇就座于同一桌,以男主人为第一主人,以女主人为第二主人。主宾和主宾夫人分别在男女主人右侧就座,这样每桌就形成了两个谈话中心,如图 6-7 所示。

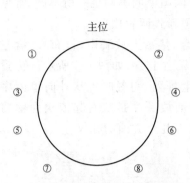

图 6-6 每桌一个主位的位次排列方法

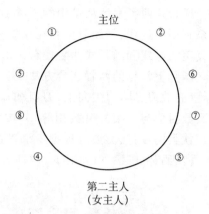

图 6-7 每桌两个主位的位次排列方法

有时,倘若主宾身份高于主人,为了表示尊重,可安排其在主人位次上就座,而请主人坐在主宾的位次。

(6)餐具的准备。宴请餐具十分重要,考究的餐具是对客人的尊重。依据宴会人数和酒类、菜品的道数准备足够的餐具,是宴会的基本礼仪之一。餐桌上的一切物品都应十分卫生,桌布、餐巾都应浆洗洁白并熨平,玻璃杯、酒杯、筷子、刀叉、碗碟等餐具,在宴会之前都必须洗净擦亮。

(7)宴请程序。迎客时,主人一般在门口迎接。官方活动除男女主人外,还有少数其他主要官员陪同主人排列成行迎宾,通常称为迎宾线,其位置一般在宾客进门存衣以后进入休息厅之前。与宾客握手后,由工作人员引入休息厅或直接进入宴会厅。主人抵达后,由主人陪同进入休息厅与其他宾客见面。休息厅由相应身份的人员陪同宾客,服务员送饮料。

主人陪同主宾进入宴会厅,全体宾客入席,宴会开始。若宴会规模较大,则可请主桌以外的客人先就座,贵宾后入座。若有正式讲话,一般安排在热菜之后由主人讲话,接着由主宾讲话,也可以一入席双方即讲话。冷餐会及酒会讲话时间则更灵活。吃完水果,主人和主宾起立,宴请即告结束。

外国人的日常宴请以女主人作为第一主人时,往往以她的行动为准。入席时,女主人先坐下,并由女主人招呼开始进餐。餐毕,女主人起立,邀请女宾与其一起离席。然后男宾起立,随后进入休息厅或留下吸烟。男女宾客在休息厅会齐,即上茶或咖啡。主宾告辞时,主人把主宾送至门口。主宾离去后,迎宾人员按顺序排列,与其他宾客握手告别。

3. 吃西餐的礼仪

西餐是西方国家的一种宴请形式。由于受民族习俗的影响,西餐的餐具、摆台、酒水菜点、用餐方式、礼仪等都与中餐有较大差别。目前由于我国对外交往活动的不断增多,西餐也已成为我国招待宴请活动的一种方式。因此,了解西餐的一般常识和礼仪是十分重要的。

西餐的餐具多种多样。常见的西餐餐具有叉、刀、匙、杯、盘等。

　　摆台是西餐宴请活动中的一项专门的技艺,也是必不可少的一个礼仪程序。它直接关系到用餐过程、民族习俗和礼仪规范等。西餐的摆台因国家的不同也有所不同,常见的有英美法国式和国际式西餐摆台。这里我们介绍一下国际式西餐摆台。

　　国际上常见的西餐摆台方法是:座位前正中是垫盘,垫盘上放餐巾(口布)。盘左放叉,盘右放刀、匙,刀尖向上、刀口朝盘,主食靠左,饮具靠右上方,如图6-8所示。正餐的刀叉数目应与上菜的道数相等,并按上菜顺序由外至里排列,用餐时也从外向里依序取用。饮具的数目、类型应根据上酒的品种而定,通常的摆放顺序是从右起依次为葡萄酒杯、香槟酒杯、啤酒杯(水杯)。吃西餐时,应注意掌握以下几个方面的礼仪。

图6-8　西餐餐具的摆放

　　(1)上菜顺序。西餐上菜的一般顺序是:①开胃前食;②汤;③鱼;④肉;⑤沙拉;⑥甜点;⑦水果;⑧咖啡或茶等。菜肴从左边上,饮料从右边上。

　　(2)餐巾使用。入座后先取下餐巾,打开,铺在双腿上。如果餐巾较大,可折叠一下,放在双腿上,切不可将餐巾别在衣领上或裙腰处。用餐时可用餐巾的一角擦嘴,但不可用餐巾擦脸或擦刀叉等。用餐过程中若想暂时离开座位,可将餐巾放在椅背上,表示还要回来;若将餐巾放在餐桌上表示已用餐完毕,服务员则不再为你上菜。

　　(3)刀叉使用。吃西餐时,通常用左手持叉、右手持刀,用叉按住食物,用刀子切割,然后用叉子叉起食物送入口中,切不可用刀送食物入口。如果只使用叉子,也可用右手使用叉子。使用刀叉时应避免发出碰撞声。用餐过程中,若想放下刀叉,应将刀叉呈"八"字形放在盘子上,刀刃朝向自己,表示还要继续吃,如图6-9所示。用餐完毕,则应将叉子的背面向上,刀的刀刃一侧应向内与叉子并拢,平行放置于餐盘上。尽量将柄放入餐盘内,这样可以避免由于碰触而掉落,服务生也容易收拾,如图6-10所示。

图 6-9 刀叉呈"八"字形

图 6-10 用餐完毕

（4）用餐礼节。当全体客人面前都上了菜，主人示意后开始用餐，切不可自行用餐；喝汤时不要发出声响；面包要用手去取，既不可用叉子去取，也不可用刀子去切，面包应用手掰着吃；吃沙拉时只能使用叉子；用餐过程中，若需用手取食物，要在西餐桌上事先备好的水盂里洗手（沾湿双手拇指、食指和中指），然后用餐巾擦干，切不可将水盂中的水当成饮用水喝掉；最好避免在用餐时剔牙，若非剔不可，必须用手挡住嘴；当服务员依次为客人上菜时，一定要等服务员走到我们的左边时再取菜，如果在我们的右边，不可急着去取；吃水果不可整个咬着吃，应先切成小瓣，用叉取食；若不慎将餐具掉在地上，可由服务员更换；若将油水或汤菜溅到邻座身上，应表示歉意，并由服务员协助擦干。

4. 冷餐会的礼仪

冷餐会是一种比较自由的宴请形式，一般不设座，食品集中放在餐厅中央或两侧桌上，由客人按顺序自动取食，不要抢先；取食后可找适当位置坐下慢慢进食，也可站立与人边交谈边进食；所取食物最好吃完；第一次取食不必太多，若需添食，可再次或多次去取。冷餐会可招待较多的客人，客人到场或退场比较自由。客人一面做好就餐的准备，一面可以和同席的人随意进行交谈，以创造一个和谐融洽的用餐气氛。不要旁若无人，兀然独坐；更不要眼睛碌碌地盯着餐桌上的冷盘，或者下意识地摸弄餐具，显出一副迫不及待的样子。

当开始用餐时，特别要注意以下几点：一是主人举杯示意开始时，客人才能开始；二是客人不能抢在主人前面；三是要细嚼慢咽，这不仅有利于消化，也是餐桌上的礼仪要求，绝不能大块往嘴里塞，狼吞虎咽，这样会给人留下贪婪的印象；四是不要挑食，不要只盯着自己喜欢的菜吃，或者急忙把喜欢的菜堆在自己的盘子里；五是用餐的动作要文雅，夹菜时不要碰到邻座，不要把盘里的菜拨到桌上，不要把汤碰翻；六是不要发出不必要的声音，如喝汤时"咕噜咕噜"，吃菜时嘴里"叭叭"作响，这都是粗俗的表现。用餐结束后，可以用餐巾、餐巾纸或服务员送来的小毛巾擦嘴，但不宜擦头颈或胸脯；餐后不要不加控制地打饱嗝或嗳气。

5. 鸡尾酒会的礼仪

鸡尾酒会也称酒会，是一种自由的社交活动，备有多种饮料和少量小食品，一般在下午或晚上举行,不设座,时间短,客人到场或退场自由。中途离开的客人,应向主人道别,但出席酒会不能太迟或到达不久就立即离去。

鸡尾酒会的形式活泼、简便,便于人们交谈,招待品以酒水为重,略备一些小食品。如点心、面包、香肠等,放在桌子、茶几上或者由服务生拿着托盘,把饮料和点心端给客人,客人可以随意走动。举办的时间一般是下午 5 点到晚上 7 点。近年来,国际上各种大型活动前后往往都要举办鸡尾酒会。

这种场合下,最好手里拿一张餐巾,以便随时擦手。用左手拿着杯子,好随时准备伸出右手和别人握手。吃完后不要忘了用纸巾擦嘴、擦手。用完的纸巾丢到指定位置。

6. 喝咖啡的礼仪

咖啡可以自己磨好咖啡豆以后用咖啡壶煮制,也可以用开水冲饮速溶的。人们一般认为自制的咖啡档次比较高,而速溶的咖啡不过是节省时间罢了。

饮用可以加入牛奶和糖,称为牛奶咖啡。也可以不加牛奶和糖,称为清咖啡或黑咖啡。在西餐中,饮用咖啡是大有讲究的。

(1) 杯的持握。供饮用的咖啡,一般都是用袖珍型的杯子盛出。这种杯子的杯耳较小,手指无法穿过去。但即使用较大的杯子,也不要用手指穿过杯耳端杯子。正确的拿法应是用右手的拇指和食指握住杯耳,轻轻地端起杯子,慢慢品尝。不能双手握杯,也不能用手端起碟子去吸食杯子里的咖啡。用手握住杯身、杯口,托住杯底,也是不正确的方法。

(2) 杯碟的使用。盛放咖啡的杯碟都是特制的。它们应当放在饮用者的正面或右侧,杯耳应指向右方。咖啡都是盛入杯中,放在碟子上一起端上桌子的。碟子用来放置咖啡匙,并接收杯子里溢出的咖啡。喝咖啡时,可以用右手拿着咖啡的杯耳,左手轻轻托着咖啡碟,慢慢地移向嘴边轻啜。不要手握咖啡杯大口吞咽,也不要俯首去就咖啡杯。如果坐在远离桌子的沙发上,不便用双手端着咖啡饮用,此时可以做一些变通。可用左手将咖啡碟置于齐胸的位置,用右手端着咖啡饮用,饮毕应立即将咖啡杯置于咖啡碟中,不要让二者分家;如果离桌子近,只需端起杯子,不要端起碟子。添加咖啡时,不要把咖啡杯从咖啡碟中拿起来。

(3) 匙的使用。咖啡匙是专门用来搅咖啡的,如果咖啡太热也可用匙轻轻搅动,使其变凉。饮用咖啡时应当把咖啡匙取出来,不要用咖啡匙舀着咖啡喝,也不要用咖啡匙来捣碎杯中的方糖。不用匙时,应将其平放在咖啡碟中。

(4) 咖啡的饮用。饮用咖啡时,不能大口吞咽,更不可以一饮而尽,而是一小口一小口细细品尝,切记不要发出声响,这样才能显示出品位和高雅。如果咖啡太热,可以用咖啡匙在杯中轻轻搅拌使之冷却,或者等自然冷却后再饮用。试图用嘴去把咖啡吹凉,是很不文雅的动作。

(5) 给咖啡加糖。给咖啡加糖时,方糖可用咖啡匙舀取,直接加入杯内;也可先用糖夹子把方糖夹在咖啡碟的近身一侧,再用咖啡匙把方糖加入在杯子里。如果直接用糖夹子或手把方糖放入杯内,有时可能会使咖啡溅出,从而弄脏衣服或台布。

(6) 用甜点的要求。有时喝咖啡可以吃一些点心,但不要一手端着咖啡杯,一手拿着点心,吃一口、喝一口地交替进行,这样的行为是非常不雅观的。饮咖啡时应当放下点心,吃点心时则放下咖啡杯。

在咖啡屋里,举止要文明,不要盯视他人。交谈的声音越轻越好,千万不要不顾场合,高谈阔论,破坏气氛。

小贴士

咖啡的种类

依据饮咖啡的添加配料不同,咖啡可被分为多个品种。其中最常见的有以下六种。

(1)黑咖啡。它所指的是既不加糖,也不加牛奶的纯咖啡。

(2)白咖啡。它是指饮用之前加入牛奶、奶油或特制的植物粉末的咖啡。

(3)浓黑咖啡。它的全名叫意大利式浓黑咖啡。它以特殊的蒸汽加压方法制作,极黑浓,不宜多饮。

(4)浓白咖啡。它的全名叫意大利式浓白咖啡。其制作方法基本上与浓黑咖啡相似,只是加入了用牛奶打制出来的奶油或奶皮,故此显得又稠又浓,口味甚佳。

(5)爱尔兰式咖啡。爱尔兰式咖啡的最大特点,是在饮用咖啡之前不加入牛奶,而是加入一定数量的威士忌酒。

(6)土耳其式咖啡。土耳其式咖啡大致与白咖啡类似,在咖啡之中可以酌情加入适量的牛奶。但是与其他种类所不同的是,它的咖啡渣并未除去,而是被装入杯中与咖啡一起上桌,供人饮用。

7. 饮茶的礼仪

中国是茶的故乡,制茶、饮茶已有几千年的历史,名品荟萃,主要品种有绿茶、红茶、乌龙茶、花茶、白茶、黄茶。茶有健身、治疾之药物疗效,又富欣赏情趣,可陶冶情操。品茶待客是中国人高雅的娱乐和社交活动,坐茶馆、茶话会则是中国人社会性的群体茶艺活动。中国茶艺在世界享有盛誉,在唐代就传入日本,形成了日本茶道。

茶是中国人最喜欢的饮料,同时也让外宾乐于接受。在商务交往中,经常有专门举行茶会来招待来宾的。茶水虽然物美价廉,但饮茶却是一种文化。

为客人沏茶之前,首先要清洗双手,并洗净茶杯或茶碗。要特别注意茶杯或茶碗有无破损或裂缝,残破的茶杯或茶碗是不能用来招待客人的。还要注意茶杯或茶碗里面有无茶迹,有的话一定要清洗掉。茶具以陶瓷制品为佳。不能用旧茶或剩茶待客,必须沏新茶。在为客人沏茶前可以先征求其意见。就接待外国客人而言,美国人喜欢喝袋泡茶,欧洲人喜欢喝红茶,日本人喜欢喝乌龙茶。

茶水不要沏得太浓或太淡,每一杯茶斟得七成满就可以了。主人在陪伴客人饮茶时,要注意客人杯、壶中的茶水残留量,一般用茶杯泡茶,如已喝去一半,就要添加开水,随喝随添,使茶水浓度基本保持前后一致,水温适宜。正规的饮茶讲究是把茶杯放在茶托上,一同敬给客人。茶杯要放在左边。如饮用红茶可准备好方糖,请客人自取。喝茶时,不允许用茶匙舀着喝。

上茶时,可由主人向客人献茶,或由招待员给客人上茶。主人给客人献茶时,应起立,并用双手把茶杯递给客人,然后说"请"。客人也应起立,以双手接过茶杯,说"谢谢"。添茶水时,也应如此。

由接待员上茶时要先给客人上茶,而不允许先给主人上茶。如果客人较多,应先给主宾上茶。上茶的具体步骤是:先把茶盘放在茶几上,从客人的右侧递过茶杯,右手拿着茶托,左手扶在茶托旁边。如果茶托无处可放,应以左手拿着茶盘,用右手递茶。注意不要把手指搭在茶杯边上,也不要让茶杯撞击在客人的手上,或洒了客人一身。如妨碍了客人的工作或交谈,要说一声"对不起"。客人对接待员的服务应表示感谢。在往茶杯倒水、续水时,如果不便或没有把握一并将杯子和杯盖拿在左手上,可把杯盖翻放在桌子或茶几上,只是端起茶杯来倒水。服务员在倒、续完水后要把杯盖盖上。注意,切不可把杯盖扣放在桌面或茶几上,这样既不卫生,也不礼貌。如发现宾客将杯盖扣放在桌面或茶几上,服务员要立即斟换,用托盘上,将杯盖盖好。

如果用茶水和点心接待客人,应先上点心,点心应给每个人上一小盘,或几个人上一大盘。点心盘应用右手从客人的右侧送上。待其用毕,即从右侧撤下。

在饮茶中,不应大口吞咽茶水,或喝得咕咚咕咚直响,应当慢慢地一小口一小口地仔细品尝。遇到漂浮在水面上的茶叶,可用杯盖拂去,或轻轻吹开,切不可用手从杯里捞出来扔在地上,也不要吃茶叶。我国旧时有以再三请茶作为提醒客人应当告辞了的做法,因此,在招待老年人或海外华人时要注意,不要反复地劝其饮茶。西方常以茶会作为招待宾客的一种形式,茶会通常在下午4点左右开始,设在客厅之内,准备好座位和茶几就行了,不必安排座次。茶会上除饮茶之外,还可以上一些点心或风味小吃。

6.1.4　办公室礼仪

请扫描二维码学习本部分内容。

6.2　能力开发

6.2.1　阅读思考

请扫描二维码阅读文章,然后回答文章后的思考题。

6.2.2　案例分析

请扫描二维码阅读案例原文,然后回答案例后的讨论题。

6.2.3　训练项目

见面场景模拟训练

实训目标:掌握见面礼仪相关要求与规范,塑造良好的职业交际形象。

实训学时:2学时。

实训地点:实训室。

实训情景:A公司、B公司、C公司约定于2024年4月26日上午在北京某大厦洽谈一项关于电子设备三方合作的项目,A公司出劳动力、B公司出技术、C公司出资金。

实训方法:将全班学生分成若干组,每组6～8人。课前各组首先进行对白和场景设计,并准备道具。课上每组将三方见面中设计的称呼、介绍、握手、递接名片、礼物馈赠、电话沟通等交际礼仪连贯地仿真模拟演练下来。各组演练之前,每组应指定一名学生就设计的场景和成员的角色进行说明。通过学生相互打分和教师评分,选出1个优秀小组和1个最佳社交形象大使,激发学生的积极性。最后教师作实训总结。

课后练习

1. 小张和同学小李一同去听孙教授的礼仪讲座,小李对讲座非常感兴趣,想和孙教授进行深入交流。由于孙教授曾经给小张所在的班级上过课,认识小张,因此小李让小张在工作结束后把自己介绍给孙教授。

请问:如果你是小张你将怎样做介绍?请与同学分别扮演相关角色实际模拟演示一下。

2. 在一次业务洽谈会上,小王遇到了一直想与之合作的某集团公司周总,他立即起身走到周总面前,伸出双手去握周总的手。

请问:小王的表现有什么不妥?与同学一起模拟演示一下正确的做法。

3. 设计出用于商务场合的富有个性的名片,然后相互之间练习名片的递接。选出最具特色的名片,进行一次名片展览。

4. 模拟训练赠送与受赠礼物的礼节。

5. 进行拜访礼仪实践。学生2～4人为一组,利用业余时间,到亲朋好友家进行拜访。拜访的目的可以是社会调查、礼节性拜访或是请教问题等。拜访结束后,每个人写出详细的拜访过程,在教师的指导下,在全班进行拜访总结。

6. 请纠正以下电话礼仪中的错误并用正确的礼仪语言重说一遍。

"喂,王芳在吗?"

"对不起,她不在,您有什么需要……"

"不在? 算了,算了。"

7. 赴宴应注意哪些礼仪?

8. 办公室的天地虽小,可这方寸天地之间皆讲礼仪,你知道办公室礼仪都包括哪些方面吗? 假如你要去一个办公室实习,你该做哪些准备?

9. 在职场你认为哪些礼仪是我们需要特别关注的?

10. 自我测试。

请你完成下面的选择题,看看自己在办公室是否受欢迎。

(1) 是否经常早到10分钟?(   )

    A. 经常   B. 很多次   C. 偶尔   D. 从不

(2) 是否经常打水、扫地?(   )

    A. 经常   B. 很多次   C. 偶尔   D. 从不

(3) 是否经常翻人家的东西?(   )

    A. 经常   B. 很多次   C. 偶尔   D. 从不

(4) 是否传小道消息?(   )

    A. 经常   B. 很多次   C. 偶尔   D. 从不

(5) 是否经常打断别人的谈话而自己浑然不知?(   )

    A. 经常   B. 很多次   C. 偶尔   D. 从不

(6) 是否经常向人得意扬扬地夸耀在哪儿进餐、在哪儿购物?(   )

    A. 经常   B. 很多次   C. 偶尔   D. 从不

(7) 是不是经常"一杯茶、一根烟、一张报纸看半天"?(   )

    A. 经常   B. 很多次   C. 偶尔   D. 从不

(8) 有没有借同事的钱没有还的事情发生,即使数额不多?(   )

    A. 经常   B. 很多次   C. 偶尔   D. 从不

参考答案:如果回答A项居多,你就要好好反省了,因为测试表明你很可能不怎么受同事欢迎。如果回答D项居多,那说明你很懂得办公室里的礼仪,应该是很受大家欢迎的人物。

任务 7

求职应聘

莫愁前路无知己,天下谁人不识君。

——[唐]高适

每一个成功都有一个开始,勇于开始才能找到成功的路。

——佚名

 学习目标

- 求职前能够精心准备,提高求职效果。
- 应聘面试符合礼仪规范。
- 能够正确得体地回答面试中遇到的问题。
- 做好面试后的工作。

 案例导入

面 试

凯恩集团正在招聘职员,小林马上就要毕业了,对此她信心百倍,因为她专业对口,而且其他条件也非常符合。面试当天,小林为了给招聘单位留下好印象,决定好好打扮一下自己。在寝室忙了半天,她最后选中了一条大花的连衣裙,穿上高跟鞋,戴上项链、耳环、手链,还化了现在最流行的闪亮妆,她想这样一定能在外形上取得优势。面试当天,小林与其他面试者在办公室外等待。当看到发来的题目时,小林更觉得胜券在握。她松松垮垮地站在门口准备上场,回头看见有一排沙发,便坐在沙发上,跷起二郎腿,悠闲地拿出化妆包开始补妆。面试时,小林看到题目有点陌生,忍不住挠头抓痒,在座位上扭来扭去。面试完毕,结果可想而知。

求职礼仪是求职者在求职过程中与招聘单位招聘者接触时应具有的礼貌行为和仪表

形态规范。它通过求职者的应聘资料、语言、仪态举止、仪表和着装打扮等几个方面体现其内在素质。求职过程中求职者要讲究对人的尊重和礼貌修养,给招聘者留下一个良好的印象,增加招聘单位录用自己的机会。千万不要像本任务"案例导入"中的小林那样,其不良的礼仪表现是不会取得求职的成功的。

7.1　知识储备

7.1.1　求职前的准备

1. 搜集就业信息

就业信息是指通过各种媒介传递的有关就业方面的消息和情况,如就业政策、供需双方的情况及用人信息等,它是求职者择业所必须搜集和掌握的材料。

就业信息的种类有两种:宏观信息和微观信息。宏观信息是指国家的政治经济情况,国家或地区社会经济的方针政策规定,国家对毕业生的就业政策与劳动人事制度改革的信息,社会各部门、企业需求情况及未来产业、职业发展趋势所要求的信息。掌握这些信息,就可宏观地把握就业方向。同学们在校期间,要关心国家政策的重大改革,对确立宏观的择业方向有着重大的意义。微观信息是指某些具体的就业信息。如用人单位的需求情况、发展前景、需求专业、条件、工资待遇等。这些信息是在大学即将毕业时应搜集的具体材料。

搜集就业信息的途径主要有以下几种:一是通过学校就业指导办公室和各就业工作服务站搜集。学校搜集的信息都会及时传至各系(处),或发布在学校网页的就业信息栏中。二是通过各级政府主管部门和就业指导机构搜集。这些主管部门主要是教育部和省教育厅、人力资源和社会保障厅,以及各市的教育局、人力资源和社会保障局。这些部门和就业机构的主要职责,就是确定辖区的毕业生就业政策,提供高校毕业生和用人单位的信息,为毕业生就业提供咨询与服务。来自这方面的信息也是真实可信的。三是通过学校老师和亲朋好友搜集。老师在多年的社会实践、教学实习、科研协作中,与一些专业对口的单位联系密切,通过他们了解就业信息,推荐求职,对择业成功有很大帮助。家长、亲朋、好友,在多年的社会交往中,也会给你带来大量的就业信息,希望所有的毕业生要有意识地搜集。四是通过各类"双向选择"招聘活动搜集。各人才服务机构、省市就业服务部门、学校每年都会举办各种人才招聘会,为毕业生搜集就业信息提供了更广泛的途径。五是通过有关新闻媒体和网络搜集。新闻媒体特别是网络可为毕业生提供更丰富的就业信息。应届毕业生也可通过网站发布个人简历和求职要求。

求职者搜集到求职信息后,还要善于分析求职信息,这样才能增大求职成功的机会。否则,事到临头,只凭自己的想象和猜测或是被动地服从他人之命,依据社会上的流行看法盲目选择,只会使求职陷入困境。就一则具体的招聘信息来讲,求职者在阅读时一定要从岗位的职责、岗位的硬件要求、招聘单位的具体情况(规模、待遇、前景、地址、联系方式等)、岗位的供需情况、单位的企业文化与人际关系、岗位的细分情况等角度加以分析。只有善于分析阅读招聘信息,才有可能取得应聘的成功。

2. 明确求职途径

(1)招聘会。一般应到由人力资源和社会保障部门所管理的人才交流机构开办的人才市场或"招聘会"求职,这类部门运作规范、服务周到、信誉高、手续齐全,出现问题可得到合理保护。

(2)网上求职。网络突破时空的限制,通过网络求职经济、方便、快捷,避免了大群人集中在一起而近距离地接触,所承载的信息量大,不仅可以了解职位信息,还可在网上人才信息库中保存个人基本资料,以供用人单位查询。

(3)实习。目前很多知名企业通过招募实习生的方式来培养和招聘自己的员工。

(4)报刊招聘广告。报刊招聘广告是人们获得就业信息的最主要的传统手段,其信息较之网络有更强的真实性,但也有不实的虚假招聘信息。如果招聘职位好,可能会有很多应聘者。

(5)人才服务机构、职业介绍所等。通过人才中介来获取职位,今后将成为主流。随着法律的完善,监管到位,通过人力资源中介来获得职位是一种不错的选择。人才服务机构的优势在于信息来源多、专业化程度高等。

(6)电话求职。了解招聘信息后,可以电话咨询感兴趣的信息,电话求职时要讲究礼仪。

(7)直接上门找公司负责人或人力资源部经理。这是毛遂自荐的方式。如果看好某企业,可主动上门求职,展示自身的工作实力,让用人单位了解并能够录用自己。

(8)各院校的就业指导办公室。大学生们可以到所在院校的就业指导办公室,可以得到许多用人单位的需求信息,也可以得到有关就业政策和择业技巧的指导。

(9)社会关系。通过亲朋好友(包括老师、同学、师兄、师姐等)获取招聘信息或者推荐,也是一种符合中国国情的求职方式。

3. 撰写面试材料

在双向选择过程中,大部分用人单位安排面试的依据是有关反映毕业生情况的书面材料,通过这些书面材料来判断和评价毕业生的学习成绩、工作潜力。毕业生要成功地向用人单位推销自己,拟定具有说服力和吸引力的求职面试材料是成功的第一步。

面试材料包括毕业生就业推荐表、简历、自荐信、成绩单及各式证书(获奖证书,英语、计算机等各类技能等级证书)、已发表的文章、论文、取得的成果等。

(1)简历。简历主要是针对应聘的工作,将相关经验、业绩、能力、性格等简要地列举出来,以达到推荐自己的目的。由于毕业生就业推荐表栏目和篇幅限制,多数毕业生更希望有一份个性突出、设计精美、能给用人单位留下深刻印象的简历。

① 简历的设计原则。真实、简明、无错是简历设计的三个原则。真实原则就是指简历从内容上讲必须真实,比如选了什么课,就写什么课;如果没有选,就不要写。兼职工作更是如此,做了什么,就写什么。不要做了一,却写了三或四。因为在面试时,你的简历就是面试官的靶子,他会就简历上的任何问题提出疑问。如果你学了或做了,你就能答上

来,否则你和考官都会很尴尬,你在其眼里的信誉也就没有了,这是很不利的。要讲真话,不要言过其实,相信自己的判断力是十分重要的。

如果你没有参加任何兼职工作,可以不写,因为主考官知道你是刚毕业的学生,而学生的本职工作就是学习。或许你就是重点地学了本专业,没有顾上其他;或许你在学习本专业同时选择了第二专业或辅修专业;或许你虽然没有在校外兼职,但在校内系里或班里做了大量社会工作。总之,你没有必要为没有兼职工作而苦恼或凭空捏造。请记住,主考官也有过当学生的经历,他们会尊重你的选择。

简历顾名思义,最好简单明了。这是简明原则的又一重要原则。如果简历内容过多,又缺乏层次和重点,会给人一种琐碎的感觉。必要信息如姓名、性别、出生年月、联系电话和地址等一定要写上。相比之下,身高、体重、血型、父母甚至兄弟姐妹做什么工作并不是非常重要的,这些内容属于辅助信息,至少不应占据重要位置。可以将自己认为重要的信息全部浓缩到第一页上,然后把认为次要的信息,诸如每学期成绩单、获奖证书复印件等信息都当作附件。这样的简历主考官只看一页就清楚了,主次分明,非常有效,主考官如果感兴趣,可以继续看附件里的文件。

无错原则是指简历应该没有错误,尽可能在寄出简历之前,一个字一个字地检查一遍,标点符号也不能落下。否则会被认为是一个粗心的人,在激烈的竞争中就可能被淘汰。

② 简历的内容。简历并没有固定格式,对于社会经历较少的大学毕业生,一般包括个人基本资料、学历、社会工作及课外活动、兴趣爱好等,其内容大体包括以下几方面。

a. 个人基本材料。主要指姓名、性别、出生年月、家庭住址、政治面貌、身高、视力等,一般写在简历最前面。

b. 学历。用人单位主要通过学历情况了解应聘者的智力及专业能力水平,一般应写在前面。习惯上书写学历的顺序是按时间的先后,但实际上用人单位更重视现在的学历,最好从现在开始往回写,写到中学即可。学习成绩优秀,获得奖学金或其他荣誉称号是学习生活中的闪光点,可一一列出,以加重分量。

c. 生产实习、科研成果和毕业论文及发表的文章。这些材料能够反映你的工作经验,展示你的专业能力和学术水平,将是简历中一个有力的参考内容。

d. 社会工作。近几年来,越来越多的用人单位渴望招聘到具有一定应变能力、能够从事各种不同性质工作的大学毕业生。学生干部和具备一定实际工作能力、管理能力的毕业生颇受青睐。社会工作对于仍在求学的毕业生来说,主要包括社会实践活动和课外活动,是应聘时相当重要的。

e. 勤工助学经历。即使勤工助学的经历与应聘职业无直接关系,但是勤工助学能够显示你的意志,并给人留下能吃苦、勤奋、负责、积极的好印象。

f. 特长、兴趣爱好与性格。是指你拥有的技能,特别是指中文写作、外语及计算机能力。兴趣爱好与性格特点能够展示你的品德、修养、社交能力及团队精神,它与工作性质关系密切,所以用词要贴切。

g. 联系方式。联系地址、电话、邮政编码千万不要忘记写,以免用人单位因联系不到你而失去择业机会。

(2) 自荐信。自荐信即求职信,其基本内容具体如下。

① 写明用人信息的来源及自己所希望从事的工作岗位,否则,用人单位将无法回答。

② 愿望动机。这是自荐信的核心内容,说明自己要求竞争所期望的职业的理由和今后的目标。

③ 所学专业与特长。将大学所学的重要专业课程写入,但不要面面俱到,以免使主要的专业课程"淹没"在文字之中。对自己熟悉的、有兴趣的,特别是与期望单位所需人才职业关系紧密的,可多写一些。

④ 兴趣和特长,要写得具体真实。

⑤ 最后应提醒用人单位留意你附带的简历,请求给予同意等。

信函求职在毕业生求职过程中,是最常用的、最主要的方式。求职信由开头、正文、结尾和落款组成。在开头,要有正确的称呼和格式,在第一行顶格书写,如"尊敬的人事处负责同志""尊敬的张教授"等,加一句问候语"您好"以示尊敬和礼貌。正文部分主要是个人基本情况即个人所具备的条件。求职信的核心部分要从专业知识、社会实践能力、专业技能、性格特长等方面使用人单位确信,他们所需要的正是你所能胜任的。结尾部分可提醒用人单位回答消息,并且给予用人单位更为肯定的确认:"您给我一个机会,我会带给您无数个惊喜!"结束语后面,写表示敬意的话,如"此致""敬礼"。落款部分署名并附日期。如果有附件,可在信的左下角注明。

求职信的信封、信纸最好选用署有本学校名称的信封、信纸,忌讳选用带有外单位名称的信封、信纸。字迹清晰工整。如果写一手漂亮的书法,最好手写,因为更多的人相信"字如其人"。如果字写得不好看,就不如用计算机打出来,篇幅要适中,不宜过长,1000 个字左右较为合适。求职信是个人与单位的第一次接触,所以,文笔要流畅,可以有鲜明的个人风格,但不可过高地评价自己,也不可过于谦虚。要给用人单位留下较为深刻的印象。最后,要留下自己的联系方式。

在毕业就业推荐表、简历和自荐信后,还应附有成绩单及各式证书、已发表的文章复印件、论文说明、成果证明等。如果本专业比较特殊,还应附一份本专业的介绍。

4. 熟悉面试方法

求职面试的基本方法主要有电话自荐、考试录用、网上应聘等,在各种方法之中也有很多应试技巧,掌握这样一些方法和技巧,会有助于你求职面试取得成功。

(1) 电话自荐。通过电话推荐自己,是常用的一种求职方式,如何充分地利用电话接通后的短暂时间,用最简洁明了的语言清楚地表达自己,能否给对方留下一个深刻清晰的印象,是大学生十分关心的问题。

打电话之前,首先一定要做好充分的准备工作。谈话内容上要了解用人单位的有关情况,尽量做到心中有数。其次要对自己有一个客观、公正的认识。最后要根据用人单位的需求情况,结合自己的特长,列出一份简单的提纲,条理清晰并且重点突出地介绍自己,力争给受话人留下深刻印象。另外,还要调整好自己的心态,做好充分的心理准备,努力控制好说话的语音、语调、语速,在短暂的时间里,展现自己积极向上、有理有节的个人良好品质。

电话接通后应有礼貌地询问："请问这是某单位人事处吗?"在得到对方单位的肯定答复后,应作简短的自我介绍,并说明来电意图。求职者一定要言简意赅,并着力表现自身特长,与所求职位相互吻合。

（2）考试录用。笔试是常用的考核方法,笔试限于专业技术要求很强,对录用人员素质要求很高的单位,如一些涉外部门或技术要求高的专业公司等。

参加笔试前,应了解笔试的大体内容。一般而言,用人单位的笔试包括以下几个方面的内容:一是对于知识面的考核,包括基础知识和专业知识;二是智力测试,主要测试受聘者的记忆力、分析观察力、综合归纳能力、思维反应能力;三是技能检测,主要是对其处理实际问题的速度与质量的测试,检验其对知识和智力运用的程序和能力。参加笔试要按要求准时到场,不能迟到。卷面要整洁,字迹要工整,应给阅卷老师留下良好的印象。考试过程中,绝对不能作弊或搞小动作,对于这一点,用人单位是尤其看重的。

（3）网上应聘。网上求职首先要准备一份既简明又能吸引用人单位的求职信和简历。求职信的内容包括:求职目标——明确你所向往的职位;个人特点的小结——吸引人来阅读你的简历;表决心——简单有力地显示信心。

在准备求职信时还要注意控制篇幅,要让人事经理无须使用屏幕的流动条就能读完;直接在内编辑,排版要工整;要做到既体现个人特点又不过分吹牛。对于网上求职来讲,简历的准备相对比较简单,"中华英才网"等人才网站上都提供了标准的简历样本。需要注意的是,学历和工作经历要按时间顺序倒着填,也就是把最近的工作经历和学历写在最前面,以便招聘方了解你目前的状况。在填写工作经历时,很多求职者只是简单列出工作单位和职位,没有详细描述工作的具体内容,而招聘方恰恰就是根据你做过什么来评估你的实际工作能力的。除非应聘美工职位,否则不要使用花哨的装饰或字体。

在网上填简历,要严格按照招聘方的要求填写,要求网上填写的就不要寄打印的简历;要求用中文填写的就不要用英文填写;有固定区域填写的就不要另加附件。发送简历是网上求职关键的一步,如果是自己在网上通过 E-mail 发简历,应该以"应聘某某职位"作为邮件标题,把求职信作为邮件的正文,再把简历直接复制到邮件正文中,这样既方便对方阅读,又杜绝了附件带计算机病毒的可能性。如果通过人才网站求职,可以直接把填好的简历发送给招聘单位,网站的在线招聘管理系统还能把个人简历以数据库的方式储存起来,根据求职者的要求,供招聘单位检索和筛选。

7.1.2　应聘面试礼仪

面试时首先遇到的就是应何时到达面谈地点较为恰当。是准时抵达还是提前到达? 若是早到又应以几分钟为宜? 在等待的时间中应该注意什么? 由于目前的交通状况不甚良好,令人无法预计准确的车程时间,所以最好提早出门,比原定时间早 5～10 分钟到达面谈地点,所谓"赶早不赶晚"。早到可先熟悉这家公司附近环境并整理仪容。但如果早到 10 分钟以上,千万别在接待区走来走去。因为这样会打扰公司上班的职员,有损他人对自己的第一印象,对后面的面试一点好处也没有。所以此时可向别人询问盥洗室,在那里可再一次检查自己的服装仪容。接下来轮到自己上场面试时,须掌握以下要点。

1. 入座的礼仪

进入考官办公室时,必须先敲门再进入,之后应等主考官示意坐下才可就座。如果有指定座位,则坐上指定的位子;但如觉得座位不舒适或光线正好直射,可以对主考官说:"有较强光线直接照射我的眼睛,令我感觉不舒服,如果主考官不介意,我是否可换个位置?"若无指定位置时,可以选择主考官对面的座位坐好,以便于与主考官面对面交谈。

2. 自我介绍的分寸

当主考官要求你作自我介绍时,因为一般情况都已事先附在自传上,所以不要像背书似的发表长篇大论,那样会令主考官觉得冗长无趣。记住将重点挑出稍加说明即可,如姓名、毕业学校名称、主修科目、专长等。如主考官想更深入地了解你的家庭背景及成员,你再简单地加以介绍即可。"时间就是金钱",通常主考官都是公司的高级主管,时间安排相当紧凑,也因此说明越简洁有力越好,若是说得过于繁杂会显不出重点所在,效果反倒不好。以下是自我介绍礼仪的评分标准,供大家自评时参考。

自我介绍礼仪评分标准(满分为 100 分):

第一,内容(50 分)

A. 详略得当,有针对性;

B. 言之有物,评价客观;

C. 层次清晰,合乎逻辑;

D. 文理通顺,富有文采;

E. 简单明了,清楚明白。

第二,仪表(10 分)

A. 服饰整洁、得体,女子适度淡妆,男子适当修饰;

B. 精神饱满,落落大方,面带微笑。

第三,态势(10 分)

A. 站有站相,坐有坐相,走有走相,步履稳健,从容自如;

B. 面部表情、手势与有声语言协调。

第四,礼节(10 分)

A. 开头(见面)礼节;

B. 告别(离去)礼节。

第五,语言(15)

A. 脱离讲稿;

B. 使用普通话或英语(其他外语),口齿清楚,声音洪亮;

C. 有一定节奏,语言流畅,发音准确。

第六,时间(5 分)

介绍过程 1～3 分钟,过长或过短适当扣分。

3. 交谈的礼节

交谈是求职面试的核心。面试是与面试官交谈和回答问题的过程,在这个过程中要根据自我介绍和交谈内容控制音量的大小、语速的快慢、语调的委婉或坚定、声音的和缓或急促,在抑扬顿挫之中表现出你的坚定和自信。如果装腔作势,会给人一种华而不实、在演戏的感觉。

交谈时要口齿清晰、发音正确,尽量使用普通话。讲话要言简意赅、通俗易懂。不要为了显示自己而只顾使用华丽、奇特的辞藻,这样会很难顾及语言的逻辑和通顺,反而使人感到你用词不当、逻辑思维能力差。此外,急于显示自己的妙语惊人,往往会忽略了自己的语言过于锋利、锋芒毕露,而显得有些张狂。

交谈过程中要注意掌握和控制语速、语调。一般情况下,语速掌握在每分钟120个字左右为宜,要注意语句间的停顿,不要滔滔不绝而让人应接不暇。语调是表达人的真情实感的重要元素,要通过语调表现出你的坚定、自信和放松。

交谈中还要注意谈话礼貌,不要打断对方的讲话,要集中注意力认真"倾听"对方的讲话。听清和正确理解对方的一字一句,不但要听出其"话中话",而且要听出其"弦外之音",这样才能做出敏捷的反应。

回答问题是面试交谈的重要方面,得体地回答面试官提出的问题是面试取得成功的关键,面试者要对面试官可能提到的问题有充分的准备。

小贴士

求职面试中的语言禁忌

4. 拥有职业化举止

一家医疗机构为了选拔护士长进行了一次面试。一位应试者在笔试中是佼佼者,但在面试过程中,她不但拍桌子,脚不断地敲打地板,身体还时不时地扭动。她认为自己很有希望,但结果却落选了。她为什么会落选呢?原因就是她缺乏职业化的举止。

许多面试者往往只注重衣着和话语,而忽略了胜过有声语言的形体语言。职业化的举止,就是一种无声胜有声的形体语言。形体语言是指人的动作和举止,包括姿态、体态、手势和表情。

在面试中,面试者应该特别注意自己的站姿、坐姿、走姿、握手和表情等。

站姿给人的印象非常重要。人们往往认为其简单而忽略它的重要性。站立应当身体挺直、舒展、收腹,眼睛平视前方,手臂自然下垂。这样的站姿给人一种端正、庄重、稳定、朝气蓬勃的感觉。如果站立时歪头、扭腰、斜伸着腿,会给人留下轻浮、没有教养的印象。

面试时就座,不要贪图舒服。许多人养成了瘫坐的习惯,在面试时一下子就表现出来了。正确的坐姿从入座开始,入座的动作要轻而缓,不要随意拖拉椅子,身体不要前后左右晃动,背部要与椅背平行,沉着地、安静地坐下。落座后,上身要保持直立状态,既不前倾,也不后仰。双手自然下垂,肩部放松,五指并拢。男女的坐姿还有一定的区别:男士可以微分双脚,这样给人以自信、豁达的感觉,双手可以随意放置;女士一般要并拢双膝,或者小腿交叉端坐,这样,给人端庄、矜持的感觉,双手一般要放在膝盖上。

以下这些做法是应该避免的。

- 拖拉椅子,使其发出很大的声音。
- 一屁股坐在椅子上。
- 坐在椅子上,耷拉着肩膀,含胸驼背,给人一种萎靡不振的感觉。
- 半躺半坐,男的跷着二郎腿,女的双膝分开、叉开腿等,给人放肆和缺乏教养的感觉。
- 坐在椅子上,脚或者腿自觉不自觉地颤动或晃动。

面试时重要的是自信。这种自信可以通过你的走姿表现出来。现在,越来越多的公司强烈地意识到走姿的重要性。自信的走姿应该是,身体重心稍微前倾,挺胸收腹,上身保持正直,双手自然前后摆动,脚步要轻而稳,两眼平视前方。步伐要稳健,步履自然,有节奏感。需要注意的是,如果同行的有公司的职员或接待人员,你不要走在他们前面,应该走在他们的斜后方,距离一米左右。

每个人都会有一些属于自己的习惯动作,比如挠头、揉眼睛、玩手指、双手交叉在胸前等,若是在平时,你尽可以去做,但在面试时,都要省略,它们会分散人的注意力,给面试考官留下不好的印象。

中国有句古话"此时无声胜有声"。用你无声的、职业化的举止,向招聘者表明"我是最适合的人选"。

5. 面试的其他细节

正在面试时,千万不要出现不礼貌的行为,因为一些小动作也会被主考官列作评判内容。以下举例说明需留意的小节。

- 不嚼口香糖、不抽烟,尤其现在提倡禁烟,更不要在面谈现场抽烟。与人谈话时,口中吃东西、叼着烟都会给人不庄重的感觉,也显得不尊重对方。
- 不可要求对方提供水或饮料等,除非是咳嗽或需要一杯水来镇定自己。
- 不要随便乱动办公室的东西。
- 不要谈论个人故事而独占谈话时间。
- 自己随身带的物品,不可放置在面试考官办公桌上。可将公文包、大型皮包放置于座位下右脚的旁边,小型皮包则放置在椅侧或背后,不可挂在椅背上。
- 离座时记住椅子要还原,并向主考官行礼以示谢意。

在一般面试者看来,主考官向你表示面谈结束,求职面试的全过程就结束了。其实不然,这只是面谈的结束,求职还没有结束。此时此刻,作为求职者的你,万万不可大意,认为大功告成或没有希望了。面谈结束后的礼仪同样对你很重要,也许可以扭转你的不利局面,在困境中重新获得生机。你一定要使求职过程结束得完美。

7.1.3　面试常见问题的应对

以下是首席大学生就业顾问、著名职业生涯规划专家李震东老师,向大家介绍面试问题及回答思路,供大家参考。

问题 1:请你自我介绍一下。

思路:

(1) 这是面试的必考题目。

(2) 介绍内容要与个人简历相一致。

(3) 表述方式上尽量口语化。

(4) 要切中要害,不谈无关、无用的内容。

(5) 条理要清晰,层次要分明。

(6) 事先最好以文字的形式写好背熟。

问题 2:谈谈你的家庭情况。

思路:

(1) 自我介绍对于了解应聘者的性格、观念、心态等有一定的作用,这是招聘单位问该问题的主要原因。

(2) 简单地罗列家庭人口。

(3) 宜强调温馨和睦的家庭氛围。

(4) 宜强调父母对自己的教育十分重视。

(5) 宜强调各位家庭成员的良好状况。

(6) 宜强调家庭成员对自己工作的支持。

(7) 宜强调自己对家庭的责任感。

问题 3:最能概括你自己的三个词是什么?

思路:我经常用的三个词是:适应能力强、有责任心和做事有始有终,结合具体例子向主考官解释,使他们觉得你具有发展潜力。

问题 4:你有什么业余爱好?

思路:

(1) 业余爱好能在一定程度上反映应聘者的性格、观念、心态,这是招聘单位问该问题的主要原因。

(2) 最好不要说自己没有业余爱好。

(3) 不要说自己的一些庸俗的、令人感觉不好的爱好。

(4) 最好不要说自己仅限于读书、听音乐、上网,否则可能令面试官怀疑应聘者性格孤僻。

（5）最好能有一些户外的业余爱好来"点缀"你的形象。

（6）找一些富有团体合作精神的。这里有一个真实的故事：有人被否决掉，因为他的爱好是深海潜水。主考官说："因为这是一项单人活动，我不敢肯定他能否适应团体工作。"

问题5：你最崇拜谁？

思路：

（1）最崇拜的人能在一定程度上反映应聘者的性格、观念、心态，这是面试官问该问题的主要原因。

（2）不宜说自己谁都不崇拜。

（3）不宜说崇拜自己。

（4）不宜说崇拜一个虚幻的或是不知名的人。

（5）不宜说崇拜一个明显具有负面形象的人。

（6）所崇拜的人最好与自己所应聘的工作能"搭"上关系。

（7）最好说出自己所崇拜的人的哪些品质、哪些思想感染着自己、鼓舞着自己。

问题6：你的座右铭是什么？

思路：

（1）座右铭能在一定程度上反映应聘者的性格、观念、心态，这是面试官问这个问题的主要原因。

（2）不宜说那些易引起不好联想的座右铭。

（3）不宜说那些太抽象的座右铭。

（4）不宜说太长的座右铭。

（5）座右铭最好能反映出自己某种优秀品质。

（6）参考答案——"只为成功找方法，不为失败找借口"。

问题7：谈谈你的缺点。

思路：

（1）不宜说自己没缺点。

（2）不宜把那些明显的优点说成缺点。

（3）不宜说出严重影响所应聘工作的缺点。

（4）不宜说出令人不放心、不舒服的缺点。

（5）可以说出一些对于所应聘工作"无关紧要"的缺点，甚至是一些表面上看是缺点，从工作的角度看却是优点的缺点。绝对不要自作聪明地回答"我最大的缺点是过于追求完美"，有的人以为这样回答会显得自己比较出色，但事实上，他已经有可能落选了。

问题8：谈一谈你的一次失败经历。

思路：

（1）不宜说自己没有失败的经历。

（2）不宜把那些明显的成功说成失败。

（3）不宜说出严重影响所应聘工作的失败经历。

（4）所谈经历的结果应是失败的。

（5）宜说明失败之前自己曾信心百倍、尽心尽力。

（6）说明是由于客观原因而导致失败。

（7）失败后自己很快振作起来，以更加饱满的热情面对以后的工作。

问题9：想过创业吗？

思路：这个问题可以显示你的闯劲，但如果你的回答是"有"，千万小心，下一个问题可能就是——"那么为什么你不这样做呢？"

问题10：你参加过义务活动吗？

思路：现在就着手做一些义务活动，不仅仅是那些对社会有贡献的，还要是你的雇主会在意的，如果他们还没有一个这样的员工，那么你会成为很好的公关资源。

问题11：你为什么选择我们公司？

思路：

（1）面试官试图从中了解你求职的动机、愿望以及对此项工作的态度。

（2）建议从行业、企业和岗位这三个角度来回答。

（3）参考答案——"我十分看好贵公司所在的行业，我认为贵公司十分重视人才，而且这项工作很适合我，相信自己一定能做好。""我来应聘是因为我相信自己能为公司贡献力量，而且我的适应能力使我确信我能把工作带上一个新的台阶。"

问题12：对这项工作，你有哪些可预见的困难。

思路：

（1）不宜直接说出具体的困难，否则可能令对方怀疑应聘者不行。

（2）可以尝试迂回战术，说出应聘者对困难所持有的态度——"工作中出现一些困难是正常的，也是难免的，但是只要有坚韧不拔的毅力、良好的合作精神以及事前周密而充分的准备，任何困难都是可以克服的。"

问题13：如果我录用你，你将怎样开展工作？

思路：

（1）如果应聘者对于应聘的职位缺乏足够的了解，最好不要直接说出自己开展工作的具体办法。

（2）可以尝试采用迂回战术来回答，如："首先听取领导的指示和要求；其次就有关情况进行了解和熟悉，接下来制订一份近期的工作计划并报领导批准；最后根据计划开展工作。"

问题14：与上级意见不一致，你将怎么办？

思路：

（1）一般可以这样回答："我会给上级以必要的解释和提醒，在这种情况下，我会服从上级的意见。"

（2）如果面试你的是总经理，而你所应聘的职位另有一位经理，且这位经理当时不在场，可以这样回答："对于非原则性问题，我会服从上级的意见；对于涉及公司利益的重大问题，我希望能向更高层领导反映。"

问题15：我们为什么要录用你？

思路：

（1）应聘者最好站在招聘单位的角度来回答。

（2）招聘单位一般会录用这样的应聘者：基本符合条件、对这份工作感兴趣、有足够的信心。

（3）如："我符合贵公司的招聘条件，凭我目前掌握的技能、高度的责任感和良好的适应能力及学习能力，完全能胜任这份工作。我十分希望能为贵公司服务，如果贵公司给我这个机会，我一定能成为贵公司的栋梁！"

问题16：你能为我们做什么？

思路：

（1）基本原则上"投其所好"。

（2）回答这个问题前应聘者最好能"先发制人"，了解招聘单位期待这个职位所能发挥的作用。

（3）应聘者可以根据自己的了解，结合自己在专业领域的优势来回答这个问题。

问题17：你是应届毕业生，缺乏经验，如何能胜任这项工作？

思路：

（1）如果招聘单位对应届毕业生的应聘者提出这个问题，说明招聘单位并不真正在乎"经验"，关键看应聘者怎样回答。

（2）对这个问题的回答最好要体现出应聘者的诚恳、机智、果敢及敬业。

（3）如："作为应届毕业生，在工作经验方面的确会有所欠缺，因此在读书期间我一直利用各种机会在这个行业里做兼职。我也发现，实际工作远比书本知识丰富、复杂。但我有较强的责任心、适应能力和学习能力，而且比较勤奋，所以在兼职中均能圆满完成各项工作，从中获取的经验也令我获益匪浅。请贵公司放心，学校所学及兼职的工作经验使我一定能胜任这个职位。"

问题18：你希望与什么样的上级共事？

思路：

（1）通过应聘者对上级的"希望"可以判断出应聘者对自我要求的意识，这既是一个陷阱，又是一次机会。

（2）最好回避对上级具体的希望，多谈对自己的要求。

（3）如："作为刚步入社会的新人，我应该多要求自己尽快熟悉环境、适应环境，而不应该对环境提出什么要求，只要能发挥我的专长就可以了。"

问题19：告诉我三件关于本公司的事情。

思路：你应该知道十件和公司有关的事情，他问你三件你回答四件，他问你四件你回答五件。说几件你知道的事，其中至少有一样是"销售额为多少多少"之类。

问题20：你为什么还没找到合适的职位呢？

思路：别怕告诉他们你可能会有的聘请，千万不要说"我上一次面试弄得一塌糊涂"。指出这是你第一次面试。

┌─ **小贴士** ─┐

关于薪酬的典型问题及其辅导

7.1.4　应聘面试后的礼仪

请扫描二维码学习本部分内容。

7.2　能力开发

7.2.1　阅读思考

职场新人的职业形象设计

请扫描二维码阅读文章,然后回答文章后的思考题。

7.2.2　案例分析

请扫描二维码阅读案例原文,然后回答案例后的讨论题。

7.2.3　训练项目

举行模拟招聘会

实训目标:能够做好各项求职准备,熟练掌握面试的礼仪,表现出良好的素质和形象。

实训学时：2学时。

实训地点：实训室。

实训准备：模拟招聘企业的有关情况及其需求岗位、面试问题、面试桌椅等。

实训方法：

(1) 选3～4名学生担任某企业面试考官,其他同学担任求职者。

(2) 面试考官先介绍单位及岗位需求情况,然后求职者依次进行1分钟自我介绍,面试考官提问,求职者回答问题。

(3) 最后教师总结、点评。

课后练习

1. 请根据两个不同单位的招聘广告,为自己编写两份侧重点不同的简历。

2. 如果用人单位通知你明天去面试,你需要做哪些准备?

3. 关于面试的基本程序你都清楚了吗?找个机会,将面试过程中的这些礼仪全部演习一遍吧。

4. 小吴在招聘会上遇到了自己十分中意的公司,就和主管攀谈起来,这位主管对其表现也十分满意,但是当小吴把皱巴巴的简历(这是最后一份了)递上去的时候,这位主管面露不悦的神色。

请问：为什么这位主管面露不悦呢?小吴应该怎样解决面临的问题呢?

任务8

职场沟通

一个人事业的成功一部分靠自身努力，而另一部分取决于良好的人际关系。

——[美]戴尔·卡耐基

处理人际关系的能力就像日常生活中的糖和咖啡一样必不可少，我愿意出高薪聘请这类人才。

——[美]约翰·洛克菲勒

 学习目标

- 掌握职场沟通的原则。
- 能够与领导正确地沟通。
- 能够与同事正确地沟通。
- 能够与下属正确地沟通。

 案例导入

唐骏的职场沟通

1. 与上司的沟通

唐骏在一次演讲中安排了一个细节，在舞台上画好了一排脚印，比尔·盖茨上台时只要沿着脚印就可以准确无误地走到台前离观众更近、显得更亲切的某个位置。发布会结束后比尔·盖茨问这是谁的想法，唐骏说这是自己的主意，因为之前他曾多次在加利福尼亚州看过老布什参加总统竞选的演讲，他的随行都是按照这种方式对演讲进行非常细致的安排。比尔·盖茨听后说："这种方式的确很好，定好位置可以达到最佳效果。你这件事做得很专业。"这次发布会，唐骏给比尔·盖茨留下了极深的印象。

1995年，在做出Windows操作系统的开发模式方案，并获得实验模块的测试成功之后，唐骏非常兴奋，他带着一鸣惊人的念头，给比尔·盖茨写了一封电子邮件。

比尔·盖茨给唐骏回了一封短信。他说："我没有时间看你的具体的东西,我建议你和你的直接领导沟通一下,如果能证明这是一个很好的想法,我相信你的主管会很感兴趣。"这是唐骏第一次用邮件和比尔·盖茨沟通。唐骏后来回忆说:"坦白地说,当时我很有点心高气傲的感觉,只想得到比尔·盖茨的直接认可。但我这样越级报告的行为本身,从管理的角度来看是非常错误的。这种动不动就找最高老板,并认为这是职场制胜法宝的心理,在中国不少企业的员工里并不罕见。"

比尔·盖茨当时的回信其实是很有技巧的,他没有表扬唐骏,也没有批评唐骏,也没有把信转发给唐骏的顶头上司。比尔·盖茨通过这种方式教育了唐骏正确和规范地与上级沟通的方法。

2. 与同事的沟通

劳丽·罗娜特是总部的一位部门经理,唐骏和她级别相同,不过她的团队有100多人,唐骏的团队只有20人。有一段时间,唐骏和劳丽·罗娜特两人的团队在工作上有很多合作,劳丽·罗娜特给予唐骏的部门相当大的人力支持。唐骏发现劳丽·罗娜特女士工作十分努力,也十分能干,于是唐骏向公司上级提交了一封表扬信,使劳丽·罗娜特女士得到了应有的提升。而且,每过一段时间,唐骏都会给劳丽·罗娜特女士发邮件问候:"我的部门之所以会有今天的成就,要感谢你对我们的帮助……"

3. 与下属的沟通

上司和下属之间的距离本身就是一种艺术。上下级之间任何过于亲近或疏远的关系,在工作中都有可能造成误会,甚至对工作产生一定程度上的负面影响。唐骏把这种距离的艺术总结为一套"圆心理论":"如果公司是一个圆,CEO是圆心,那么所有下属都必须站在圆心周围。唯有如此,CEO方能和所有下属保持等距。"

唐骏认为,CEO要成为公司这个家的家长。家长在圆的中心,用关爱温暖下属,用智慧领导下属,用激情感染下属,用榜样的力量成为下属的模范,下属才能充分感受到"圆心"的万有引力。唐骏非常注意和下属沟通。在微软公司,任何人都可以随时给唐骏发邮件,他的承诺是对每封邮件20分钟内必回,除非他在飞机上。当上海微软处于初创期,公司还没有发展到后来的规模时,每个下属都定期有15分钟的机会和唐骏作一对一的交流。随着公司规模加大,唐骏便把这种交流方式改成了"总经理圆桌会议"。

人人都希望自己有一个愉快的工作环境,愉快的工作环境会有助于事业的成功。美国著名成功学大师卡耐基曾说过:"一个人事业上的成功=15%专业技术+85%人际关系和处世技巧。"可见,人们在工作中掌握良好的交往艺术是多么重要。

人在职场,必然要与领导、同事、下属等进行交往,交往的效果将直接影响个人的职业生涯乃至发展前途。因为,我们每天至少有1/3的时间是在职场度过的,能否从工作中获得快乐与满足,能否敬业、乐业并最终成就一番事业,领导、同事和下属均扮演着很重要的角色。讲究职场沟通艺术,不仅可以减少矛盾与冲突,还能使职场人际关系更加和谐融洽,大大提高工作效率。所以,有专家认为,一个职场人士必须具备三项基本技能,即沟通技巧+管理才能+团队合作意识。世界上很多著名的大公司也都以此来要求员工。

工作沟通的对象主要包括领导(上司)、同事和下属等。对象不同,沟通的技巧也有所不同。唐骏的职业生涯几乎是一个神话,从微软一个名不见经传的普通程序员一跃成为微软中国的总裁,这样的成功似乎只属于唐骏一个人。几年之后,从微软"空降"到著名网络游戏公司盛大,和陈天桥并肩作战帮盛大走出困境,4年后,唐骏又以10亿元身价加盟新华都担任总裁,唐骏出色地完成了职业生涯的华丽"转型"。这样的成功似乎也只属于唐骏一个人。于是,"中国第一职业经理人""打工皇帝"这些满载盛誉的光环让唐骏更加引人注目……唐骏凭什么成功? 对这个问题的回答可能包括很多方面,但是其中一个十分重要的原因就在于唐骏很善于工作沟通。

8.1　知识储备

8.1.1　职场沟通的原则

请扫描二维码学习本部分内容。

8.1.2　与领导沟通

与领导沟通指的是团队成员通过一定的渠道和方式,与管理者或决策层所进行的信息交流。

上下级之间的有效沟通,无论是对于组织还是对于个人,都具有十分重要的意义。仅就下级而言,通过与上级主动有效地沟通,既能准确了解信息、提高工作效能,又能及时表达自己的意愿,形成积极的双向互动。

1. 与领导沟通的基本原则

与职场其他交际对象相比,"上级领导"这个群体往往具有以下基本特征,如图8-1所示,在沟通过程中尤其要注意遵循一些基本原则。

图 8-1　上级领导基本特征示意

(1) 不卑不亢。与领导沟通,要采取不卑不亢的态度,既不能唯唯诺诺、一味附和,也不能恃才自傲、盛气凌人。因为沟通只有在公平的原则下进行,才可能坦诚相见,求得共识。

在社交过程中,每个人都有一种心理期待,希望得到别人的尊重、帮助,希望自己应有的地位和荣誉得到肯定和巩固,没有人愿意在一个群体中被孤立和冷落。如果这种愿望得不到满足,就会对周围的人产生隔膜,进而拒绝合作。因此,尊重别人,是每个职场人士必备的一种修养。在工作中,尊重领导的意见,维护领导的威信,理解领导的难处和苦衷,即使提出不同的意见,也会讲究适当的时机,选择易于对方接受的方式,无论是对工作,还是对沟通双方的感情、建立融洽的心理关系,都是很有益处的。

尊重与讨好、奉承有着质的区别。前者基于理解他人、满足他人的正常心理和感情需要为前提;而后者则往往是为了满足一己之私欲。现实生活中,确实有一些人为了达到自己不可告人的目的,不惜降低人格,曲意迎合、奉承、讨好领导,不仅屏蔽了领导的耳目,降低了领导的威信,也造成了同事之间心理上的不和谐。绝大多数有主见的上司,对于那种一味奉承、随声附和的人都是比较反感的。

(2)工作为重。上下级之间的关系主要是工作关系,因此,下属在与领导沟通时,应从工作出发,以做好工作为沟通协调之要义。既要摒弃个人的恩怨和私利,又要摆脱人身依附关系,在任何时候、任何问题上都是为了工作,为了整个团队的利益;都要作风正派、光明磊落。切忌对领导一味地讨好献媚、阿谀奉承、百依百顺,丧失理性和原则,甚至违法乱纪。

(3)服从至上。上级居于领导地位,掌握全盘情况,一般来说考虑问题比较周全,处理问题能从大局出发。在与上级沟通时坚持服从原则,是一切组织通行的原则,是组织获得巩固和发展的基本条件。事实证明,如果下属与上级沟通时拒不服从,那么这样的组织就无法形成统一的意志和严密的整体,组织就会像一盘散沙,不可能顺利发展。当然,服从不是盲从,下属一旦发现领导某些错误,就应抱着对工作高度负责的态度,及时向领导反映,并请求领导予以改正。

(4)非理想化。在与领导沟通中,下属不能用自己头脑中形成的理想化模式去要求现实中的领导,从而造成对领导的苛求。坚持非理想化原则,就必须全面地看待领导,既要看到其优点和长处,又要看到其缺点和短处,同时还要能够容纳领导的一般性错误和缺点,克服求全责备的思想。

2. 与领导沟通的方法

(1)主动沟通。有人说:"要当好管理者,要先当好被管理者。"作为下属要时刻保持主动与领导沟通的意识,因为领导工作比较繁忙,不可能经常与员工寻求沟通。但在实际工作中,很多下属都害怕直面自己的上司,不敢积极主动地与上司沟通交流,这是一种职场通病。我们应该消除对上司的恐惧感,上司也是人,也有情感,而人与人之间如果没有了交流和沟通,那么情感也会因此而疏离。

李晓在其主编的《沟通技巧》(航空工业出版社,2006年)一书中有这样一个例子:小丽在一家化妆品公司做财务,一直以来,她踏实肯干,工作能力也很强。但一直没有得到提升,原因是她不善于主动与老总沟通,许多事都等着老总亲自来找她。后来由于工作上的竞争,她被同事踩到了脚底下。小丽吸取失败的教训,辞职后以全新的面貌到另一家公司上班。一个月后她接到一份传真,说她花了两个星期争取到的一笔业务出了问题,她马上去找老总。老总正准备用电话同这位客户谈生意,她就将情况做了汇报,并提出具体的建议和意见。老总掌握这些材料后,与客户交谈时顺利地解决了这一问题。此后,小丽经常主动向老总汇报工作,及时进行良好的沟通,并在销售和管理方面提出了一些不错的意见和建议,不断得到老总的认可。不久,她被提升为业务主管。可见,作为下属主动与领导沟通是十分必要的。那么,怎样消除对上司的恐惧感呢?

首先,要抛弃"不宜与上司过多接触"的观念。合理的沟通观念应该是:和上司沟通是一个职场人士的基本职责之一,因为领导是决策者和管理者,而下属则是执行者和完成者。在决策执行和目标实现过程中,必须借助沟通了解上司的意图,争取上司的支持,获得上司的认可。

其次,不要害怕在上司那里"碰钉子"。当上司反馈意见不理想时,要从沟通态度、方式等方面进行自我反省;同时,要仔细揣摩领导的态度和意见,并通过换位思考去寻求对领导处理方法的理解。

最后,要用改进沟通技能的方法增强自信。在沟通内容上,尽量做到观点清晰、有理有据、层次清楚。在沟通方式上,应采用易被对方接受的沟通频率、语言风格和态度情绪;刚开始时最好采取面对面直接交流的方式,相互熟悉之后可借助电话、短信、电子邮件等方式。

(2)适度沟通。梁玉萍、丰存斌在其编著的《沟通与协调的技巧和艺术》(中国人事出版社,2009年)一书中有这样一个例子:甲和乙是两位新上任的车间主任,业务水平都很高。不过,在与上级沟通时采取的却是截然不同的态度。甲主任认为,一定要和上级搞好关系,于是,有事没事就往厂领导那儿跑,弄得车间员工议论纷纷,都说甲主任只会拍马屁,不关心员工的实际工作。后来这话传到了厂领导耳朵里,领导感到很难堪。与此相反,乙主任则认为"打铁还需自身硬",一天到晚只知埋头苦干,为了业务生产甚至连车间主任会都不参加。可是车间员工也不买账,他们认为这样的主任不会为员工着想;而厂领导也因为他常常不来开会,心生不满,乙主任由此弄得里外不好做人。由此可见甲主任和乙主任与领导的沟通都出现了问题,关键是没有做到适度沟通。

所谓适度,是说下属与领导的关系要保持在一个有利于工作、事业及二者正常关系的适当范围内,形成和谐的工作环境,沟通既不能"不及",也不可"过分"。

目前,下对上的沟通存在两大弊端:一是沟通频率过高。有些下属为了博得领导的赏识和信任,有事没事经常往领导办公室跑,既给领导的正常工作造成了干扰,又会让领导认为你缺乏独立工作能力,遇事没有主见。二是沟通频率过低。有些下属以为干好本职就行了,至于是否向领导汇报思想和工作情况则无所谓,因而该请示不请示,该汇报不汇报,目无组织和领导。久而久之,既不利于开展工作,一定程度上也会影响个人和团队的发展前途。

(3)适时沟通。上司一天到晚要考虑的事情很多,因此应根据问题的重要与否,选择恰当的沟通时机。

首先,要选择上司相对轻松的时候。与上司沟通之前,可以通过打电话、发短信等方式主动预约,或者请对方确定沟通的时间、地点,自己按时赴约。假如是个人私事,则不宜在上司埋头处理大事时去打扰,否则就会忙中添乱,适得其反。

其次,要选择上司心情良好的时候。沟通之前,与其秘书或助理取得联系,以了解对方的情绪状态。当上司情绪欠佳时,最好不要去打搅对方,特别是准备向对方提要求、摆困难或者发表不同意见的时候。

再次,要寻找适合单独交谈的机会。特别是试图改变上司的决定或意向的时候,要多利用非正式场合和没有第三者在场时。这样既能给自己留下回旋余地，又有利于维护上司的尊严。

最后，不要选择上司准备去度假、度假刚回来，以及吃饭、休息的时间沟通，因为这时对方容易精力分散，心不在焉。

（4）灵活沟通。由于个人的素质和经历不同，不同的领导就有不同的处事风格。揣摩上司的不同风格，在交往过程中区别对待，往往会获得更好的沟通效果，如表 8-1 所示。

表 8-1　上司风格类型沟通

风格类型	性格特点	沟通技巧
控制型 （权力欲强）	实际，果决，求胜心切	简明扼要，直截了当
	态度强硬，要求服从	尊重权威，执行命令
	关注结果，而非过程	称赞成就而非个性或人品
互动型 （重人际关系）	亲切友善，善于交际	公开、真诚地赞美
	愿意聆听困难和要求	开诚布公地发表意见
	喜欢参与，主动营造融洽氛围	忌背后发泄不满情绪
务实型 （干事创业）	为人处世，自有标准	开门见山，就事论事
	理性思考，不喜感情用事	据实陈述
	注重细节，探究来龙去脉	不忽略关键细节

（5）定位沟通。正确认识自己的角色、地位，真正做到出力而不"越位"，是处理好上下级关系的一项重要艺术。越位是下级在处理与上级关系过程中常发生的一种错误。主要表现在：①决策越位。决策是领导活动的基本内容，不同层次的领导决策权限也不同。如果本该上级做出的决策却由下级做出了，就是超越权限的行为。②表态越位。一个人对某件事的基本态度，往往与其特定的身份相联系，超越身份胡乱表态，是不负责任的表现，是无效的。③工作越位。本该由上级出面才合适的工作，下级却越俎代庖、抢先去做，从而造成工作越位。④场合越位。有些场合，如应酬客人、参加宴会等，应适当突出上级，下级却张罗过欢，风头出尽，也会造成越位。

3. 请示与汇报工作的技巧

请示是下级向上级请求决断、指示或批示的行为；汇报是下级向上级报告情况，提出建议的行为。二者都是职场人士经常性的工作。

小案例

哪种请示汇报方式好

(1) 明确程序。请示与汇报工作主要有四个步骤：①明确指令。一项工作在明确了方向和目标后，上级通常会指定专人负责此项工作。如果上级明确指示自己去完成这项工作，就一定要迅速准确地把握领导的意图和工作的重点，包括谁传达的指令(who)、做什么(what)、什么时间(when)、什么地点(where)、为什么(why)，以及怎么做(how)、工作量(how much)。其中任何一点不明白，都要主动询问，并及时记录下来。最后，还要简明扼要复述一遍，以确认是否有遗漏之处或领会有误的地方。当对领导的指令理解模糊时，决不能"想当然"；在执行任务的过程中，遇到困难或疑惑之处，也要及时跟上司沟通，以避免多走弯路，贻误工作。②拟订计划。在明确工作目标之后，应尽快拟订工作计划，交与领导审批。在拟订工作计划时，应详细阐述自己的行动方案和步骤，尤其是工作进度要有明确的时间表，以便领导进行监控。以制订月销售计划为例：首先，要明确下个月要达成的业绩目标；其次，要说明这些目标有多少源于老客户、多少源于新客户；最后，要说明打算通过哪些渠道，采用什么促销方案来实现这一目标等。这样的月销售计划交上去，既具体可行，也方便领导及时纠正。③适时请教。在工作进行过程中，要及时向领导汇报和请教，让领导了解工作进程和取得的阶段性成绩，并及时听取领导的意见和建议。切不可等工作全部结束后，才将工作情况和盘托出。④总结汇报。工作任务完成以后，应及时向领导总结汇报，总结成功的经验和不足之处，以便在今后的工作中改进提高。与上司沟通自己的工作总结，既显示出对上司的尊重，也有利于展示自己的才干，为赢得上司的赏识和器重奠定了基础。例如，小波是一家酒店的销售员，颇得上司的赏识。他之所以能够得到上司的青睐，一方面是因为业绩突出；另一方面是小波每做完一笔单子，都会以书面的形式总结出这项业务成功与失败的原因。上司对此非常满意，尽管有些单子完成得不是很出色，但上司从来没有责备过小波，相反，还经常给他提出一些合理化建议。

(2) 充分准备。"凡事预则立，不预则废。"无论是请示还是汇报，要想达到预期目的，事先都必须认真做好准备。首先，要做好思想准备。向领导汇报，既要消除紧张心理，又要克服无所谓的态度，调整情绪，树立信心，认真对待。其次，要做好资料准备。"巧妇难为无米之炊"，充分占有资料是汇报成功的基础。如果情况不熟悉，或某方面的情况还不明了，就不能凭主观臆断、道听途说去汇报，搞所谓"领导要，我就报，准不准，不知道"那一套。只有通过调查了解，准确掌握情况，才能进行请示汇报。最后，要搞好"战术想定"。如果是就某个特殊问题请求上司批示，自己心中要有两套以上的解决方案，对其利弊了然于胸，必要时向领导阐述明白，并提出自己的主张，争取领导的理解和支持。如果是就某项工作加以汇报，要在明确领导意图的基础上，确定汇报主题，把握汇报重点，组织汇报材料，合理安排内容的顺序与层次；对汇报中可能出现的情况、领导可能提出的问题，要做到心中有数，决不能仓促上阵。

(3) 选择时机。除了紧急事件需及时请示、汇报外，还应注意选择以下时机：当本人分管或领导交办的工作告一段落时；工作中遇到较大困难，想求得领导帮助支持时；领导决策需要某方面的信息时；领导主动询问有关情况时；领导有空余时间时，等等。汇报不仅要注意时机，还要区别场合，可以通过会议形式正式汇报的，尽量不要不分场合地临时汇报；当领导公务繁忙或工作中出现困难心情烦躁时，一般不宜贸然开口汇报。应选择领导人乐意听取汇报的时机进行汇报,以取得预期的效果。

(4)因人而异。在请示和汇报时下属应采取不同的方式,以适应不同领导者的风格特点。例如,对于严谨细致的领导者,要解释得详细一点,最好列举必要的事例和数据;对于干练果断的领导者,要注意言简意赅,提纲挈领;对于务实沉稳的领导者,注意语言朴实,少加修饰;对于活泼开朗的领导者,语言可以轻松幽默一些。总之,要针对领导的个性特点,有针对性地搞好请示和汇报。

(5)斟酌语言。向领导汇报工作,一定要抓住重点,简短明快,而不能东拉西扯,词不达意,否则这样的汇报既浪费领导宝贵的时间,又令人生厌。因此,下级向领导做汇报,一定要有提纲或打好腹稿,使用精辟的语言归纳整理所要汇报的内容,做到思路清晰、观点精练、语言流畅、逻辑性强,遣词用语朴实、准确。关键语句要认真推敲;评价工作要把握好分寸,切忌说过头话;列举数字一定要准确无误,尽量避免"大概""估计""可能"之类的模糊词语。如果语言啰唆,拖泥带水,再好的内容也汇报不出应有的效果。

(6)遵守礼仪。一是准时赴约。要按照事先约定的时间到达。过早到达或迟迟不到,都是严重失礼的行为。二是举止得体。做到站有站相,坐有坐相,文雅大方,彬彬有礼。三是控制好时间。一般情况下,领导总是想先了解事情的结果,所以在汇报工作时要先说结果,再谈过程和程序。这样,汇报工作时就能简明扼要,有效节省时间。四是注意场合。切忌在路上、饭桌、家里汇报工作,更不能在公开场合与领导耳语汇报工作。

此外,请示与汇报还应注意:要按照下级服从上级的原则,坚持逐级请示、报告;要避免多头请示、报告,坚持谁交办向谁请示、报告,以减少不必要的矛盾,提高办事质量和工作效率;要尊重而不依赖,主动而不擅权。请示、汇报要根据工作需要,不能仰仗、依附于领导,时时、事事都去请教或求助。要在深刻领会领导工作思路前提下,积极主动、大胆负责地开展工作。

4. 说服领导的技巧

所谓说服,是指用充分的理由开导对方,使对方的态度、行为朝特定方向改变的一种影响意图的沟通。人非圣贤,孰能无过?因此,上司也有考虑问题不周全、处理事情欠周到的时候,如果时时处处顺着上司,按照上司的指示开展工作,结果就不堪设想。事实上,在一项措施尚未实施之前发表意见,在决策执行过程中及时指出问题,在上司出现明显错误时提出善意批评,在合理要求遭到上司拒绝时能够据理力争,既是下属的权利和义务,又是证明自己才干、博得上司赏识的有效途径。不过,由于彼此地位、身份、职务有别,下属说服领导与说服同事、竞争对手大不相同。因此要注意说服上司的技巧。例如,春秋战国时期,齐景公喜欢狩猎,特别爱喂养能捉野兔的鹰。一次,烛邹不小心让一只猎鹰飞脱了,齐景公大发雷霆,命令左右将烛邹拉出去斩首。贤臣晏子站出来阻止,他说:烛邹有三大罪状,怎么能这样轻易杀头呢?待臣公布完其罪状再行刑吧。齐景公点头同意,晏子便在众人面前数落道:烛邹,你为大王养鹰,却让鹰跑了,这是第一条罪状;你使大王因为一只猎鹰而杀人,这是第二条罪状;把你杀了,让天下诸侯都知道大王重鸟轻士,这是第三条罪状。齐景公听了晏子的劝谏,脸红了,继而惭愧地说:我明白你的意思了,不用杀头了。

说服领导不是为了证明自己比领导更优秀、更有主见,而是要在不断沟通的过程中发现和学习领导的长处,避免和弥补领导的短处,形成一种相互依赖、彼此信任、配合与协助的关系。在说服中,可以使信息顺畅、对称,通过双方均能接受的方式来处理和明确工作上的问题,关注互补的优势,让差异产生的冲突转化为观点的全面性。如此,借力和使力将比独自解决问题能够更有效地完成任务。所以,说服领导是一种高级沟通的过程,其最终目的是更加有效地推动工作,更加顺利地实现目标。

实际工作中下属对上司说而不服的主要原因有以下几点:一是态度强硬。说服过程一开始,就充分陈述自己的立场观点,并且态度强势,毋庸置疑,语气肯定,咄咄逼人。然而,效果往往适得其反。正确的做法应该是采取建议性的态度,运用假设或商量性的语气,给上司和自己均留下一定的回旋余地。二是求成心切。说服不是单一事件,很难一次达成共识,需要持续沟通。在说服上司之前必须从各个角度全面审视,做好充分准备。此外,要给上司充裕的考虑时间。三是缺乏技巧。一般人认为,就事论事、条理分明地陈述就能让领导接受自己的看法。其实不然,影响沟通效果的真正原因大多是非理性的,比如是否考虑领导的立场,领导的情绪反应是否适宜继续讨论下去等。说服领导应注意以下事项。

(1)充分尊重。在说服上司的过程中,一定要尊敬领导,维护领导的尊严,不能采取过于强势的态度和语气,逼迫对方接受自己的观点。心理学家认为:"在沟通交流中,如果你的态度来势凶猛、大吵大闹的话,也会惹得对方勃然大怒。所以,在说服上司的时候,一定要心平气和,使用的语言也要尽量婉转平和。"

(2)掌握分寸。说服要适可而止,不要反复申说,更不要发生争辩。因为一旦说服陷入僵局,就很可能会前功尽弃。正确的做法应该是:在简明扼要阐述完自己的意见后,礼貌告辞,感谢领导倾听自己的意见和建议,给领导一定的思考和决策时间;即使领导最终没有采纳自己的意见,也要予以充分理解。毕竟决策者所面临的利益冲突和复杂的人际关系是下属无法切身体会的。

(3)理由充足。在说服上司的过程中,自己对双方探讨的问题一定要有专门研究和独到见解,并能恰当运用相关资讯或数据增强自己的说服力。下面的实例可供参考。

A 主管:关于在通州地区设立灌装分厂的方案,我们已经详细论证了它的可行性,大概3~5年就可以收回成本,然后就可以盈利了。请董事长一定要考虑我们的方案。

B 主管:关于在通州地区设立灌装分厂的方案,我们已经会同财务、销售、后勤部门详细论证了它的可行性。根据财务评价报告显示,该方案在投资后的第28个月财务净现金流由负值转为正值,这预示着该项投资将从第三年开始盈利。经测算,该方案的投资回收期是4~6年。从社会经济评价报告上显示,该方案还可以拉动与我们相关的下游产业的发展。这有可能为我们将来的企业前向、后向一体化方案提供有益的借鉴。与该方案有关的可行性分析报告我已经带来了,请董事长审阅。

上述两位主管的报告,显然 B 主管更具说服力。

(4)换位思考。即站在对方的角度思考问题,了解对方工作上的难处与苦衷,设身处地地为对方着想。一位商学院教授曾经说过这样的事情:一位程序设计员和他的上司发生争执,为了一个团体的价值问题双方僵持不下。教授建议他们互相变换一下角色考虑,再以对方的立场来解释。几分钟之后他们就发现自己的行为是多么可笑,两个人开始哈哈大笑起来,很快就找到了解决问题的方法。

（5）选好时机。心理学研究表明,人们处在不同的心理状态时,对于否定意见的接受程度也大不相同。因此,每天刚上班和快下班时,节假日、双休日,以及吃饭、休息时都不是说服上司的好时机。一般来说,上午10点左右和午休结束后的半小时里,是领导精力充沛、时间比较充裕的时候,容易听取别人的意见或建议。

（6）含蓄幽默。用轻松幽默的话语来阐述观点,既不伤及上司尊严,又不会把气氛搞僵,往往能够收到事半功倍之效。例如,郭台鸿在其所著的《高效沟通24法则》(清华大学出版社,2009年)一书中有这样一个实例颇能说明问题。某公司老板承诺给自己的员工增加薪水,但是很长时间都没有兑现。一个下属对老板说:"我们部门的张三,这两天神思恍惚,我问他是什么原因,他说自己的手头上只有4000元,而工资要过半个月才能发,但是现在有三件要紧的事情必须去做:一是给孩子的学费1000元;二是还房屋贷款2000元;三是老婆看中一款价值2000元的项链。按理说孩子学费和还房屋贷款是首要解决的问题,可是张三曾经许诺:结婚十周年时给老婆买她最想要的礼物。养家的男人真是不容易啊!"这番意味深长又不失幽默风趣的话引起了老板的深思,不久,他践行了自己的诺言。

（7）充满自信。在与人交谈的时候,一个人的口头语言和肢体语言所传达的信息各占50%。一个人若是对自己的计划和建议充满信心,那么他无论面对的是谁,都会表情自然;反之,如果他对自己的提议缺乏必要的信心,也会在言谈举止上有所流露。因此,在面对自己的领导时,要学会用自信的微笑去感染、征服领导。

5. 妥善处理领导的误解

在实际工作中,由于某些特殊的原因,下级可能会无意得罪上司,遭到上司误解,尤其是在多个上司属下工作、单位人际关系复杂微妙的环境中。遇到这种情形,就必须设法消除误解,否则,就会影响工作甚至个人的发展前途。

黄琳在其编著的《有效沟通:王牌沟通大师的制胜秘诀》一书中有这样一个实例:李杰是三年前从基层调到宣传部的,因为宣传部的方部长是一个求贤若渴的人,见李杰在报纸上发表的文章文笔不错,就多方跑动,终于将这个人才网络到自己的麾下。几年后,由于李杰精明能干,厂里调他到办公室工作,厂办主任也很喜欢他。

过了不久,李杰忽然觉得方部长似乎对自己有点看法,关系好像渐渐疏远了。经了解才知道,原来方部长和厂办主任之间有隔阂。方部长认为,李杰已经是厂办主任的人了,有点忘恩负义。误解的形成很简单:一次下雨,中层干部开会,李杰拿着雨伞去接上司,只发现雨中的厂办主任,却没有看见站在门口躲雨的方部长,这样雨中送伞就送出麻烦了。

盛怒之下,方部长对信得过的人说,都怪他当初看错人了,没想到李杰是个见利忘义的人。时间不长,此话便传到李杰的耳朵里了,他这才意识到自己已经被误解,问题严重了。怎么办呢?李杰真的有些为难了,他经过反复思考是这样处理的:每当有人当面说起自己与方部长的关系时,他总是矢口否认两个人之间有矛盾。这样做一方面可以向方部长表明自己的人品；另一方面可以制止误解继续扩大，便于缓和与方部长的关系。

李杰和方部长在工作中经常打交道。他总是先向部长问好，不管对方理与不理，脸上总是笑呵呵的。遇到工作上一起宴请客人时，李杰总是斟满酒杯，当着客人的面向方部长敬酒，并公开说明正是由于方部长的培养和提拔，自己才有了今天的长进。李杰的感激和态度，不仅是对客人的介绍，更重要的还是一种心灵道白，表示自己并非忘恩负义的小人，最后，方部长终于和李杰和好如初。

宇宙万物，无时无刻不处于矛盾之中。在与领导共事的过程中，磕磕碰碰是在所难免的。其实，矛盾并不可怕，最重要的是我们能够像上述例子中的李杰那样勇敢地正视它，并运用自己的智慧和技巧化解它。上下级之间最常见的矛盾就是彼此之间存在着误解与隔阂。如果处理不当或掉以轻心，误解就会变成成见，隔阂更会扩展成鸿沟，这无疑对下属是极为不利的。

误解缘何而生？这是一个非常复杂的问题，它涉及人的心理活动的复杂性。嫉妒、多疑、防范、自负甚至偏爱，都可能诱发领导心中对别人的不信任感，导致各种误解。这里，我们想要探讨的是产生误解的一般性原因或者说客观性原因，也就是上下级之间存在信息不完全或沟通不充分的情况。由于缺乏足够的交流，彼此对对方的情况不是十分熟悉和了解，在做出判断时难免有更多的主观倾向，导致误解的产生。

对待领导的误解，下属最明智的态度就是及时、主动地去消除它，不要让它变成成见与隔阂。怎样消除领导的误解呢？要从以下几个方面着手。

(1) 掩盖矛盾。在其他同事或上司面前，极力掩盖彼此之间的矛盾，以防事态进一步扩大。

(2) 尊重对方。即使上司误解了自己，仍要尊重对方，见面主动打招呼，不管对方反应如何，都面带微笑；当误解自己的上司遇到困难的时候，要挺身而出，及时"救驾"，用实际行动去感动对方。

(3) 背后褒扬。一方面可以通过他人之口替自己表白心迹；另一方面能够很好地取悦于对方。毕竟第三者的话总是比较真实、可信的。

(4) 主动沟通。经过以上多种努力，彼此之间的矛盾会有所缓和，在此基础上，下级要寻找合适机会，以请教的口吻让上司说出产生误会的原因。此时可以做必要的解释，但一定要注意措辞，适可而止，否则就会显得缺乏诚意，引起对方逆反心理。

(5) 加强交流。误解消除后，要经常与上司进行思想交流和情感沟通，不断增进彼此之间的了解和友谊，以免误解再次发生。

8.1.3　与同事沟通

三国时的荀攸智慧超群，谋略过人。他辅佐曹操征张绣、擒吕布、战袁绍、定乌桓，为曹操统一北方建功立业做出了自己的贡献。在朝二十余年，他能够从容自如地处理政治旋涡中上下左右的复杂关系，在极其残酷的同僚斗争中，始终地位稳定，立于不败之地，原因就在于他能谨以安身，善于包容，能很好地处理同僚关系。他平时特别注意周围的环境,对同僚从不刻意去争高下,总是表现得十分谦卑、文弱、愚钝和怯懦。他对于自己的功勋讳莫如深。这样,他就和其他的同僚和平共处,并且深受曹操宠信,也从来没有人到曹操处进谗言加害于他,朝中朝外口碑极佳。可见,处理好与同事的关系是十分重要的,对职场中人更是如此。

所谓同事关系,是指同一组织内部处于同一层次的员工之间存在的一种横向人际关系。同事之间既是天然的合作者,又是潜在的竞争者,如图 8-2 所示,这是一种微妙的人际关系,必然会产生既渴望"合作",又警觉"竞争"的复杂心理。因此,职场人士在与同事相处时,应特别注意沟通艺术。

图 8-2 同事基本特征示意

1. 与同事沟通的基本要求

(1) 互相尊重。尊重是人的需要,也是沟通的前提。职场人士的尊重需要包括团队成员给予的重视、威望、承认、名誉、地位和赏识等。每个成员都希望获得其他成员的承认,要求给予较高的评价,希望自己受到礼遇,获得较高的名誉和地位。因此,高明的领导者都十分重视尊重员工。尊重是相互的。古人语:敬人者人恒敬之。因此,工作中要想得到同事的尊重,就必须首先尊重同事的人格,尊重同事的工作和劳动,尊重同事在整个团队中的地位和作用。

小陈为何不受欢迎

小陈是毕业于北京某重点大学的研究生,在单位工作几年后,由于业务能力突出被提拔为车间主任。这对他来说是一个施展才华的大舞台。但他在与别的车间主任交流时,总是流露出对这些工人出身的主任的不屑,开口闭口总是我们研究生如何、你们工人怎样,很快就把自己陷入与其他车间主任格格不入的境地,成为一个不受欢迎的人。最终不得不调换工作岗位。

(2) 真诚待人。常言道:"精诚所至,金石为开。"同事之间要互相沟通,就必须消除不必要的戒备心理,摒弃"逢人只说三句话,不可全抛一片心"的处事原则,襟怀坦白,以诚相见。唯有真诚,才能打开同事心灵的窗口,才能激起思想和情感上的共鸣。反之,如果当面一套、背后一套,或者说的一套、做的一套,就会失信于人,引起人们的反感。

（3）互谅互让。职场人士都希望有一个平和的、令人心情舒畅的工作环境。但是，同事之间由于思想认识、性格修养、观点立场等方面的差异，看问题的角度会有所不同，处理问题的思路与方法也不尽一致。面对这种差异和分歧，首先，不要过度争论，以免激化矛盾，影响彼此之间的关系；其次，要通过换位思考充分理解对方，并本着从工作出发、为全局着想的原则，求同存异，互相谦让。

（4）大局为重。同事之间由于工作关系而走在一起，就形成了一个利益共同体。其中的每一分子，都要有集体意识和大局意识。因此，在与上司、同事交往时，要尽量保持同等距离，即使和某些同事兴趣相投、关系密切，也不要在工作场合显现出来，以免让别的同事产生猜疑心理；在与本单位以外的人员接触时，更要形成荣辱与共的"团队形象"观念，多补台少拆台，不要为自身小利而损害集体大利；不可外扬"家丑"，对自己的同事品头论足甚至恶意攻击，影响同事的外在形象。

2. 与同事沟通的方法

（1）重视团队合作。荀子说过："人力不若牛，走不若马，而牛马为之用，何也？曰：人能群，彼不能群也。"这段话道出了团队合作的重要性。随着社会分工的越来越细，现代企业越来越强调员工之间的沟通协调。作为企业个体，无论自己处于什么职位，在保持自己个性特点的同时，都必须很好地融入集体。比尔·盖茨认为："大成功靠团队，小成功靠个人。"因此，在工作中同事要同心协力、互相支持、共同合作；需要大家共同完成的，要预先商定，配合中要守时、守信、守约；自己分内的事要认真完成，出现问题或差错时要主动承担责任，不拖延，不推诿；确需他人协助完成的，要使用请求的态度和商量性语气，不能居高临下、态度生硬。

（2）懂得相互欣赏。人是具有能动思维的主体。人所具有的这种特性，表现在工作中就是有一定的价值目标，即追求理想和信念的成功，也就是成就感。人的成就感包括职业感和事业感两方面。职业感体现为个人对本职工作的态度，事业感则体现为个人追求被群体和社会承认的较高层次的成就。因此，职场人士都有得到赞许的欲望，都希望自己的职业和工作受到别人的重视，得到恰如其分的评价和鼓励。懂得这些，我们就会在长期共事的过程中，善于发现同事的优点、长处及工作中取得的成绩和进步，并及时加以肯定和赞美。欣赏是人际关系的润滑剂。一句由衷的赞美，既可以表达对同事的尊重，又会赢得对方的好感，进而融洽彼此之间的关系。

（3）主动交流沟通。人际关系是在"互动"中发生联系和变化的。人际关系要密切，注重彼此的交往是前提。因此，在紧张的工作之余不妨主动找同事谈谈心、聊聊天或请教一些问题等，以便加深印象、增进了解。在主动沟通中应把握以下几点：一是选择合适的时间、场合及易引起对方兴趣的话题；二是保持诚恳、谦虚的态度；三是善于体察对方的心理变化，因势利导，随机应变；四是讲究语言艺术，选择"商量式""安慰式""互酬式"等语言并注意分寸。

（4）保持适当距离。"过密则狎，过疏则间。"同事之间保持适当距离，对人处事才可能客观、公正。每个人都有私人空间，搞好职场人际关系并不等于无话不谈、亲密无间。有时同事之间摩擦不断、矛盾重重，恰恰是由于交往太过密切、随意，侵犯了别人的隐私。

所以,当自己的个人生活出现危机时,不要在办公室随意倾诉;要尊重同事的权利和隐私,不打探同事的秘密,不私自翻阅同事的文件、信件,不查看对方的计算机;对同事不过多地品头论足,更不要做搬弄是非的饶舌者。

小贴士

同事日常沟通要把握分寸

3. 劝慰同事的技巧

俗话说"患难见真情"。当同事在工作中遇到了麻烦,本人或者家中遭遇了不幸,我们理应伸出援助之手,努力为对方排忧解难,给同事以安慰和鼓励,这是人之常情,也是一种为人处世的美德。但是,要使劝慰真正收到实效,必须掌握劝慰的艺术。

(1)劝慰同事的基本要求。

① 同情而非怜悯。当一个人遭到挫折和不幸的时候,十分需要别人的同情。真正的同情,是站在完全平等的地位上交流思想感情,给对方以精神和道义上的支持,并分担对方的感情痛苦,使不幸者痛苦、懊丧的消极情绪得以宣泄,并逐渐消除心理上的孤独感,不断增强战胜困难的信心。怜悯则是对不幸者的感情施舍,其结果,要么是刺伤不幸者的自尊心,从心理上拒绝接受;要么使不幸者更加心灰意冷,无法振作精神重新站起来。

② 鼓励而非埋怨。遭遇挫折和不幸的人,由于一时无法摆脱感情上的羁绊,往往会垂头丧气、消极悲观。此时,最重要的是通过积极鼓励,给予信心和勇气,让他在困难的时候看到前途和希望。一味埋怨只会使不幸者更加悲观,个别情感脆弱者甚至会走上极端。

③ 安抚而非教训。当一个人遭到挫折,精神处于迷惘状态时,特别需要有人给他以及时安抚和真诚开导,针对他此时此刻的心理,循循善诱、积极开导,帮助对方解除忧愁、驱散烦恼。如果以教训人的口吻讲大而空的道理,只能使对方更加不安,甚至产生破罐子破摔的情绪。

④ 选择恰当的时机。劝慰效果的好坏很大程度上取决于能否选择恰当的时机。对生老病死等突发事件要注意及时安慰;当一个人情绪处于失控的情况下,任何劝慰都听不进去,就要等他冷静下来后再去交谈。

(2)劝慰同事的技巧。

① 劝慰事业受挫者。对于胸怀大志而又在事业上屡遭挫折和失败的同事,最重要的是对其事业的充分理解和支持。在劝慰过程中,应注意理解多于抚慰、鼓励多于同情。最好的安慰是帮助其总结经验教训,分析面临的诸多有利和不利条件,克服灰心丧气的情绪,树立必胜的信心。

② 劝慰患病者。一般来说,生病的人都会感到心情烦躁,有些病人还会顾虑重重,因病住院者更常常感到寂寞、孤单和愁闷。在探望生病同事时,要视其具体情况思考谈话内容。对于身患重症、绝症的同事,即便友情再深,也不能在其面前流露哀伤情绪,以免给病人造成精神上的压力和负担,而应选择较为愉快的事情进行交谈,并多讲些安慰、鼓励的话。

③ 劝慰丧亲者。亲人去世,同事的悲伤心情可想而知。安慰这些同事,专注地倾听尤其重要,要倾听对方的回忆和哭诉,让其悲痛的心情得以宣泄和释放,这样有利于对方恢复心理平衡。此外,还应与同事多谈死者生前的优点、贡献以及后人对他的敬仰怀念,因为,对死者的评价越高,其亲属就越感到宽慰,进而也能尽快摆脱丧亲的沉重与悲痛。

④ 劝慰受轻视者。在现实生活中,那些因能力平平或其他原因而被上司和同事轻视的人,往往都存在一个共同的心理缺陷——自卑。因此,劝慰时应多讲些成功人士的典型事例,鼓励对方不要向现实屈服;同时,要善于挖掘对方身上不易觉察的优点和长处,从而唤醒他的自尊心和自信心,使其坚信只要充分发挥自己的主观能动性,就一定能够取得成功,赢得别人的尊重与信赖。

此外,劝慰应注意:避开对方的痛处和能够引起对方伤感的相关信息;认同对方的感受,以示理解和同情;引导对方把注意力集中到如何解决问题上;控制好自己的情绪;真诚地关心对方,经常关怀对方的生活与工作。

8.1.4　与下属沟通

1. 与下属沟通的意义

管理者不仅要把工作设计成为生产产出过程,更应该设计成为人和人交流、协作、沟通,实现员工深层交往需要以及个性、心理满足的过程。管理者必须了解员工的观点、态度和价值,努力帮助员工在工作中实现其价值。实现这一目标的根本途径即是面对面的语言沟通。没有沟通,就没有了解;没有了解,就没有全面、整体、有效及平衡的管理过程。

在现实生活中,上下级出现沟通问题屡见不鲜。管理者在处理人与人之间的各种矛盾时谴责、贬斥、误解,或是以一种"我是领导我怕谁"的态度对待别人,都会把事情搞糟。即使在世界上著名的大公司,类似的事件也屡见不鲜。

身为领导,不管工作多么繁忙,都要保留与下属沟通的时间。美国前总统里根被称为"伟大的沟通者",在漫长的政治生涯中,他深切体会到与自己的服务对象沟通的重要性。即使在总统任内,他也保持着阅读来信的习惯。他请白宫秘书每天下午交给他一些信件,再利用晚上时间在家里亲自回复。克林顿总统也常常利用传媒与人们面对面交流,借此了解他们的想法,表达对他们的关切。即使无法解决所有人提出的问题,但总统亲自到场聆听人们的意见,表达自己的想法,这本身就具有沟通的意义。

真正有效的沟通并不妨碍工作,比如开会、讨论、走廊里的短暂同行、共进午餐的时机等,都是进行沟通的机会。要成功地与下属沟通,关键有三点:一是怀有真诚的态度,不走形式；二是保持开放的心态，不搞"一言堂"；三是主动创造沟通的良好氛围，不咄咄逼人。

小贴士

上司喜欢下属的品质

爱岗敬业，忠诚可靠。

独当一面，开拓创新。

自觉主动，服从第一。

乐观向上，勇担责任。

善于沟通，乐于合作。

2. 与下属谈心的技巧

有这样一则寓言：一把坚实的锁挂在铁门上，一根铁杆费了九牛二虎之力还是无法将它撬开。钥匙来了，它瘦小的身子钻进锁孔，只轻轻一转，大锁就"啪"的一声开了。铁杆奇怪地问："为什么我费了那么大气力也撬不开，而你却轻而易举地就把它打开了呢？"钥匙说："因为我最了解它的心。"

领导的才能不是表现在告诉员工如何完成工作，而是使得员工发挥能力去完成它。因此，身为领导，必须注意通过语言沟通，了解本单位、本部门每个员工有形的和无形的需求，并设法满足其正当需求，如此员工才会更忠诚、更有凝聚力。而在实际管理工作中，领导者往往重视自身的带头示范作用，却忽视了跟员工的沟通，尤其是上、下级之间的真诚谈心。

（1）贴近下属，寻求沟通。奥田是丰田公司第一位非丰田家族成员的总裁，在长期的职业生涯中，奥田赢得了公司内部许多人士的深深爱戴。他有 1/3 的时间在丰田城里度过，常常和公司里的多名工程师聊天，聊最近的工作，聊生活上的困难；还有 1/3 的时间用来走访 5000 名经销商，和他们聊业务，听取他们的意见。奥田贴近下属的沟通之道颇值得我们借鉴。

下级对上级，往往存在各种各样的心态：试探、戒备、恐惧、对立、轻视、佩服、无所谓等。有的员工在上级面前唯唯诺诺、不敢妄言，在同事面前则落落大方、侃侃而谈。因此，身为领导应该避免使用命令、训斥的口吻讲话，要放下架子，以平易近人、亲切和蔼的姿态去寻求沟通，如经常深入基层和员工之中，通过召开座谈会、个别访谈、即时聊天等形式，了解员工关心的焦点问题，征求员工的意见和建议，关心员工的工作和生活。只有这样，下级才会敞开心扉，畅所欲言。

（2）仔细倾听，适时提问。沟通艺术的核心在于仔细倾听和适时提问。一个优秀的领导人应该具备"作为一个听者所拥有的非凡技能"和一针见血地提出问题的能力。通过聆听，充分体味下属的心境，了解信息的全部内容；通过提问，促进沟通的深化，探究信息的深层内涵。二者均可为准确分析反馈信息、调整管理方式提供客观依据。因此，在谈心过程中，领导者要尽量少说多听，不随意插话，不轻易反驳；提问要言语简洁，要等对方说完或者说话告一段落时再提问。

（3）设身处地，换位思考。站在他人立场上分析问题，能给人以善解人意、体察入微的印象。这种投其所好的技巧常常具有极强的说服力。要做到这一点，知己知彼十分重要，唯有知彼，方能从对方立场上考虑问题。这就需要领导者经常深入基层开展调研，及时了解和掌握职工的思想动态和关心的利益所在。在谈心时，要善于联系对方的身份、职位和目前的工作、生活境况去揣摩对方心理，做到想对方之所想，急对方之所急，以真正理解对方的思想观点。

小案例

关　心

财务部陈经理结算了一下上个月部门的招待费，发现有一千多元没有用完。按照惯例他会用这笔钱请手下员工吃一顿，于是他走到休息室叫员工小马通知其他人晚上吃饭。

快到休息室时，陈经理听到休息室里有人在交谈，他从门缝看过去，原来是小马和销售部员工小李两人在里面。

"呃，"小李对小马说，"你们部陈经理对你们很关心，我看见他经常用招待费请你们吃饭。"

"得了吧，"小马不屑地说道，"他就这么点本事来笼络人心，碰到我们真正需要他关心、帮助的事情，他没一件办成的。拿上次公司办培训班的事来说吧，谁都知道假如能上这个培训班，工作能力会得到很大提高，升职的机会也会大大增加。我们部几个人都很想去，但陈经理却一点都没察觉到，也没积极为我们争取，结果让别的部门抢了先。我真的怀疑他有没有真正关心过我们。"

"别不高兴了，"小李说，"走，吃饭去吧。"

陈经理只好满腹委屈地躲进自己的办公室。

陈经理与部下在沟通上存在什么问题？假如你是陈经理，你会怎么做？

（4）拉近距离，平等交流。谈心伊始，要特别重视开场白的作用。可以先扯几句家常，开一些善意的玩笑，以消除对方的拘束感，拉近双方心理上的距离，然后慢慢引出正题。在阐述自己观点时，要有平等的姿态，晓之以理，动之以情，不以势压人，不训斥命令；音量适中，语气平和，语调自然，态度和蔼；手势或动作幅度不宜过大；多采用商量性的口吻，如："你觉得我的话有道理吗？""你同意我的意见吗？"

3. 批评下属的技巧

在管理学中有个木桶原理，说的是一个由很多块木板组成的木桶，决定其容积大小的不是最长的那块，而是最短的那块木板。单位或部门也是如此，员工就是那些组成木桶的木板，团队竞争力就是木桶的容积。从这个角度看，在灵活运用激励制度的同时，管理者更应站在客观的立场，认真把握批评的尺度和方式，才能提携后进，保证团队的整体竞争力。

通常，人们总是用"忠言逆耳""良药苦口"告诫被批评者要虚心接受批评意见，不应计较批评的方法。作为批评者，要使自己的批评被对方顺利接受，做到忠言不逆耳，是需要讲究批评艺术的。

（1）欲抑先扬。卡耐基说过："纠正对方错误的第一个方法——批评前先赞美对方。"的确，在批评之前先就对方的长处给予真诚的赞美，就能化解被批评者的对立情绪，使批评在和谐的氛围中进行，从而达到预想效果。这种方法尤其适用于脾气倔强或敏感自尊的下属。例如，20世纪20年代的美国总统柯立芝批评女秘书时，是这样说的："你今天穿的这件衣服真漂亮，你是一位迷人的年轻小姐。"然后接着说："你很高兴，是吗？我说的是真话。不过，我希望你以后对标点符号稍加注意，让你打的文件跟你的衣服一样漂亮。"结果女秘书非常愉快地接受了他的批评。

（2）选择时机。时机的选择和把握是批评能否收到良好效果的重要一环。一般来说，双方情绪比较平静，交谈气氛较为融洽，或者没有第三者在场的时候，都是开展批评的恰当时机。要尽量避免在大庭广众之下指名道姓地批评下属，必要时可采用模糊词语，如："最近一段时间，有些员工纪律松懈，上班有迟到、早退现象。个别员工还在上班时间聊天、上网、煲电话粥等，这些都是公司明令禁止的，希望各位严格自律。"

（3）就事论事。批评他人通常是件比较严肃的事情，所以一定要客观具体，就事论事。要始终围绕对方所做的错事，不转移话题，不随意联想。批评的话要简洁明了，适可而止。如果多次批评都不见效，就需变换批评的思路和方式了。

（4）不作比较。俗话说，尺有所短，寸有所长。每个人身上都有自己的优缺点，我们不能拿一个人的短处与他人的长处相比，也不能将一个人做错的事与别人做对的事相比，否则就会有失公允，得出的结论也无法让人信服。在批评下属的时候，尤其不能拿其他"优秀员工"作横向比较，以免挫伤被批评者的自尊心。

（5）因人而异。由于经历、知识、性格等的不同，不同的人接受批评的能力和方式也会有很大区别，在沟通中我们应根据不同的对象采取不同的批评方式。对涉世不深的年轻人，最好是语重心长地直接批评，不转弯抹角、含含糊糊，以免对方产生误解；对自觉性较高的中老年人，要变批评为提醒，且不多言多语；对承受能力较强的男性下属，语言可以直白、明了些；对敏感自尊的女性下属，则需含蓄温和、点到为止。

（6）友好结束。正面的批评，或多或少都会给对方造成一定压力。如果一次批评不欢而散，对方可能会增加精神负担，产生消极情绪，甚至对抗情绪，会为以后的沟通带来障碍。所以，每次批评都应尽量在友好的气氛中结束。在批评结束时，不以"今后不许再犯"这样的话作为警告，而应以鼓励性的语言提出希望，比如："我想你会做得更好"或"我相信你"，并报以微笑，让下属把这次沟通当作鼓励而不是一次意外的打击。这样有助于对方打消顾虑，增强改正错误、做好工作的信心。

此外，批评应该注意"八忌"：一忌无凭无据，捕风捉影；二忌大发雷霆，恶语伤人；三忌吹毛求疵，过于挑剔；四忌清算总账，揭人老底；五忌当面不说，背后乱说；六忌夸大事实，无限升级；七忌威胁逼迫，以势压人；八忌一批了之，弃之不管。

4. 调解下属矛盾的技巧

首先让我们看一个实例：张某和刘某同是某单位一科室的副科长。起初,两人关系融洽,工作上配合十分默契。但在一次中层领导干部竞聘中,张某经过竞聘提拔为科长后,张、刘的关系急剧恶化,身为副职的刘某非但不配合张某的工作,反而经常拆台搞内讧。不仅如此,他还不时背后诋毁张科长,说"张某任科长一职是花钱买来的"之类的话。张科长知道后也暗恨刘某,后来两人发展到见面不打招呼、无话可说的地步。

局领导对此十分重视,局长亲自召集全局领导班子开会研究调停冲突方案。会上,决定先由分管该科的林副局长出面作调停工作。林副局长接到任务后,便分别找张、刘两人单独谈话。谈话内容各有侧重,对刘某主要是让他说说对组织提拔张某有什么看法,如果组织上真有违反干部任用条例之处也希望他提出来,如属实,组织坚决公正决断,但不能无根据地瞎编乱谈。此外,还向他指出班子闹不团结的危害性,不但影响工作,而且影响个人前途。通过谈话使之认识到自己的错误。对张科长则要求他作为一科之长要以大局为重,要有宽大的胸怀,善于求同存异,虚心听取各种不同的意见和建议,以宽容对待冲突,以礼貌谦让对待冷嘲热讽,不要总是对一些细枝末节斤斤计较,更不能对一些陈年旧账念念不忘。在大是大非面前要冷静头脑,要善于团结下属,共同把工作搞好。

经过第一次谈话后,局领导又按计划安排对张、刘的第二次谈话。这次谈话由局主要领导出面,以邀请张、刘两位科长共进晚餐的方式进行,谈话地点选在原先两人要好时时常去的某饭店进行。大家都按时到位后,先由局长谈话。局长说:二位科长能不计前嫌,迈过门槛,走在一起共进晚餐不容易,局领导感到很高兴,这是科长们以大局为重的一种表现,并对他们的诚意表示感谢。然后,由二位科长先后发言,谈话间,各表衷心,以求得对方谅解,场面甚是感人;最后便是大家端起团结的酒杯,握手言欢,共祝工作如意!

由此可见:只要有人的地方,就必然会有矛盾与冲突发生,而矛盾与冲突的结果,不仅会破坏人与人之间的和谐关系,而且会削弱一个集体的凝聚力和战斗力,降低整个团队的声誉和绩效。因此,领导者的日常管理活动之一就是处理下属之间的矛盾冲突。

那么,怎样正确处理下级之间的矛盾,营造和谐、积极的工作氛围呢?

(1)事前有预案。识别冲突,调解争执,是管理者最重要的能力之一。当发现下属间发生冲突时,如果盲目调和,往往收效甚微,搞不好还会火上浇油,弄巧成拙。因此,要对冲突的原因、过程及程度等作详尽的了解后,研究出可行的调和方案,并按方案进行调和。

(2)大局为重。现代社会的一个重要特点就是分工严密,这样可以提高工作效率,但同时也带来了一个不可避免的缺陷,这就是彼此之间缺乏相互了解。在诸多的矛盾冲突中,虽然双方在各自的利益上产生纷争,但共同的目标还是一致的,因此管理者应让冲突双方清醒地意识到,单纯地指责对方是无济于事的,只有相互配合、密切协助才能解决纷争,才能实现团队的共同目标。事实上,当双方均以单位的整体利益为重时,心中的怒气就会化为乌有。

(3)换位思考。在局部利益冲突中,双方所犯的错误多半是只考虑自己,以自己为中心,而不能体谅对方。而让他们互相了解、体谅对方的最好办法,莫过于各自站在对方的立场上去考虑问题。当双方确实做到这一点后,可能就会握手言和、心平气和地协商一种积极性的解决冲突的方法。孔子说:"己所不欲,勿施于人。"正是设身处地、从对方角度看问题而得出的结论。

(4)折中调和。领导是下属之间矛盾的最终仲裁者。仲裁者要保持权威,就必须坚持公平、公正的原则。如果偏袒一方,就会使另一方产生不满和对立情绪,进而加剧矛盾,甚至将矛盾转化为上下级之间的矛盾,使矛盾性质发生变化。所以,冷静公允,不偏不倚,是处理下属矛盾时最起码的原则,尤其是在调节利益冲突时。此外,很多情况下冲突双方均有道理,但又各执一词,很难判断双方对错。这时候,折中协调、息事宁人是最好的解决办法。

(5)创造轻松气氛。发生冲突双方均抱有成见和敌意,所以在进行调解时缓和气氛很重要。调解不一定在会议上、办公室里进行,有时在餐桌上、咖啡厅、领导家里效果反而会更好。

总之,下属之间的矛盾冲突是多样的,调和的办法不能千篇一律,要在实际工作中根据不同的冲突对象、起因及程度采用灵活的技巧来加以调解。

8.2 能力开发

8.2.1 阅读思考

职场沟通必备的八个黄金句型

请扫描二维码阅读文章,然后回答文章后的思考题。

8.2.2 案例分析

请扫描二维码阅读案例原文,然后回答案例后的讨论题。

8.2.3 训练项目

模拟职场沟通训练

实训目标:使学生了解沟通的过程并掌握沟通的基本技能;培养语言表达能力和沟

通能力；通过活动,提高学生的团队协作意识以及其他综合能力。

实训学时：2 学时。

实训地点：教室或实训室。

实训准备：

(1) 分组,每组 4～6 人,设 1 人为组长。

(2) 以小组为单位,自主选择一种工作沟通形式。

(3) 根据要求各组分配人员角色,讨论设计故事情节,并进行认真准备。

实训方法：

(1) 按小组顺序进行模拟演练。演练之前,每组派 1 人说明本组模拟的职场沟通形式及所要表达的主题。

(2) 在模拟过程中,各组成员要认真严肃,尽力扮演好自己的角色,言谈举止符合角色要求。

(3) 每组演练后,指导教师与学生共同点评。

课后练习

1. 作为一名大学生你为了将来更好地适应社会,胜任未来的工作岗位,一定有一些兼职经历,请你把自己兼职经历中体会到的一些工作中与上级、下级和同事之间沟通的经验总结出来,在课堂上与同学们分享一下。

2. 从老师与学生、同事、领导的沟通中体会：①领导如何与下属沟通；②同事之间如何沟通；③下属如何与上级沟通。

3. 自己实习或大学毕业来到一个新的工作环境,面对初次见面的领导和同事,设想一下应该说的话和说话的技巧。

任务9

气质培养

做一个杰出的人,光有一个合乎逻辑的头脑是不够的,还要有一种强烈的气质。

——[法]司汤达(Stendhal)

气质之美与其说是来自内心的修养,不如说它是来自一种对美好事物的欣赏能力。这份欣赏力就使一个人的言谈举止不同流俗。

——[法]罗曼·罗兰(Romain Rolland)

 学习目标

- 掌握气质的内涵、类型及其与职业的关系。
- 明确良好气质的要求。
- 掌握良好气质的培养方法,并能身体力行地不断提升气质魅力。

 案例导入

曹操的气质风度

据《世说新语》记载:曹操个子较矮,一次匈奴来使,应由曹操接见。可是,曹操怕使者见自己矮而被看不起,于是请大臣崔琰冒充自己,曹操则持刀扮成卫士站在崔琰的旁边观察使者。崔琰"眉目疏朗,须长四尺,甚有威重"。接见后,曹操派人去探听使者的反应,使者说:"魏王雅望非常,然床头提刀者,此乃英雄也。"曹操具有高度的政治、军事、文化素养,养成了封建时代的政治家特有的气质,因此,他的风度并不因他身材矮小而受到影响,也不因他扮成地位低下的卫士而被掩盖。

气质是作为个体带有倾向性的、本质的、相对比较稳定的个性特征、风格以及气度的总和,常常体现于个人的实际工作和言谈举止中,成为反映其内在精神修养状况的重要心理坐标。一方面,气质有先天遗传性;另一方面,气质又是在生命个体的生活工作实践中不断变化并趋于相对稳定的。人类群体生活实践证实,当个体的气质与其所处生存环境相对和谐时,个人的整体潜能会得以更好地挖掘。

气质作为个人最一般的特征,其魅力可以通过人的风度、性格、智慧等表现出来。在这个竞争激烈的年代,只凭"内秀"而缺乏"外秀"只会令竞争力大打折扣;只凭"外秀"而缺乏"内秀"的形象也将是苍白无力的。现代社会诸多事例表明,"金玉其外,败絮其中"固然不好;而"败絮其外,金玉其中"也不足取。只有"内外兼修"、与时俱进,才能在人生职场的竞争中立于不败之地。因此,加强气质培养和塑造,不断改善和提升个人整体形象,才能更好地生存于社会、服务于社会,这也是当代大学生自我发展的必然要求。

9.1 知识储备

9.1.1 气质概述

1. 人的气质内涵

气质(temperament)一词来源于拉丁语 tempeamerturm,原意是掺和、混合。在现代心理学中,气质是指人的典型的稳定的心理特点,气质的稳定性是相对的。气质是人的个性心理特征之一,它是指在人的认识、情感、言语、行动中,心理活动发生时力量的强弱、变化的快慢和均衡程度等稳定的动力特征。主要表现在情绪体验的快慢、强弱,以及动作的灵敏或迟钝方面,因而它为人的全部心理活动表现染上了一层浓厚的色彩。它与日常生活中人们所说的"脾气""性格""性情"等含义相近。

气质主要表现为人的心理活动的动力方面的特点。所谓心理活动的动力,是指心理过程的速度和稳定性(例如知觉的速度、思维的灵活程度、注意力集中时间的长短)、心理过程的强度(例如情绪的强弱、意志努力的程度)以及心理活动的指向性特点(有的人倾向于外部事物,从外界获得新印象;有的人倾向于内部,经常体验自己的情绪,分析自己的思想和印象),等等。

气质仿佛使一个人的整个心理活动表现都涂上个人独特的色彩。人的气质本身无好坏之分,气质类型也无好坏之分。心理学上讲的气质,具有以下两个方面的特征:第一,气质具有天赋性,气质是由生理机制决定的,一个人从出生开始,就具有了与众不同的气质特点。第二,气质具有稳定性和可变性,一个人具有某一方面的气质特点,就会随时随地表现出来。

2. 四种典型的气质类型

现代心理学研究了人身上一些共同的或近似的心理活动动力特征的规律,根据人的感受性、耐受性、敏捷性、兴奋性以及内倾、外倾等特征不同程度的结合,按其规律,组织分类,并参照或者说沿用了古希腊著名医生希波克拉底的学说,将这些心理活动的动力特征分门别类地归纳出了四种气质类型,虽说科学依据尚显不足,但是得到了心理学界的普遍认可。气质分以下四种典型类型。

（1）胆汁质。胆汁质的特点是强烈的兴奋过程，较弱的抑制过程，情绪难以自制，反应敏捷，行动果断，明显的外倾型。此类人精力充沛，敢说敢干，热情直爽，勇往直前，敢冒风险，冲动莽撞，易怒易躁，激动热烈。

（2）多血质。多血质的特点是情绪兴奋度强，具有灵活性和较高的可塑性，适应性强但稳定性较差，具有外倾性。此类人活泼好动，思维敏捷，情绪易变，朝气蓬勃，注意力涣散，兴趣易变，聪颖伶俐，善与人交，天真活泼。

（3）黏液质。黏液质的特点是兴奋和抑制过程比较平衡，感情不易兴奋，不易激动，有较强的稳定性和持续性，反应较慢，不易外露，较为内倾。此类人沉着冷静，反应缓慢，坚韧练达，老练，态度稳重，交际适度，注意稳定，埋头苦干，忍耐力强，沉默稳重。

（4）抑郁质。抑郁质的特点是较强的抑制过程，较弱的兴奋过程，反应缓慢迟钝，感情细腻、深刻，严重内倾。此类人沉默寡言，敏感多疑，易倦，审慎小心，观察力强，注意细节，不善交际，喜欢独处，行动缓慢，胆小心细，孤僻冷漠。

以上四种类型的人在对待同一事物时，他们的心理活动、言语表现、行为方式会各不相同。例如，工作中遇到挫折失败，胆汁质的人会暴躁易怒，不问青红皂白地与人争斗；多血质的人则会问明问题的症结，在接受教训的同时，他会很风趣地回敬别人，很快地把不愉快的事转移；黏液质的人则会蹲在一旁生闷气，不肯轻易发表意见；而抑郁质的人则经受不住打击，会多疑别人瞧不起自己，可能一蹶不振，成为精神负担。这是比较明显的四种气质类型的不同表现。但是在现实生活中，一个人往往是同时具有几种气质类型特点的混合型。

气质类型特征及行为方式的典型表现如表 9-1 所示。

表 9-1　气质类型特征及行为方式的典型表现

气质类型	高级神经活动类型	气质心理特征的组合	行为方式的典型表现
胆汁质	强而不平衡型（不可遏制型）	感受性低，有一定耐受性，反应快而不灵活，情绪兴奋性高，抑制能力差，外倾性明显，行为有一定的可塑性	直率、热情、精力旺盛、情绪激动、心境变换剧烈、脾气急躁
多血质	强而平衡灵活型（活泼型）	感受性低，耐受性高，反应快而灵活，外部表露明显，外倾性明显，行为可塑性大	活泼好动、敏感、反应迅速、喜欢与人交往、注意转移、兴趣变化、缺乏持久力
黏液质	强而平衡（不灵活型）安静型	感受性低，耐受性高，反应迅速缓慢，具有稳定性，情绪兴奋性，内倾性明显，行为有可塑性	安静、稳重、反应缓慢，情绪不易外露，注意力稳定，难转移，善于忍耐
抑郁质	弱型（抑制型）	感受性高，耐受性低，速度慢，刻板而不灵活，情绪兴奋性高而体验深，内倾性特别明显，行为可塑性小	情绪体验深刻，行动迟缓，能察觉他人不易察觉的事情，富于幻想，胆小

气质本身并无好坏之分。气质并不决定人的性格品德,任何气质类型的人,既可能养成良好的品质和习惯,也可能形成不良的品质和习惯。不论哪一类气质类型都有其闪光的一面,也都有其晦涩的一面,即积极的一面和消极的一面。举例如下。

胆汁质:热情敏捷——积极;急躁易怒——消极。

多血质:聪慧活泼——积极;注意涣散——消极。

黏液质:沉着稳重——积极;固执淡漠——消极。

抑郁质:观察细腻——积极;多疑多虑——消极。

由此看来,不论哪一种气质类型的人都各有所长、各有所短,人生事业成败不在于气质本身,而在于驾驭气质的能力。

气质是与生俱来的心理动力特征,打上深刻的遗传烙印,对于一个人来说没有选择的余地,重要的是了解自己,自觉地发扬自己气质中积极的方面,努力克服气质中的消极方面。

3. 气质与职业

(1) 变化型。变化型的人在新的或意外的活动以及新的工作情境中感到愉快,他们喜欢工作内容经常有些变化。在有压力的情况下他们的工作往往很出色,他们善于将注意力从一件事情转到另一件事情上,追求多样化的工作,典型的职业有记者、推销员、采购员、演员、消防员、公安司法人员等。

(2) 重复型。重复型的人适合连续不停地从事同样的工作,他们喜欢按照一个机械的、别人安排好的计划或进度办事,爱好重复的、有计划的、有标准的工作。典型的职业有纺织工、印刷工、装配工、电影放映员、机床工以及中小学教师等。

(3) 服从型。服从型的人喜欢按别人的指示办事,他们不愿自己单独做出决策,喜欢让他人对自己的工作负起责任。典型的职业有秘书、办公室职员、打字员、翻译人员等。

(4) 独立型。独立型的人喜欢计划自己的活动和指导别人的活动,他们在独立的负责工作情况中感到愉快,喜欢对将来发生的事情做出决定。典型的职业有厂长、经理、各种管理人员、律师、医生、电影电视制片人、军事指导员、侦查人员、驻外人员等。

(5) 协作型。协作型的人在与人协同工作时感到愉快,他们善于让别人按他们的意愿来办事,他们想得到同事的喜欢。典型的职业有社会工作者、婚姻介绍所工作人员、青年或妇女工作干部、心理咨询人员等。

(6) 孤独型。孤独型的人喜欢单独工作,不愿与人交往。较适合的职业有编辑、校对、排版、雕刻等。

(7) 劝服型。劝服型的人喜欢设法使别人同意他们的观点,一般是通过谈话或写作来表达,他们对别人的反应有较强的判断力,且善于影响他们的态度、观点和判断。典型的职业有作家、教师、政治工作者、宣传人员以及商业工作者等。

(8) 机智型。机智型的人在紧张的和危险的情况下能很好地执行任务,他们在危险的情况下能自我控制和镇定自如,他们在意外的情况中工作得很出色,当事情出了差错时,他们不易慌乱。典型的职业有车辆、船舶、飞机的驾驶员、警察、节目主持人、消防员、救生员、潜水员、电力维修员等。

(9) 经验决策型。经验决策型的人喜欢根据自己的经验作出判断,当别人犹豫不决时,他们能当机立断做出决定,当必要时,他们用直接经验和直觉来解决问题。典型的职业有股票经营者、商业工作者、个体摊贩、农民等。

(10) 事实决策型。事实决策型的人喜欢根据事实决策,他们要求根据充分的证据来下结论。他们喜欢使用调查、测验、统计数据来说明问题,引出结论。典型的职业有实验员、化验员、自然科学研究者、大学教师等。

(11) 自我表现型。自我表现型的人喜欢能表现自己的爱好和个性的工作情境。他们根据自己的感情做出选择,他们喜欢通过自己的工作来表达自己的理想。典型的职业有演员、诗人、音乐家、画家、摄影家、剧作家等。

(12) 严谨型。严谨型的人喜欢注重细节的精确,他们按一套规则和步骤将工作尽可能做得完美。典型的职业有金融工作者、会计、出纳、统计、档案管理等。

9.1.2　气质培养的方法

我们这里所提到的气质培养,实际上主要是人格(气质、性格、能力)的培养,因此,这里所讲的气质,是一种内在修养和外在形象的结合;是一种只可意会不可言传的美;是可以征服人的内心的一种形象,与是否漂亮无关;是厚重的文化底蕴与素质修养的升华;是经得起时间考验的人格魅力与高雅气质。要想培养自身良好的气质,首先要明确良好气质的基本要求,然后掌握正确的培养方法,长期坚持,一定会达到完善原有气质特征、塑造完美形象的目的。

1. 良好气质的要求

良好的气质包括内在的气质和外在的气质,是以其丰富的内在素养为底蕴,加上外在形象的塑造而构成的,内在的优良气质应该是:远大的理想和坚定的信念、高尚的道德品质、扎实的文化知识、良好的心理素质以及积极的创新精神和实践能力。外在的优良气质应该是:在待人接物、为人处世和日常外事等交往中行为得体、语言文明、礼仪庄重、着装得体大方。通过这种内在和外在的气质培养,塑造一个既有人格魅力又具有高雅气质的比较完整的优良气质形象。

如果一个人没有理想、缺乏道德、知识匮乏,会造成内心空虚,那就无法表现出内在的气质美。而外在的气质又是通过在内在素养孕育的基础上,加上得体的行为举止、文明的语言、庄重的礼仪礼节、大方得体的着装等多方面体现出来,形成一个比较完整的优良气质形象。

良好的气质要求做到以下几点。

(1) 合适的感受性和灵敏性。感受性是指个体对外界刺激达到多大强度时才能引起反应;灵敏性是指个体心理反应的速度和动作的敏捷程度。感受性过高,势必造成精力分散,注意力不集中,影响正常工作;感受性太低,也会出现怠慢现象,必须随时调节感受性和灵敏性至合适状态。

(2) 忍耐性和情绪兴奋性不能太低,可塑性强。忍耐性是指个体遇到各种刺激和压力时的心理承受力。情绪兴奋性是指个体遇到高兴和扫兴时,是否能够控制自己的情绪。

人在遇到挫折、压力、巨大挑战的时候,思想情感都会有波动,如遇到尖酸刻薄的人、不可理喻的事控制情绪于良好状态,体现出一个人很高的素质修养。面对这样的问题,选择积极的、催人奋进的语言给自己打气,进行心理暗示、告诉自己一定可以战胜挫折。

（3）自信。自信就是相信自己,深信自己有能力去完成自己所承担的各种任务。自信心就像人的能力的催化剂,将人的一切潜能都调动起来,将各部分的功能推动到最佳状态。而高水平地发挥在不断反复的基础上,会逐渐巩固成为人的本性的一部分。自信的人表现在对工作的积极性和主动性上,会产生战胜困难的巨大勇气;缺乏自信是一个人性格软弱的表现,表现为缩手缩脚、犹豫不决,丧失勇气而自卑。

小泽征尔因自信而取胜

小泽征尔是世界著名的交响乐指挥家。在一次世界优秀指挥家大赛的决赛中,他按照评委会给的乐谱指挥演奏,敏锐地发现了不和谐的声音。起初,他以为是乐队演奏出了错误,就停下来重新演奏,但还是不对。他觉得乐谱有问题。这时,在场的作曲家和评委会的权威人士坚持说乐谱绝对没有问题,是他错了。面对一大批音乐大师和权威人士,他思考再三,最后斩钉截铁地大声说:"不! 一定是乐谱错了!"话音刚落,评委席上的评委们立即站起来,报以热烈的掌声,祝贺他大赛夺魁。

原来,这是评委们精心设计的"圈套",以此来检验指挥家在发现乐谱错误并遭到权威人士"否定"的情况下,能否坚持自己的正确主张。前两位参加决赛的指挥家虽然也发现了错误,但终因随声附和权威们的意见而被淘汰。小泽征尔却因充满自信而摘取了世界指挥家大赛的桂冠。

（4）诚实待人和诚实待己。一是对人讲真话,忠诚老实,不弄虚作假,不阳奉阴违;二是要诚实地对待自己,如实地反映自己的优缺点,恰当地评价自己。相信别人,待人真诚,并能积极倾听别人的想法,从他们的行为中寻找优点,恰到好处地推崇赞扬别人。

（5）谦虚。谦虚是公认的一种美德,是一种良好的个性品质。"满招损、谦受益""莫言人非、莫道己长"确实是一种境界和修养。

（6）宽容。宽容就是能够容忍、有气量,不过分计较和追究,能够谅解他人。应做到:一是能以大局为重,不计较个人得失,在非原则问题上能够忍让;二是团结和自己意见不同甚至相反的人一道共事,求大同存小异,保持良好的人际关系;三是不嫉贤妒能,绝不能心胸狭窄。

宽容不是简单的忍受,而是理解、同情、练达、包涵,是因大而容,因容而大。无论遇到多么大的困难,都要认真解决,任何时候都不要为自己的错误找借口,诚恳地感谢指出自己错误的人,有利于错误的改正,同时对他人做错事时要给予谅解与包容。保持心情愉快、舒畅,不为芝麻小事烦心,保持阳光心态。

（7）具有较强的观察力和准确的判断力。具有敏锐的观察力,通过着装、表情、言谈举止对人和事进行准确的判断。

（8）出色的表现能力和表达能力。通过自己的语言、行动和表情，完整、准确、恰当地表达自己的观点和思想，展示自身的魅力。

这些是很完善的人格特征，是人的一生中努力追求和完善的一个目标，完美的人格，散发出无尽的气质魅力。

2. 良好气质的培养

举止得体、语言文明大方、人际关系和谐，是完美人格、高雅气质的展现，那么如何培养良好的气质，树立良好的个人形象呢？

（1）培养内在美。精神世界的美与丑是形成气质的内在根源。唯有美好的情操，才有耀眼的风采。长期的思想文化和道德品质的修养是形成良好气质的重要因素。为此要倍加珍惜自己的青春年华，立志高远，努力学习，加强道德文化修养。培根说过，"读史使人明智，读诗使人灵秀，数学使人周密，科学使人深刻，伦理学使人庄重，逻辑学使人善辩；凡有所学，皆成性格。"唯有内在美，才能导致外在美。而内在美的形成非一日之功，它需要不懈地努力，不断地积累，不断地进行思想文化和道德情操的修养，才能逐渐培养起来。

首先要树立崇高的理想信念。这是现代人培养气质美的基本前提。理想信念是人生奋斗的目标和指路明灯，没有理想信念的追求和支撑，人只能浑浑噩噩、内心空虚、萎靡不振。所以有人说：没有理想信念的青春是灰色的，没有理想信念的行为是盲目的，没有理想信念的生活是乏味的。现代人一旦树立了坚定的理想信念，就会朝气蓬勃、充满斗志、乐观向上，朝着明确的目标，以坚强的毅力，努力提高精神境界，塑造高尚的人格。这样，就会在工作和生活中塑造出美好、阳光的气质和风度。

其次要培养高尚的道德品质。道德品质的纯洁高尚或庸俗低下是一个现代人是否受欢迎的分水岭。道德高尚的人具有爱心、诚心，以热爱祖国、服务人民、崇尚科学、辛勤劳动、团结互助、诚实守信、遵纪守法、艰苦奋斗为自己的道德准则，使自己成为引领社会主义道德风尚的楷模。

小贴士

职场：比能力更重要的 12 种品格

（1）忠诚——忠心者不被解雇。

（2）敬业——每天比老板多做 1 小时。

（3）主动自发——不要事事等人交代。

（4）负责——绝对没有借口，保证完成任务。

（5）注重效率——算算你的时间成本。

（6）结果导向——咬定功劳，不看苦劳。

（7）善于沟通——当面开口，当场解决。

（8）合作——团队靠前，自我退后。

（9）积极进取——永远跟上企业的步伐。

（10）低调——才高不必自傲。

（11）节约——别把老板的钱不当钱。

（12）感恩——想想是谁成就了今天的你。

可见，人是要积攒些"人品"的。没有哪个老板会喜欢那些没有职业素养、没有品格的员工，相反，他们更喜欢那些具有优良品格的职员。职业素养的高低、品格的优劣，对人一生的成就有重大影响。

（2）培养语言美。古人云："言，心声也；书，心画也。"语言是心灵之窗，其粗俗与文雅，是一个人道德情操和知识水平的反映，大学生应在培养健康、文雅、深刻的语言方面多下功夫。首先，要有健康的语言，即语言所表达的内容要健康、高尚、端正。健康的语言产生于美好的心灵。一个志向远大、品德高尚、内心充实的大学生，自然会将粗鄙的内容排斥于谈吐之外；相反，满嘴污言秽语的人，也正反映出他心灵深处的肮脏。因此，语言美先要使语言的内容美。其次，要有文雅的语言，即语言要讲究艺术。语言是人与人交往的桥梁。俗话说："良言一句三冬暖，恶语伤人六月寒。"高雅优美的语言可以消除误会，增进友谊；相反会造成隔阂，甚至酿成大祸。最后，大学生的语言一定要有深刻性。无论是与人交谈、会上发言，还是写文章，都要有深度，有一定的见解和水平，切忌言之无物的空话。

（3）培养鲜明的个性。良好的气质还表现在鲜明的个性上。现代人要注意个人的涵养，遇事不急、不慌、不怒、不狂；待人接物有主见、有智慧、有度量、有修养，能体贴人、谦让人、帮助人。要做到：高雅但不高傲、自尊但不自负、温柔但不懦弱、活泼但不轻浮、开朗但不粗俗、天真但不幼稚、成熟但不世故。

（4）培养广泛的兴趣。兴趣爱好的广泛也是气质美的内涵之一。作为现代人要努力做到一专多能。一专就是对自己所学的专业、所从事职业的相关知识、业务能力要刻苦钻研、专心致志、有所发明、有所创造。多能就是兴趣爱好广泛，培养爱美之心。如爱好文学，喜欢读书可以让你了解人情世故，还可以提高语言表达能力，显得有书卷气；爱好音乐可以让你更热爱这个动感的世界；爱好美术可以让你感受色彩的美丽，享受这五彩缤纷的世界；爱好体育和舞蹈可以让你身健体美，让病痛远离你，让健康伴随你。总之，高雅地脱离了低级趣味的广泛的兴趣爱好，使人在其中学会欣赏美、追求美、创造美、表现美、演绎美，处处散发出特有的魅力，显示出与众不同的高雅气质。

（5）培养高雅的举止。高雅的举止不仅能在外观上给人以美感，而且有利于团结与合作，是气质美的重要标志。培养高雅的举止，应做到以下三点。

① 彬彬有礼。中华民族素称礼仪之邦，彬彬有礼的气质风度历来受人们赞誉。待人彬彬有礼，获得的将是友谊和尊敬。

② 严守纪律。遵守纪律恰恰是有知识、有教养的表现。每个人都应该养成严守纪律的良好习惯。

③ 豁达大度。豁达大度是一种性格、气质美，它表明待人接物通情达理颇有胸怀，有最大限度地理解和容忍，能够抛弃心胸狭隘和易怒的性格。有的人心胸狭窄，不能容人，常因一点小事就暴跳如雷，或出口伤人，或大打出手，这是个性修养上的一大缺陷。因此，应注意克服这些缺陷。

（6）培养美观的仪表。仪表是首先映入人们眼帘的气质表现。注重仪表美是热爱生活、积极向上的表现，而不修边幅、邋遢则是消极颓废的体现。对每个人来说，整洁、朴素、大方的仪表最美。苏联诗人马雅可夫斯基（Mayakovsky）赞美说："世界上没有任何一件衣衫能比健康的皮肤和发达的肌肉更美丽。"每个人在珍惜自己的自然美的同时，如果能根据自身的形体特点和兴趣爱好得到恰到好处的展现，使自然美与修饰美浑然一体、相映生辉，那就更美了。爱美是可贵的，但美并不等于浓妆艳抹，不流于花哨。托尔斯泰（Lev Tolstoy）在《安娜·卡列尼娜》一书中描写了这样一个情景：年轻的姑娘吉堤为了和安娜争美，参加舞会前打扮了一整天，她穿上最华贵的衣服，连裙子的每一个褶皱都考虑过了，以为稳操胜券。可是到舞会上一看，安娜只穿了一件黑色天鹅绒长袍，未做任何修饰。然而她在那些珠光宝气、浓妆艳抹、五光十色的贵夫人之间翩翩起舞，却显得冰清玉洁，光彩照人，使举座倾倒。这时的吉堤感到自己身上的装饰品和华贵的衣服是多么多余，那些贵夫人就更显俗气了。从这个故事中可以看出，过多的修饰只能破坏青春之美，而淡雅、朴素、大方的服饰却能起到绿叶映红花的作用。

小贴士

职场人士良好个人形象的"6字"标准

（1）在仪容服饰方面，强调"洁""整""精"。

"洁"主要是指洁净。要注意仪容卫生、头发干净、服饰整洁，不能面泛油光、胡子拉碴、指甲乌黑、头发蓬乱、衣服不洁。

"整"主要是指整齐、整体。头发要梳理整齐，服饰要穿戴齐整。另外，还要有整体感，也就是整体协调，使之浑然一体。

"精"主要是指精神、精练。商务人员应是精神抖擞、精力充沛的。此外，在服饰的色彩和款式选择方面要少而精。

（2）在仪态谈吐方面，强调"雅""温""度"。

"雅"主要是指文雅。不能乱用粗词秽语、不雅动作，其举止动作和交谈用语都要尽可能文雅。

"温"主要是指温和。举止要能体现内在与人为善的温和，语气语调应以温和为标准，尽量减少不必要的言语冲突。

"度"主要是指适度。表情举止和语言都应该适度，不应过于夸张和卑谦。表情真挚而不过度热情，含蓄而不过度冷淡，举止恭敬而不过度卑微，语言谦虚而不过度迂腐。

（7）树立正确的职场心态。人与人之间只有很小的差异，但这种很小的差异往往造成了巨大的差异，很小的差异就是心态的差异，巨大的差异就是成功与失败，因此修炼职业情商应首先从树立正确的心态开始。

牢记吃亏是福。这里强调吃亏是福，就是要磨炼和锻造人的一种承受能力，学会甚至习惯承受，这样做起事来就能百折不挠，在哪里跌倒，在哪里爬起来，成为一粒蒸不熟、煮不烂、打不碎、响当当的金豌豆。再者，吃亏可以强化记忆，促使吃亏者进行自我反思，并了解人情世故，可以从中总结经验，得出教训。在职场中有的人总怕自己干得多获得少而吃亏,殊不知"干得多"已经为自己积攒了很多的实践经验,并在无形中提升了自己解决问题和处理问题的能力,而这些能力正是获得职场成功的优势,往往受益者正是当初被认为做傻事、吃大亏的人。

常用同理心处理与上级、同事、下级的关系。同理心是人们常说的设身处地、将心比心的做法。在发生冲突或误解的时候,当事人如果能把自己放在对方的处境中想一想,也许就更容易了解对方的初衷,消除误解。因为每个人做每一件事时都有其内因和动机,要善于换位思考才会实现双赢的沟通,从而获得良好的人际关系。

(8)建立积极的处事态度。了解自己在工作中的情绪是为了控制自己的情绪。职业情商对职业情绪的要求就是保持积极的工作心态。具体表现在:

① 工作状态要积极。如果你每天都是一副无精打采的样子,是永远得不到上级和同事们的好感的。

② 工作表现要积极。积极就意味着主动,称职的员工应该在工作上表现出主动性,要主动发现问题、主动思考问题、主动解决问题、主动承担责任和主动承担分外之事。可以说,做到这五点主动是获取职场成功的基础。

③ 工作态度要积极。面对工作中遇到的各种问题,积极想办法去解决,而不是千方百计找借口推脱。成功激励大师陈安之说:"成功和借口永远不会住在同一屋檐下。"遇到问题习惯找借口的人永远不会成功。

④ 工作信心要积极。只有抱着积极信心工作的人,才会充分挖掘自己的潜能,为自己赢得更多的发展机遇。

总之,良好的气质不是生来就有的,而是经过后天努力、长期培养起来的。人的气质美是各具特色的,气质美的表现形式是因人而异的,不能生硬机械地模仿,只能长期培养。

9.2 能力开发

9.2.1 阅读思考

职业人士气质培养的六个方面

请扫描二维码阅读文章,然后回答文章后的思考题。

9.2.2 案例分析

请扫描二维码阅读案例原文,然后回答案例后的讨论题。

9.2.3　训练项目

个人气质测量

实训目标：认识自己的气质类型和特点。

实训学时：1学时。

实训地点：教室。

实训准备：气质量表。

实训方法：将全班学生分组，两人一组，相互进行气质测量，并总结各自的气质特点，最后教师点评。

附气质量表：

气 质 量 表

指导语：认真阅读下列各题，对于每一题，你认为非常符合自己情况的记2分，比较符合的记1分，拿不准的记0分，比较不符合的记-1分，完全不符合的记-2分。问题如下：

(1) 做事力求稳妥，一般不做无把握的事。

(2) 遇到可气的事就怒不可遏，想把心里话全说出来才痛快。

(3) 宁可一人干事，不愿很多人在一起。

(4) 到一个新环境很快就能适应。

(5) 厌恶那些强烈的刺激，如尖叫、噪声、危险镜头等。

(6) 和别人争吵时总是先发制人，喜欢挑衅别人。

(7) 喜欢安静的环境。

(8) 善于和别人交往。

(9) 是那种善于克制自己感情的人。

(10) 生活有规律，很少违反作息制度。

(11) 在多数情况下，情绪是乐观的。

(12) 碰到陌生人觉得很拘束。

(13) 遇到令人气愤的事，能很好地自我克制。

(14) 做事总是有旺盛的精力。

(15) 遇到事情总是举棋不定、优柔寡断。

(16) 在人群中从不觉得过分拘束。

(17) 情绪高昂时，觉得干什么都有趣；情绪低落时，又觉得干什么都没意思。

(18) 当注意力集中于一事物时，别的事很难使我分心。

(19) 理解问题总比别人快。

（20）碰到问题总有一种极度恐怖感。

（21）对学习、工作怀有很高的热情。

（22）能够长时间做枯燥单调的工作。

（23）符合兴趣的事情，干起来劲头十足；否则，就不想干。

（24）一点小事就能引起情绪波动。

（25）讨厌那种需要耐心细致的工作。

（26）与人交往不卑不亢。

（27）喜欢参加热闹的活动。

（28）爱看感情细腻、描写人物内心活动的文艺作品。

（29）工作学习时间长了，常感到厌倦。

（30）不喜欢长时间谈论一个问题。

（31）愿意侃侃而谈，不愿窃窃私语。

（32）别人总是说我闷闷不乐。

（33）理解问题常比别人慢些。

（34）疲倦时只要短暂休息就能精神抖擞，重新投入工作。

（35）心里有话，宁愿自己想，不愿自己说出来。

（36）认准一个目标，就希望尽快实现，不达目的，誓不罢休。

（37）学习或工作同样一段时间后，常比别人更疲倦。

（38）做事有些莽撞，不考虑后果。

（39）老师或他人讲授新知识、技术时总希望他讲得慢些，多重复几遍。

（40）能够很快忘记那些不愉快的事情。

（41）做作业或完成一项工作总比别人花时间多。

（42）喜欢运动量大的剧烈体育活动，或者参加文艺活动。

（43）不能很快地把注意力从一件事情上转移到另一件事情上去。

（44）接到一个任务后，就希望迅速解决。

（45）认为中规中矩比冒险些强。

（46）能够同时注意几件事物。

（47）当我烦恼时，别人很难使我高兴起来。

（48）爱看情节起伏跌宕、激动人心的小说。

（49）对工作认真严谨，有始终一贯的态度。

（50）和周围人的关系总是相处不好。

（51）喜欢复习学过的知识，重复做熟练的工作。

（52）喜欢做变化大、花样多的工作。

（53）小时候会背的诗歌，我似乎比别人记得清楚。

（54）别人说我"出语伤人"，可我不觉得这样。

（55）在体育活动中，常因反应慢而落后。

（56）反应敏捷，头脑机智。

（57）喜欢有条理而不甚麻烦的工作。

（58）兴奋的事常使我失眠。

（59）老师讲新概念，常常听不懂，但弄懂以后就很难忘记。

（60）假如工作枯燥，就马上会情绪低落。

以上问题对应的气质类型如表9-2所示。

表9-2 不同气质类型对应的问题

类 型	项 目	总分
胆汁质	（2）、（6）、（9）、（14）、（17）、（21）、（27）、（31）、（36）、（38）、（42）、（48）、（50）、（54）、（58）	
多血质	（4）、（8）、（11）、（16）、（19）、（23）、（25）、（29）、（34）、（40）、（44）、（46）、（52）、（56）、（60）	
黏液质	（1）、（7）、（10）、（13）、（18）、（22）、（26）、（30）、（33）、（39）、（43）、（45）、（49）、（55）、（57）	
抑郁质	（3）、（5）、（12）、（15）、（20）、（24）、（28）、（32）、（35）、（37）、（41）、（47）、（51）、（53）、（59）	

得分情况：分别把属于每一种气质类型的题的分数相加，得出的和即为该气质类型的得分。最后的评分标准是：如果某种气质得分明显高出其他三种（均高出4分以上），则可定为该种气质；如两种气质得分接近（差异低于3分）而又明显高于其他两种（高出4分以上），则可定为两种气质的混合型；如果三种气质均高于第四种的得分且相接近，则为三种气质的混合型。由此可能具有13种类型：①胆汁；②多血；③黏液；④抑郁；⑤胆汁—多血；⑥多血—黏液；⑦黏液—抑郁；⑧胆汁—抑郁；⑨胆汁—多血—黏液；⑩多血—黏液—抑郁；⑪胆汁—多血—抑郁；⑫胆汁—黏液—抑郁；⑬胆汁—多血—黏液—抑郁。

一般来说，正分值越高，表明该气质越明显，反之分值越低越负，表明越不具备该气质特征。

课后练习

1. 什么是气质？气质具有哪些类型和特点？

2. 气质与性格是一成不变的吗？如何理解"江山易改，禀性难移"这句话？

3. 良好的人格具有哪些要求？

4. 如何培养良好的气质？

参考文献

[1] 金正昆.社交礼仪[M].北京：北京联合出版公司,2024.

[2] 王芬.秘书礼仪实务[M].3版.北京：电子工业出版社,2020.

[3] 张鹏.商务礼仪与职业形象[M].北京：清华大学出版社,2019.

[4] 吴雨潼.职业形象设计与训练[M].6版.大连：大连理工大学出版社,2019.

[5] 王玉苓.商务礼仪案例与实践[M].北京：人民邮电出版社,2018.

[6] 付强.形体训练与形象塑造[M].北京：人民邮电出版社,2017.

[7] 王芳.公关礼仪与口才[M].北京：人民邮电出版社,2017.

[8] 高琳.人际沟通与礼仪[M].北京：人民邮电出版社,2017.

[9] 张铭.现代实用社交礼仪[M].北京：人民邮电出版社,2017.

[10] 刘桂华,王琳.大学生实用口才训练教程[M].北京：人民邮电出版社,2017.

[11] 李旭.健美练习对学生不良形体的矫正[J].科技信息,2011(18).

[12] 秦保红.职场礼仪教程[M].北京：中国人民大学出版社,2016.

[13] 张学娟.实用商务礼仪[M].北京：人民邮电出版社,2015.

[14] 徐汉文,张云河.商务礼仪[M].北京：高等教育出版社,2015.

[15] 郑彦离.礼仪与形象设计[M].2版.北京：清华大学出版社,2015.

[16] 中国档案报社,深圳市档案局.红色档案揭秘[M].北京：现代出版社,2015.

[17] 王婷.论职业秘书的气质培养与塑造[J].成都行政学院学报,2013(2).

[18] 金常德.现代交际礼仪[M].大连：大连出版社,2012.

[19] 万文斌,郝素玲,陈明华.商务礼仪[M].北京：航空工业出版社,2012.

[20] 朱明华.职场人士的气质培养[J].中国人才,2012(22).

[21] 罗恺赟.注重大学生职业形象塑造[J].读与写,2011(3).

[22] 陈丛耕.口语交际与人际沟通[M].重庆：重庆大学出版社,2010.

[23] 张桂兰.形体训练[M].北京：国防工业出版社,2010.

[24] 王彤彤.职场礼仪[M].大连：大连理工大学出版社,2010.

[25] 罗贵洪.对女大学生气质美培养途径的研究[J].贵州体育科技,2010(9).

[26] 张华莹.浅谈形体训练的内容及常见的形体运动[J].运动,2010(9).

[27] 曹君,刘巍.探讨现代大学生职业形象的设计[J].景德镇高专学报,2010(10).

[28] 郑娇,李娥.职业形象与职业礼仪[J].信息系统工程,2010(4).

[29] 张永生.唐骏凭什么成功[M].北京：五洲传播出版社,2009.

[30] 梁玉萍,丰存斌.沟通与协调的技巧和艺术[M].北京：中国人事出版社,2009.

[31] 郑彦离.礼仪与形象设计[M].北京：清华大学出版社,2009.

[32] 徐桂云.形体训练教程[M].济南：山东大学出版社,2009.

[33] 陈光谊.现代实用社交礼仪[M].北京：清华大学出版社,2009.

[34] 杨坤.芭蕾形体训练教程[M].北京：高等教育出版社,2009.

[35] 向智星.形体训练[M].北京：高等教育出版社,2009.

[36] 贾梦喜,陈开梅.职业女性形象设计教程[M].武汉：华中师范大学出版社,2009.

[37] 孔江联,郭华.现代大学生职业形象及其设计研究[J].中国成人教育,2009(7).

[38] 张万良.浅谈形象气质与个人发展[J].职业时空,2009(2).

［39］岳婷婷.浅谈芭蕾基础训练及其重要性［J］.成功·教育,2009(6).

［40］孙俊娟.如何培养你的个性气质［J］.人才资源开发,2009(1).

［41］黄琳.有效沟通：王牌沟通大师的制胜秘诀［M］.北京：中国华侨出版社,2008.

［42］卢如华,韩开绯.社交礼仪［M］.大连：大连理工大学出版社,2008.

［43］周璇璇.实用社交口才［M］.北京：北京大学出版社,2008.

［44］陈宝珠.形体训练与形象塑造［M］.北京：清华大学出版社,2008.

［45］吴运慧,徐静.现代礼仪实务［M］.上海：上海交通大学出版社,2008.

［46］吴雨潼.职业形象设计与训练［M］.大连：大连理工大学出版社,2008.

［47］韩秀景.大学生职场形象设计［M］.南京：南京师范大学出版社,2008.

［48］马志强.语言交际艺术［M］.北京：中国社会科学出版社,2008.

［49］惠亚爱.沟通技巧［M］.北京：人民邮电出版社,2008.

［50］张晓梅.晓梅说礼仪［M］.北京：中国青年出版社,2008.

［51］崔志锋.礼仪［M］.北京：科学出版社,2008.

［52］杨友苏,石达平.品礼：中外礼仪故事选评［M］.上海：学林出版社,2008.

［53］饶世权.谈谈职业形象［J］.中国职业技术教育,2008(3).

［54］葛犀.形体训练的健心价值［J］.网络科技时代,2008(10).

［55］杨超.浅谈形体训练与良好气质的培养［J］.科学咨询(教育科研),2008(1).

［56］杨茳,王刚.礼仪培训教程［M］.北京：人民交通出版社,2007.

［57］陈秀泉.实用情景口才——口才与沟通训练［M］.北京：科学出版社,2007.

［58］刘霞.基于性格与气质的职业选择模式探析［J］.重庆工学院学报(社会科学版),2007(7).

［59］李晓.沟通技巧［M］.北京：航空工业出版社,2006.

［60］郝丹.穿着打扮也是职业形象［J］.成才与就业,2006(17).

［61］任晓华.如何培养高职女生良好的职业形象［J］.职业教育研究,2006(9).

［62］谢迅.商务礼仪［M］.北京：对外经济贸易大学出版社,2007.

［63］冯玉珠.餐饮礼仪全攻略［M］.北京：对外经济贸易大学出版社,2005.

［64］国英.现代礼仪［M］.北京：机械工业出版社,2005.

［65］国英.公共关系与现代交际礼仪案例［M］.北京：机械工业出版社,2004.

［66］雪火.面试得来的经验［J］.公关世界,2004(11).

［67］曹彦志,张秉贵.京八景添一景［N］.北京青年报,2001-06-21(10).

［68］李鲆.职业气质［J］.跨世纪(时文博览),2010(11).

［69］潘勤.慢慢走,不要失了风度———则教育案例分析［J］.教育与管理,2013(7).

［70］张颖.南开"镜箴"与周恩来的气质［J］.文史月刊,2013(6).

［71］夏志强.人一生要懂得的 100 个商务礼仪［M］.北京：中国书店出版社,2006.

［72］付桂萍.做派：在商务活动中合乎情境地展示自己［M］.长沙：湖南人民出版社,2013.

［73］王丽娟.员工礼仪［M］.北京：中国言实出版社,2011.

［74］晓蒂.你会打"职场招呼"吗［J］.秘书之友,2011(4).